养老目标基金研究

Research on Pension Target Fund

罗忠洲 著

复旦大学出版社

国家社科基金后期资助项目
出版说明

后期资助项目是国家社科基金设立的一类重要项目,旨在鼓励广大社科研究者潜心治学,支持基础研究,多出优秀成果。它是经过严格评审,从接近完成的科研成果中遴选立项的。为扩大后期资助项目的影响,更好地推动学术发展,促进成果转化,全国哲学社会科学工作办公室按照"统一设计、统一标识、统一版式、形成系列"的总体要求,组织出版国家社科基金后期资助项目成果。

全国哲学社会科学工作办公室

前　言

面对我国日趋严重的人口老龄化问题,老龄人口抚养比逐年上升,同时出生率快速下滑,我国养老金体系安全及居民退休后的经济保障受到严重挑战。

综观全球主要发达国家的养老保障发展历史,建立健全养老保障三支柱体系是各国养老政策的一致目标。第一支柱基本养老保险基本采取现收现付制。一般基本养老保险的替代率较低,缴费和投资收益不够给付部分由财政补贴,因此基本养老金替代率越高的国家,养老的财政压力越大,如日本、德国、英国和法国。这些国家养老金改革的历史,基本都围绕如何通过发展第二、第三支柱养老保险以减轻本国的财政养老负担。保障基本养老,发展第二、第三支柱补充养老,建立多层次的养老保障制度,是减轻国家财政压力、确保居民在退休后能够维持较为舒适生活的必然要求。

我国目前的情形与 21 世纪初的德国、日本和法国较为相似,尽管形式上形成了以基本养老保险、企业年金和职业年金、个人养老金为主要内容的三支柱养老保障体系,但是,目前我国养老资金来源仍然严重依赖第一支柱,第二支柱规模较小且发展空间有限,第三支柱规模更小。面对日益严重的老龄化问题,在严重依赖第一支柱养老的国情下,现收现付制的基本养老保险面临越来越严重的财政负担,而延迟法定退休年龄也面临重重困难。大力发展第二、第三支柱养老保障已到刻不容缓之际。

从美国 2006 年、英国 2008 年养老制度改革以及中国香港地区 2016 年强积金强制引入预设基金策略改革来看,其核心就是:推行收入到达一定阈值后自动加入养老计划的机制,并提供合格的默认投资工具(如目标日期基金)供投资者选择,限制收费上限,提高基金长期回报。这些改革取得了良好的效果。我国在完善作为第二支柱的企业年金和职业年金以及第三支柱的个人养老金方面,可吸收其有益经验。

从欧美日的养老资金投资方向来看,股票等权益资产的配置比例不断提高,美国的共同基金配置比例超过 50%,英国 2020 年的共同基金配置比例达到43.27%。最近几年日本的养老资金权益资产投资比例快速增加，2020年GPIF的国内外股票市场配置比例提高到50%。2019年，法国FRR绩效投资资产中股票投资占比36%。根据我国《基本养老保险基金投资管理办法》（国发〔2015〕48号）规定，我国养老基金资金投资仅限于境内，股票权益类投资比例不高于养老基金资产净值的30%。

2018年3月，中国证券监督委员会发布《养老目标证券投资基金指引（试行）》（以下简称《指引》），标志着公募基金将更规范化、规模化地进入养老理财市场。《指引》对产品形式及投资策略、基金管理人及基金经理的资质要求等做出了相关规定。总体来看，要求配置成熟稳健的目标日期基金（target date fund）和目标风险基金（target risk fund）等产品，着重于养老目标基金的稳健运行，控制基金下行风险，追求基金长期稳健增值，并对基金管理公司、基金经理等提出了一系列要求，以保护养老投资者的利益。

截至2021年底，国内共有173只养老目标基金。2018—2021年养老目标基金合计发行规模715亿元。其中，2021年的发行规模达到364亿元，单只基金的发行规模也显著扩大。从业绩上看，2019—2021年养老目标基金收益率分别为11.12%、24.16%和5.08%。截至2022年5月19日，成立以来年化收益率超过5%的养老目标基金占总量比重为46%，成立以来收益率超越业绩比较基准收益率的养老目标基金占总量比重为78%。

养老目标基金只能采取基金中的基金（FOF）投资。FOF基金虽总体表现稳健，但也存在着管理难度较大、双重收费等问题，且部分FOF基金业绩表现不尽如人意，低于业绩比较基准。因此，截至2021年底，养老目标基金规模仅占全市场基金规模的0.4%。同时我们看到，养老目标基金单只基金规模偏小，1亿元和10亿元规模以下的基金数量占养老目标基金总量的比重分别为43%和86%。

2022年4月21日，国务院办公厅发布《关于推动个人养老金发展的意见》，指出第三支柱个人养老金采取账户制运行模式，对购买养老目标基金的资金提供税收优惠政策。因此，展望未来，养老目标基金的发展空间将会越来越广阔。

本书首先分析了我国养老产品的发展现状，实证研究了海外养老型基金产品的影响因素。基于此，本书设计了调查问卷，通过问卷调查研究我国养老产品需求及影响因素。然后，通过策略模型构建与实证数据回测，研究养老目标风险基金的风险控制策略、目标风险策略和风险平价策略，以及目标日期基金的最优下滑轨道策略在中国市场的有效性。最后，对我国养老目标基金的发展路径及制度建设提出政策建议。

研究表明,我国个人养老产品需求潜力巨大,经济增长、证券市场收益的提高和税收优惠政策是养老型基金产品发展的宏观基础,给投资者提供较高回报的低风险产品是养老型基金产品的发展方向,提供丰富的养老型基金产品是基金公司长期制胜的法宝。基于我国数据的实证研究表明,目标风险基金的风险控制策略与目标风险策略具有较好的风险控制效果,目标风险基金的风险平价策略对于我国FOF投资来说是一种很好的策略选择,目标日期基金最优下滑轨道在我国市场可以获得较好收益。

由此,我们建议构建有关养老目标基金的完备法律体系,出台税收优惠政策鼓励发展第二、第三支柱养老产品,适时引入养老目标基金的自动加入与合格默认投资工具制度,大力发展养老型基金产品等第二、第三支柱养老产品,进一步完善养老保障资金的投资监管。

2018年底,笔者作为刘红忠团队主要成员参与上投摩根基金管理有限公司关于养老目标基金的合作研究,对我国养老型基金产品的影响因素和养老型基金产品的需求等内容进行了前期研究。在五年的研究过程中,本书的部分成果已公开发表在《保险研究》,部分内容形成了工作报告,形成的研究报告被有关部门采用。感谢国家社科后期资助项目"养老目标基金研究"(批准号20FJYB054)、复旦大学理论经济学Ⅰ类高峰计划项目和上投摩根基金管理有限公司的资助。感谢复旦大学经济学院刘红忠教授、黄明副教授提供的宝贵意见和建议,感谢王硕、朱亦宁、颜蕾、袁景、许博文、姜娅耀、罗伊森等同学在资料收集、数据处理和模型构建方面给予的帮助,感谢复旦大学出版社编辑姜作达的辛勤工作。

目 录
Contents

导论 ········· 1

1 国内养老产品发展现状分析 ········· 8
  1.1 我国老龄化问题日趋严重 ········· 8
  1.2 我国养老保障三支柱体系 ········· 10
    1.2.1 社会基本养老保险 ········· 12
    1.2.2 企业年金和职业年金 ········· 17
    1.2.3 个人养老金 ········· 19
  1.3 我国个人养老产品发展现状 ········· 21
    1.3.1 商业养老保险产品 ········· 22
    1.3.2 基金系养老产品 ········· 29
    1.3.3 银行系养老理财产品 ········· 33
    1.3.4 信托系养老产品 ········· 37
  1.4 我国养老金投资相关政策 ········· 38
    1.4.1 政策沿革 ········· 38
    1.4.2 运营模式 ········· 42
    1.4.3 投资范围和投资限制 ········· 46

2 海外养老目标基金影响因素研究 ········· 49
  2.1 美国和英国养老金投资产品分析 ········· 49
    2.1.1 美国养老金投资产品分析 ········· 49
    2.1.2 英国养老金投资产品分析 ········· 64
  2.2 美国和英国养老目标基金产品规模影响因素的实证分析 ········· 74
    2.2.1 方法和模型 ········· 74
    2.2.2 回归结果分析 ········· 75
  2.3 其他国家养老投资产品分析 ········· 77
    2.3.1 德国养老金投资产品分析 ········· 77

2.3.2　法国养老金投资产品分析 …………………………………… 83
　　2.3.3　日本养老金投资产品分析 …………………………………… 86

3　我国养老产品需求影响因素的问卷调查分析 …………………………… 91
3.1　养老产品需求主体基本情况 …………………………………………… 91
3.2　养老产品需求总体情况 ………………………………………………… 92
　　3.2.1　养老产品需求总体情况问卷分析 ……………………………… 92
　　3.2.2　养老产品需求总体情况对比分析 ……………………………… 94
3.3　养老产品需求偏好 ……………………………………………………… 95
　　3.3.1　养老产品需求偏好问卷分析 …………………………………… 95
　　3.3.2　养老产品需求偏好对比分析 ………………………………… 100
3.4　养老收入主要来源 …………………………………………………… 101
　　3.4.1　养老收入主要来源问卷分析 ………………………………… 101
　　3.4.2　养老收入主要来源对比分析 ………………………………… 102
3.5　养老产品宣传教育 …………………………………………………… 103
　　3.5.1　养老产品宣传教育问卷分析 ………………………………… 103
　　3.5.2　养老产品宣传教育对比分析 ………………………………… 104
3.6　问卷调查结论 ………………………………………………………… 105
　　3.6.1　我国个人养老产品需求潜力巨大 …………………………… 105
　　3.6.2　年薪越高的被调查者养老资产储备预期规模越高 ………… 105
　　3.6.3　被调查者偏好回报较高的确定性收益产品 ………………… 105
　　3.6.4　养老保险产品是最重要的养老资产之一 …………………… 106
　　3.6.5　社会基本养老保险是当前最重要的养老收入来源 ………… 106
　　3.6.6　加强养老产品宣传教育有助于增加产品需求 ……………… 106
　　3.6.7　自主学习、亲朋好友推荐和网络是获取养老产品信息
　　　　　 的主要渠道 ……………………………………………………… 106

4　养老目标风险基金资产配置策略研究 …………………………………… 107
4.1　文献综述 ……………………………………………………………… 108
　　4.1.1　资产配置对养老基金投资收益的影响 ……………………… 108
　　4.1.2　静态资产配置的一般数理方法 ……………………………… 109
　　4.1.3　养老基金静态资产配置的数理方法 ………………………… 111
4.2　养老目标风险基金资产配置模型 …………………………………… 114
　　4.2.1　理论模型基础 ………………………………………………… 114

	4.2.2 被动型基金产品模型	116
	4.2.3 主动型基金产品模型	122
	4.2.4 模型优缺点比较	126
4.3	我国养老目标风险基金资产配置策略	127
	4.3.1 数据	128
	4.3.2 策略构建	131
	4.3.3 风险控制策略回测结果及分析	133
	4.3.4 目标风险策略回测结果及分析	145
4.4	本章小结	156

5 养老目标风险基金风险平价策略研究 160

5.1	文献综述	160
	5.1.1 风险平价有效性	161
	5.1.2 增加风险平价模型收益	162
	5.1.3 风险平价模型的风险测度	163
	5.1.4 述评	164
5.2	养老目标风险基金风险平价模型	165
	5.2.1 宏观经济周期与大类资产配置	165
	5.2.2 常规风险平价	167
	5.2.3 风险平价策略增强收益的两种方法	169
	5.2.4 风险平价策略度量下行风险的三种方式	170
	5.2.5 小结	173
5.3	养老目标风险基金风险平价策略的实证研究	173
	5.3.1 数据	174
	5.3.2 风险平价策略回测	177
	5.3.3 策略实证结果分析	191
	5.3.4 高频数据实证研究	194
5.4	本章小结	196

6 养老目标日期基金最优下滑轨道研究 198

6.1	文献综述	198
	6.1.1 养老资产配置的影响因素	198
	6.1.2 养老资产配置的基本理论体系	200
	6.1.3 养老资产配置的方法及策略	201

  6.1.4 养老目标日期基金的下滑轨道研究⋯⋯⋯⋯⋯⋯⋯⋯⋯ 203
 6.2 养老目标日期基金下滑轨道模型⋯⋯⋯⋯⋯⋯⋯⋯⋯⋯⋯⋯ 204
  6.2.1 VLCM 模型⋯⋯⋯⋯⋯⋯⋯⋯⋯⋯⋯⋯⋯⋯⋯⋯⋯⋯ 204
  6.2.2 我国养老目标日期基金下滑轨道模型⋯⋯⋯⋯⋯⋯⋯ 206
 6.3 我国养老目标日期基金下滑轨道的实证分析⋯⋯⋯⋯⋯⋯⋯ 215
  6.3.1 模型参数取值⋯⋯⋯⋯⋯⋯⋯⋯⋯⋯⋯⋯⋯⋯⋯⋯⋯ 216
  6.3.2 下滑轨道数值模拟⋯⋯⋯⋯⋯⋯⋯⋯⋯⋯⋯⋯⋯⋯⋯ 219
  6.3.3 关键参数的敏感性分析⋯⋯⋯⋯⋯⋯⋯⋯⋯⋯⋯⋯⋯ 220
  6.3.4 基于我国数据的目标日期基金下滑轨道实证分析⋯⋯ 224
  6.3.5 人力资本参数对目标日期基金下滑轨道实证结果的
     影响⋯⋯⋯⋯⋯⋯⋯⋯⋯⋯⋯⋯⋯⋯⋯⋯⋯⋯⋯⋯⋯ 229
  6.3.6 目标日期基金下滑轨道的动态调整⋯⋯⋯⋯⋯⋯⋯⋯ 232
 6.4 本章小结⋯⋯⋯⋯⋯⋯⋯⋯⋯⋯⋯⋯⋯⋯⋯⋯⋯⋯⋯⋯⋯⋯ 235

7 结论与政策建议⋯⋯⋯⋯⋯⋯⋯⋯⋯⋯⋯⋯⋯⋯⋯⋯⋯⋯⋯⋯ 237
 7.1 结论⋯⋯⋯⋯⋯⋯⋯⋯⋯⋯⋯⋯⋯⋯⋯⋯⋯⋯⋯⋯⋯⋯⋯⋯ 237
 7.2 政策建议⋯⋯⋯⋯⋯⋯⋯⋯⋯⋯⋯⋯⋯⋯⋯⋯⋯⋯⋯⋯⋯⋯ 242

附录 1 我国养老金产品需求调查问卷⋯⋯⋯⋯⋯⋯⋯⋯⋯⋯⋯⋯ 247
附录 2 问卷信效度分析⋯⋯⋯⋯⋯⋯⋯⋯⋯⋯⋯⋯⋯⋯⋯⋯⋯⋯ 250
附录 3 养老目标风险基金资产配置策略代码⋯⋯⋯⋯⋯⋯⋯⋯⋯ 252
附录 4 养老目标风险基金风险平价策略代码⋯⋯⋯⋯⋯⋯⋯⋯⋯ 257
附录 5 养老目标日期基金最优下滑轨道代码⋯⋯⋯⋯⋯⋯⋯⋯⋯ 263
附录 6 图表索引⋯⋯⋯⋯⋯⋯⋯⋯⋯⋯⋯⋯⋯⋯⋯⋯⋯⋯⋯⋯⋯ 272

参考文献⋯⋯⋯⋯⋯⋯⋯⋯⋯⋯⋯⋯⋯⋯⋯⋯⋯⋯⋯⋯⋯⋯⋯⋯⋯⋯ 279

导　　论

一、研究背景

近年来,我国人口老龄化问题日趋严重。1999年,我国60岁以上人口占总人口比重超过10%,正式进入老龄化社会。2022年,我国60岁以上人口占总人口比重19.8%,其中65岁以上人口占总人口比重高达14.9%。老龄人口抚养比逐年上升,劳动力抚养负担加重。2021年8月,我国允许一对夫妻可以生育三个子女,但2022年我国出生率却快速下滑至6.77‰。2022年,我国人口总量减少85万,人口自然增长率为－0.6‰,中国人口出现近61年来的首次负增长。与此同时,随着医疗与生活水平的上升,我国人口平均预期寿命逐步上升。根据联合国《世界人口展望2019》的预测,到2060年,我国65岁以上人口规模将占总人口比例的29.83%。

在未富先老、未备先老的严峻局面下,我国养老保障体系安全及居民退休后的经济保障受到严重挑战,扩大养老保障的覆盖面、完善养老基金的管理能力成为我国应对人口老龄化的迫在眉睫的任务。

根据中华人民共和国人力资源和社会保障部(以下简称"人社部")的统计数据,截至2021年底,我国养老金总规模为13.5万亿元,为GDP的11.8%,低于OECD国家2020年平均57.8%的水平,更低于美国2021年183%的水平。其中,第一支柱基本养老保险基金规模为8.9万亿元,占全部养老金的比重为65.9%;第二支柱年金规模为4.4万亿元,具体而言,企业年金累计基金规模为2.61万亿元,职业年金投资运营规模达到1.79万亿元;第三支柱个人养老金规模约为1 758亿元,总体发展较为缓慢。由此可见,目前我国养老保障体系以基本养老保险基金为主。

我国基本养老保险替代率逐年下降,2021年下降到约45%,第一支柱尤其是城乡居民养老保险的保障力度较弱。自2012年起,参加城镇职工基本养老保险的职工增速连续低于领取养老保险的离退休人数。截至2020年,参保职工人数与离退休人数之比约为2.57∶1,同期城镇职工基本养老保险收入增速连续低于支出，实际每年征缴收入已无法弥补支出。目前我国企业年金覆盖率低，且发展速度缓慢。截至2021年底，参加企业年金的人数占第一支柱参与人数的比重仅为2.8%，规模依然不到基本养老金的30%。而第三支柱个人养老金市场才刚刚起步。

面对日益严重的老龄化问题，在高度依赖第一支柱养老的国情下，现收现付制的基本养老保险面临越来越严重的财政负担，而延迟法定退休年龄也困难重重。大力发展第二、第三支柱养老保障已经刻不容缓。2022年4月21日，国务院办公厅发布《关于推动个人养老金发展的意见》，规定第三支柱个人养老金采取账户制运行模式，提供税收优惠政策，由个人自愿参加，采用市场化运作，为第三支柱个人养老保障的健康发展做好了顶层设计。

近年来，我国先后推出了养老目标证券投资基金（2018年）、个人税收递延型商业养老保险（2018年）、专属商业养老保险（2021年）、养老理财产品（2021年）和特定养老储蓄（2022年）等第三支柱养老产品，但可供选择的养老产品还须不断丰富，尤其需要提供风险收益多样化的目标风险基金和目标日期基金等基金产品以吸引更多投资风险偏好不同的养老投资者。

因此，全面系统地研究目标风险基金和目标日期基金的模型构建、参数设定以及在中国的适用性，对建立和完善养老保障第三支柱，解决我国面临的养老问题，为证券市场提供长期资金，实现养老和证券市场良性互动，无疑具有非常重大的理论意义和现实意义。

二、研究内容

1. 逻辑结构

本书的逻辑结构见图0-1。

2. 研究内容

本书首先分析了我国养老产品的发展现状，实证研究了海外养老型基金产品的影响因素。基于此，本书设计了调查问卷，通过问卷调查研究我国养老产品需求及其影响因素。然后，通过策略模型构建与实证数据回测，研究养老目标风险基金的风险控制策略、目标风险策略和风险平价策略，以及目标日期基金的最优下滑轨道策略在中国市场的有效性。最后，对我国养老目标基金发展路径及制度建设提出政策建议。

本书共分为7章。

第1章为我国养老产品发展现状分析。本章主要阐述我国人口老龄化日趋严重的现状、我国养老保障三支柱体系、我国个人养老产品的发展现状

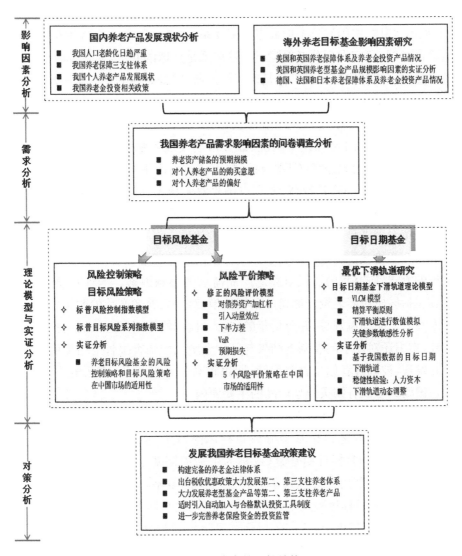

图 0-1 本书的逻辑结构

和我国养老金投资相关政策。目前,我国老龄人口占比逐步上升,老龄人口抚养比逐年上升、劳动力抚养负担加重,而在出生率逐年下降、人口平均预期寿命逐步上升的过程中,我国人口老龄化的问题不断加剧。而当前我国养老保障三支柱体系中,基本养老保险基金的收支压力逐年加大,企业年金覆盖率低且发展速度缓慢,为减轻养老保障体系压力、提升国民老年生活质量,我国需大力发展个人养老金产品。当前我国养老保障第三支柱尚处于起步阶段,税收递延养老保险、养老目标基金等养老保障产品仍有待进一步推广。

第 2 章为海外养老目标基金产品的影响因素研究。本章详细分析了美国、英国、德国、法国和日本的养老保障体系、养老金制度沿革以及养老金投资产品情况，研究发现养老保障三支柱体系是全球的共识，通过税收优惠政策鼓励第三支柱产品规模扩张是改革的方向，完备的养老金法律法规体系、强有力的养老金投资监管及良好的投资者教育是促进养老金产品稳步发展的关键。接着，利用 1974—2018 年的数据，实证分析影响美国和英国养老型基金产品规模的宏观经济状况、证券市场发展和法律法规支持等因素。实证结果表明，宏观经济(GDP)与证券市场收益水平对养老型基金规模有正面的促进效果：GDP 越高，证券市场收益率越大，养老型基金规模越大。政策支持也对养老型基金规模有显著的正向影响。美国养老金的税收优惠政策改革对养老型基金规模有很强的促进效果。

第 3 章为我国养老产品需求影响因素的问卷调查分析。本章通过问卷调查的方式，研究我国居民对养老产品需求的影响因素。本章问卷调查的内容包括居民对养老资产储备的预期规模、对个人养老产品的购买意愿、对个人养老产品的偏好等，并分析年龄、收入、性别的不同所造成的选择差异。此外，本书还对比了问卷调查结果与其他金融机构调查报告的结果的异同。研究发现，被调查者偏爱收益稳健、回报较高的养老产品，缺乏相关投资知识是被调查者没有购买养老产品的主要原因。

第 4 章为养老目标风险基金资产配置策略研究。按照资产配置策略模型的不同，海外养老目标基金分成目标风险基金(或称为生活风格基金，lifestyle fund)和目标日期基金(或称为生命周期基金，lifecycle fund)。其中，目标风险基金大类又包含了 3 种更具体的策略，分别为风险控制策略(risk control)、目标风险策略(target risk)、风险平价策略(risk parity)。本章在文献综述的基础上，研究包括标普风险控制指数模型和标普目标风险系列指数模型在内的养老目标风险基金产品资产配置模型。然后，实证分析养老目标风险基金的风险控制策略和目标风险策略在中国市场的适用性。研究表明：在控制风险效果方面，风险控制策略均控制了波动风险；目标风险策略仅在每月调仓时能较好地控制波动风险；在风险收益特征方面，风险控制策略比目标风险策略更有效，其中，每日风险控制策略的风险收益特征更好，这启示了中国在运用这类策略时应倾向于每日检查仓位；在资产配置比例方面，对风险控制策略而言，当再平衡频率相同且不设置杠杆融资时，目标风险波动率的差异对风险控制策略的仓位配置影响不显著；对目标风险策略而言，和成熟资本市场情况不同的是仓位配置比例并非恒定或小幅波动的，调仓指令下达较为频繁。

第 5 章为养老目标风险基金风险平价策略研究。风险平价策略是养老目标风险基金的资产配置策略,我国养老型基金产品只能采用 FOF 形式投资,因此本章在常规风险评价模型的基础上,分别从风险和收益的角度对常规风险平价模型进行拓展。首先,通过对债券资产加杠杆以及引入动量效应修正常规风险评价模型。然后,再引入下半方差、VaR、预期损失三种风险衡量指标,进一步比较优化风险评价模型。基于此,构建等权重策略、常规 RP 策略、常规 RP＋杠杆策略、常规 RP＋杠杆＋动量策略、下半方差 RP＋杠杆策略、下半方差 RP＋杠杆＋动量策略 6 个风险平价策略,实证分析这些策略在中国市场的适用性。研究表明:风险平价策略在我国市场是有效的,风险平价策略可以获得较高的收益(相比债券)以及更高的夏普比率(相比股票商品等风险资产);加杠杆可以增加风险平价策略的收益并保持较高的夏普比率,引入动量效应能否增加收益还取决于持仓期,持仓期过长未必能增加收益,一个月左右的持仓期可以明显增加收益;下半方差衡量风险可以明显提高策略的收益,并保持较高的夏普比率,但是该策略需要配合更加短的调仓周期。综合来看,风险平价策略对于 FOF 投资来说是一种很好的选择。如果更看重收益的稳健性,对回撤的容忍度低,可以选择"常规 RP＋杠杆＋动量"的策略组合;如果更看重在控制风险的基础上获得较高收益,可以选择"下半方差衡量风险＋杠杆＋动量"的策略组合。

第 6 章为养老目标日期基金最优下滑轨道研究。目标日期基金最核心的内容是下滑轨道的设计及效用研究。本章在分析先锋基金的 Vanguard Life-Cycle Investing Model 的基础上,结合精算平衡原则、量化投资理论等内容构建基于我国国情下的目标日期基金下滑轨道理论模型,并给出模型的解析解。基于上述模型,对下滑轨道进行数值模拟,对关键参数进行敏感性分析,基于我国数据实证分析目标日期下滑轨道,并引入人力资本参数,研究工资增长率及投入比例对模型的影响。最后,对下滑轨道进行动态调整,对比分析不同调整幅度下基金的表现情况。研究表明:目标日期策略可以获得较为合理的收益情况,工资收入及储蓄率等人力资本参数对收益影响不大;不同的投资者特征及模型参数会对结果产生一定影响;较高的投资目标使得女性人群的权益资产配置比例明显要高于男性,对应更为激进的投资策略;而在其他条件不变的情况下,较低的预期替代率或较高的缴费比例将会减少投资组合中股票资产的配置比例;亏空惩罚系数对最优下滑轨道的影响并不明显;偏差修正系数也会使得模型结果发生改变,较大的偏差修正系数代表更高的风险偏好,从而对应更为激进的投资策略;经过动态调整之后,整体投资组合的风险收益表现有明显改善,随着动态限制范围的扩大,整体基金终值的表现相应提升。

第7章为结论与政策建议。通过研究我们发现,我国个人养老产品需求潜力巨大,经济增长、证券市场收益的提高和税收优惠政策是养老型基金产品发展的宏观基础,给投资者提供较高回报的低风险产品是养老型基金产品的发展方向,目标风险基金的风险控制策略与目标风险策略具有较好的风险控制效果,目标风险基金的风险平价策略对于我国FOF投资来说是一种很好的选择,目标日期基金最优下滑轨道在我国市场可以获得较好收益。我们建议构建有关养老目标基金的完备法律体系,出台税收优惠政策鼓励发展第二、第三支柱养老产品,适时引入养老目标基金的自动加入与合格默认投资工具制度,大力发展养老型基金产品等第二、第三支柱养老产品,进一步完善养老资金的投资监管。

三、研究方法

本书的研究方法包括问卷调查法、比较分析法、数理建模、数值模拟法、实证分析法、数据回测法等。

本书对我国养老产品需求采用问卷调查法,对美英德法等国家和地区的养老产品发展情况采取案例分析法和比较分析法,对目标日期基金的风险控制策略、目标风险策略和风险评价策略以及目标日期基金最优下滑轨道研究采取理论建模、数值模拟和数据回测等方法,对影响英美养老产品需求因素采取多元线性回归方法。

四、创新与不足

1. 创新

本书是国内第一本研究养老目标基金的专著。在以下方面具有一定创新性。

(1) 在海外基金公司成熟产品的核心数理模型未对外公开编制方式的情况下,结合资产配置理论与基金产品的实际运行特征,尽可能还原并系统梳理目标风险基金的基础模型,为中国基金公司设计相关产品提供有益的参考。

(2) 本书采用了下半方差作为目标风险基金风险评价策略风险的衡量指标。下半方差可以保留投资者喜爱的上行波动,而仅表示资产的下行风险,实证结果表明,采用下半方差衡量风险可以明显地增加投资组合的收益。

(3) 本书对目标日期风险基金下滑轨道动态调整的研究,有利于改变目前目标日期风险基金下滑轨道的简单二阶段非线性调整的缺陷。

2. 不足

本书在以下方面存在不足，需要进一步研究。

（1）风险控制策略的目标波动率、目标风险策略的下行风险参数直接参考成熟资本市场设定，但国内投资者可能有不同的风险偏好。

（2）目标风险策略虽然考虑了尾部概率，但仍假设资产组合收益率符合正态分布，这是个较为理想化的假设条件。

（3）风险平价策略只是针对三种资产进行风险平价配置，没有考虑全球范围内其他相关性较低的众多资产种类。

（4）目标日期基金下滑轨道设计的一些关键参数，比如回溯期长度、持仓期长度的设定需要进一步优化。

1 国内养老产品发展现状分析

1.1 我国老龄化问题日趋严重

近年来,我国人口老龄化问题日趋严重。根据联合国对老龄化的标准,一个国家或地区 60 或 65 岁以上人口占总人口的比重达到 10% 或 7% 以上,则该国或地区进入老龄化社会。

1999 年,我国 60 岁以上人口占总人口比重已超过 10%,正式进入老龄化社会。此后,我国老龄人口占比逐年上升,到 2022 年,60 岁以上人口占比已达 19.8%,而 65 岁以上人口占比高达 14.9%(见图 1-1)。2022 年,我国人口总量减少 85 万,人口自然增长率为 -0.6‰,中国人口出现近 61 年来的首次负增长。根据联合国《世界人口展望 2019》的预测,到 2060 年,我国 65 岁以上人口规模将达到峰值 3.98 亿,占总人口比例为 29.83%。

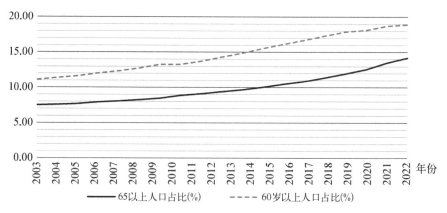

图 1-1　2003—2022 年我国老龄化人口占比逐年上升

资料来源:国家统计局。

与我国老龄人口占比逐步上升相对应的是,劳动年龄人口(16—59 岁)的人口数量和比重自 2013 年以来连续八年下滑。2021 年,我国劳动年龄人口为8.82亿人,相比2020年又减少1 200万人,占总人口比重下降至62.44%(见图1-2)。

图1-2 我国劳动人口数量及占比逐年下滑

资料来源:国家统计局。

老龄人口抚养比指老龄人口数与劳动年龄人口数之比,随着老龄人口的增加和劳动力人口的下降,我国老龄人口抚养比逐年上升,劳动力抚养负担加重。我国2003年的老龄人口抚养比为10.65%,到2018年已经上升至16.77%,2020年再度上升至19.7%,这意味着劳动力人均承担的抚养老龄人口数加大,抚养负担加重(见图1-3)。

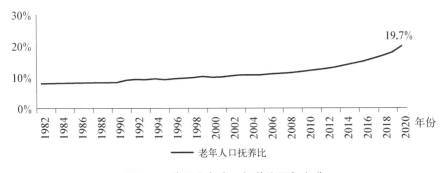

图1-3 我国老年人口抚养比逐年上升

资料来源:国家统计局。

由于计划生育的实施,20世纪80年代以来,我国人口出生率呈下降趋势。2011年起,人口老龄化问题进一步加剧。2015年,我国调整计划生育政策,一对夫妻可以生育两个子女。2016年,我国出生率上升至13.57‰,但之后人口出生率继续下降。2021年5月,国家规定一对夫妻可以生育三个子女,但2022年我国出生率仍然快速下滑至6.77‰。生育政策的放开难以对劳动人口增加起到立竿见影的效果,过高的住房、教育、医疗等开支可能是抑制出生率的重要原因(见图1-4)。

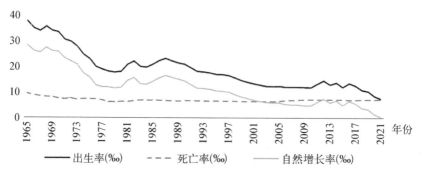

图1-4　我国出生率及人口自然增长率逐年下降

资料来源:国家统计局。

而随着医疗与生活水平的上升,我国人口平均预期寿命逐步上升。1982年我国人口平均预期寿命为67.77岁,2020年,我国居民人均预期寿命已提高到77.3岁(见图1-5),比4年前提高了1岁。根据"十四五"规划纲要,我国人均预期寿命将在四年内再提高1岁。这意味着,我国人口老龄化的问题会不断加剧。

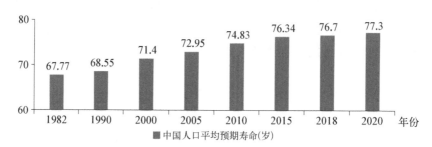

图1-5　我国人口平均寿命逐年上升

资料来源:国家统计局。

老龄人口占比及老龄人口抚养比持续上升的态势,加大了对养老保障的需求,对我国现行的养老保障制度提出了严峻的考验。扩大养老保障的覆盖面、完善养老基金的管理能力成为我国应对人口老龄化现状须完成的迫在眉睫的任务。

1.2　我国养老保障三支柱体系

世界银行提出的国家基本养老、年金和个人养老金的"三支柱"模式是全球主流的养老保障体系。目前,我国养老保障体系由国家基本养老、企事业单位年金及个人养老金三大支柱构成。第一支柱基本养老保险由国家统一建立并强制实施,其中基本养老金包括城镇职工基本养老保险以及城乡居民基本养老保险,同时,有全国社会保障基金作为第一支柱的补充;第二支柱为年金,主要由企事业单位视自身情况建立,与员工共同缴付,包括企业年金(企业员工和单位缴纳)及职业年金(公职人员和任职单位缴纳);第三支柱为个人养老金,由员工自愿参加,主要有个人税收递延型商业养老保险、专属商业养老保险、养老目标基金、养老理财产品等。我国养老保险体系的基本构成如图1-6所示。

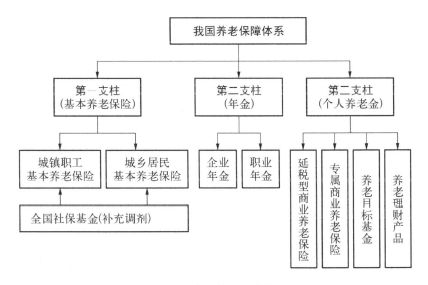

图1-6 我国养老保障体系

资料来源:作者整理。

从总体规模来看,目前我国养老保障体系以基本养老保险基金为主,年金制度次之,个人养老金尚处于起步阶段。根据人社部的统计数据,截至2021年底,我国养老金总规模约13.5万亿元,占GDP的11.8%,低于OECD国家2020年平均57.8%的水平,更低于美国2021年183%的水平。其中,第一支柱基本养老保险基金规模约8.9万亿元,包括6.4万亿元基本养老保险和2.5万亿元全国社保基金(2020年),占全部养老金的比重为65.9%。全国参加基本养老保险人数为102 871万人。第二支柱年金规模约4.4万亿元,具体而言,企业年金累计基金规模为2.61万亿元,全国有11.75万户企业建立了企业年金,参与企业年金的职工人数为2 875万人;

职业年金投资运营规模达到 1.79 万亿元,当年投资收益 932 亿元。第三支柱个人养老金规模约 1 758 亿元,其中养老目标基金 1 132 亿元,个人税收递延型养老保险 6 亿元,商业养老年金保险保费为 620 亿元,总体发展较为缓慢(见图 1-7)。

图 1-7　我国养老金规模(单位:亿元)

资料来源:国家统计局。

1.2.1　社会基本养老保险

1.2.1.1　社会基本养老保险

社会基本养老保险是我国养老保障体系中最重要的支柱。自 1992 年开始实行,社会基本养老保险定位于保障居民老年生活基本需求,资金来源于企业单位缴费、个人缴费和财政支持等。

从类型上来说,基本养老保险包括城镇职工基本养老保险和城乡居民基本养老保险,两者在目标受众、资金来源、缴费基数、缴费比例、缴费用途、领取标准、领取条件及享受待遇等方面有所不同。详见表 1-1。

表 1-1　我国城镇职工基本养老保险与城乡居民基本养老保险对比

	城镇职工基本养老保险	城乡居民基本养老保险
目标受众	企业和机关事业单位人员	年满 16 周岁(不含在校学生)、没有在政府和企业工作的社会人员
资金来源	企业单位缴费、个人缴费、财政支持、投资收益等	个人缴费、财政支持、缴费资助、投资收益等

续　表

	城镇职工基本养老保险	城乡居民基本养老保险
缴费基数	职工本人上一年度工资总额月均收入： 若本人月平均工资低于当地职工月平均工资的60%的，按照当地职工月平均工资的60%作为缴费基数； 本人月平均工资高于当地职工平均工资的300%的，按照当地职工的月平均工资的300%作为缴费基数	个人缴费标准目前设为每年100元、200元、300元、400元、500元、600元、700元、800元、900元、1 000元、1 500元、2 000元12个档次。省(区、市)人民政府可以根据实际情况增设缴费档次，最高缴费档次标准原则上不超过当地职工基本养老保险的年缴费额
缴费比例	一般为24%，其中职工所在企业缴纳16%，职工个人承担8%	
缴费用途	企业缴费划入统筹账户用于当前养老金支付，个人缴费划入个人账户用于个人离退休后养老金的支付	个人缴费全部划入个人账户，此外政府补助也划入个人账户
领取标准	基础养老金月标准=(当地上年度在岗职工月平均工资+本人指数化月平均缴费工资)÷2×1%×缴费年数； 个人账户养老金月标准=个人账户储存额/计发月数	基础养老金最低标准为每人每月70元，具体计发标准各地不同； 个人账户养老金月标准=个人账户全部储存额/139(相当于职工60岁退休计发月数)
领取条件	本人达到法定退休年龄并办理了退休手续；所在单位和个人依法参加基本养老保险并履行缴费义务；个人累计缴费时间满15年	年满60周岁；累计缴费满15年；未领取国家规定的基本养老保障待遇
享受待遇	按月领取按规定计发的基本养老金直至死亡；基础养老金的正常调整待遇；对企业退休人员实行社会化管理服务；死亡待遇(丧葬费、一次性抚恤费、终身发放符合供养条件的直系亲属生活困难补助费等)	按月领取按规定计发的基本养老金直至死亡；基础养老金的正常调整待遇；参保人员死亡，个人账户中的资金余额，除政府补贴外，可以依法继承；政府补贴余额用于继续支付其他参保人的养老金

资料来源：人力资源和社会保障部。

从规模来看，当前我国基本养老保险累积了巨额资金。根据人社部的统计数据，2021年末，我国基本养老保险基金累计结存63 970亿元，其中年末城乡居民基本养老保险基金累计结存11 396亿元(见图1-8)。

同时，我国基本养老保险覆盖了绝大多数人口。根据人社部的统计，截

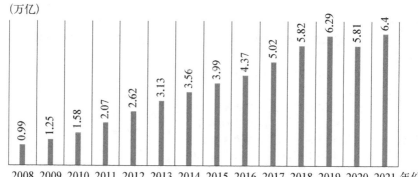

图 1-8　我国基本养老保险累计结余巨额资金

资料来源：Wind。

至 2021 年末，全国参加基本养老保险的人数达 10.3 亿人。其中，城镇职工基本养老保险和城乡居民基本养老保险参保人数分别为 48 075 万人和 54 797 万人（见图 1-9）。

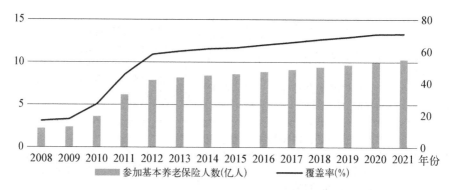

图 1-9　我国基本养老保险覆盖大部分人口

资料来源：Wind。

但从参保领取人口及收支状况来看，我国基本养老保险存量不容乐观。由于城乡居民基本养老保险个人缴费进入个人账户，不用于当前离退休人员的养老金发放，2018 年城乡居民养老保险收入为 4 770.2 亿元，仅有少部分为征缴收入，同期城乡居民养老保险支出为 3 374.0 亿元，剔除补贴后的实际盈余为负。而城镇职工基本养老保险缴纳金额部分计入统筹账户，可用于当前养老金发放，因而缴费职工越多，财政负担越轻。

但自 2012 年起，参加城镇职工基本养老保险的职工增速连续低于领取养老保险的离退休人数，截至 2020 年，参保职工人数与离退休人数之比约为 2.57∶1，而 2012 年这一比例为 3∶1。同期城镇职工基本养老保险收入增速连续低于支出,实际每年征缴收入已无法弥补支出,2015—2017年征缴收入与支出差额分别为1 996亿元、3 374亿元和4 649亿元,同期基本养老保险基金的各级财政补贴金额分别为4 716亿元、6 511亿元和8 004亿元。2018年,政府建立实施企业职工基本养老保险中央调剂制度,当年调剂比例为3%,基金调剂总规模为2 422亿元。2021年,企业职工基本养老保险基金中央调剂比例提高到4.5%,基金调剂规模为9 327亿元。2010—2020年的基本养老保险支出与收入比呈总体上升趋势,其中2020年高达111%,如图1-10。

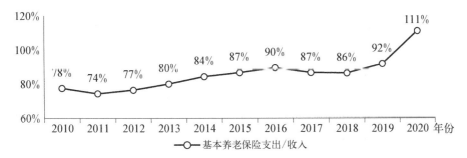

图1-10　我国基本养老保险支出高于收入

资料来源:Wind。

基本养老保险替代率逐年下降,第一支柱尤其是城乡居民养老保险的保障力度较弱。根据世界银行的标准,如果养老金替代率保持在70%以上,退休后的生活水平可基本维持不变,养老金替代率最低标准为55%。我国20世纪90年代末的基本养老保险替代率约75%,之后不断下降,截至2021年已下降到约45%(见图1-11)。尤其在城乡居

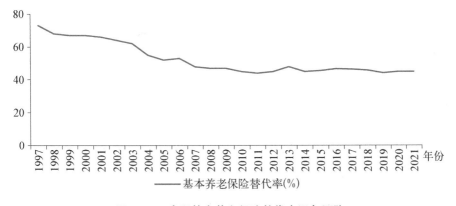

图1-11　我国基本养老保险替代率逐年下降

资料来源:Wind。

民基本养老保险方面,以 2020 年城乡居民养老保险支出及参保人数计算,每年每人领取金额仅为 618 元,难以满足基本保障需求。2008—2015 年我国每年基础养老金上升幅度约为 10%,此后由于企业及财政支付压力的加大,基础养老金增速也逐年减弱,2016—2020 年依次约为 6.5%、5.5%、5%、5% 和 5%。总体而言,我国基本养老保险的保障力度较低。

1.2.1.2　全国社会保障基金

为补充、调剂我国人口老龄化带来的养老保险等社会保障支出的需要,2000 年,作为国家社保储备基金的全国社会保障基金(以下简称社保基金)成立。

社保基金是我国基本养老保险的补充,与基本养老保险的区别在于来源上不是由用人单位和个人的缴费构成,且不用于当期支付,因此没有支付要求和负债管理问题。2016 年,我国颁布《全国社会保障基金条例》,条例规定全国社会保障基金的资金由"中央财政预算拨款、国有资本划转、基金投资收益和国务院批准的其他方式筹集的资金构成",并"由全国社会保障基金理事会管理运营"。

社保基金开展市场化运作管理,采取直接投资和委托投资相结合的方式运营,且投资范围由成立之初的存款、国债,拓展至固定收益投资、股票投资、未上市股权投资等领域,同时允许境内投资与境外投资。截至 2021 年,全国社保基金总资产 30 198.10 亿元,较 2020 年增加 3%(见图 1-12)。除 2018 年外,社保基金历年均实现盈利,年化投资收益率为 8.51%,超过同期 CPI 涨幅,较好地实现了资产的增值保值(见图 1-13)。

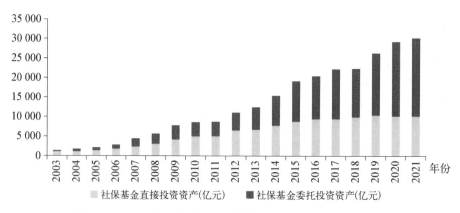

图 1-12　2003 年以来我国社保基金直接投资和委托投资规模

资料来源:Wind。

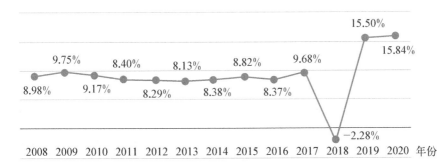

图 1-13　2008 年以来我国社保基金投资收益率

资料来源：Wind。

1.2.2　企业年金和职业年金

企业年金最早于 2004 年开始试行,根据 2017 年颁布的《企业年金办法》,企业年金指"企业及其职工在依法参加基本养老保险的基础上,自主建立的补充养老保险制度"。而根据 2015 年颁布的《机关事业单位职业年金办法》,职业年金指在参加基本养老保险的基础上,对机关事业单位及其工作人员建立的补充养老保险制度。职业年金的参与非自愿,为强制执行。

企业年金和职业年金在目标受众、性质、资金来源、缴纳比例、单位缴费投资收益归属和领取标准等方面有所不同,具体的对比见表 1-2。

表 1-2　我国企业年金与职业年金对比分析

	企　业　年　金	职　业　年　金
目标受众	企业职工	机关事业单位工作人员
性　　质	自愿建立	强制执行
资金来源	单位和个人共同缴纳,完全积累,个人缴纳费用由单位代扣代缴	
缴纳比例	企业缴费每年不超过本企业职工工资总额的 8%,企业和职工个人缴费合计不超过本企业职工工资总额的 12%	单位缴费比例为本单位工资总额的 8%,个人缴费比例为本人缴费工资的 4%
单位缴费投资收益归属	企业可以与职工约定完全归属于职工个人,也可以约定随着职工在本企业工作年限的增加逐步归属于职工个人,完全归属于职工个人的期限最长不超过 8 年	单位缴费及职业年金基金投资运营收益,全部计入职业年金个人账户

续 表

	企 业 年 金	职 业 年 金
领取标准	未达到下述年金领取条件之一的,不得从年金个人账户中提前提取资金: (1) 职工达到国家规定的退休年龄或者完全丧失劳动能力时,可以从本人年金个人账户中按月、分次或者一次性领取年金,也可以将本人年金个人账户资金全部或者部分购买商业养老保险产品,依据保险合同领取待遇并享受相应的继承权; (2) 出国定居人员的企业年金个人账户资金,可以根据本人要求一次性支付本人; (3) 职工或者退休人员死亡后,其企业年金个人账户余额可以继承	

资料来源:人力资源和社会保障部。

目前我国企业年金覆盖率低,且发展速度缓慢。截至2021年底,建立年金制度的企业为11.75万户,参加职工人数为2 875万人,参加企业年金的人数占第一支柱参与人数的比重仅为2.8%(见图1-14)。在当前我国企业养老负担较重的背景下,额外有能力缴纳企业年金的大多是盈利性较好的大型国有企业,加上税收优惠力度不足,企业年金仍处于缓慢发展状态。

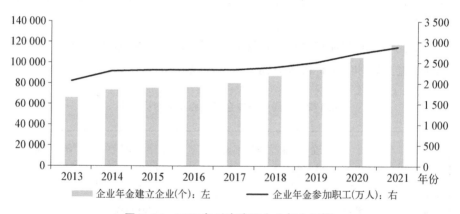

图1-14 2013年以来我国企业年金规模

资料来源:Wind。

截至2021年底,企业年金积累基金2.61万亿元,相比2020年末增长15.5%,但规模依然不到基本养老金的30%,全年加权平均投资收益率为5.33%(见图1-15)。

职业年金实行强制建立,理论上应完全覆盖参与基本养老保险的3 600多万机关事业单位职工总数。但各地建立职业年金制度的时间进度有很大差别,且大部分地方政府有财政压力,部分地区即便建立了年金制度,也仅

图 1-15　2012 年以来我国企业年金收益率

资料来源：Wind。

采用"记账"的方式计入个人账户中。由此可见，职业年金的全面建立、筹资和补缴都需要一定时间。截至 2021 年底，职业年金基金投资运营规模 1.79 万亿元，投资收益率为 5.2%。

1.2.3　个人养老金

作为我国养老制度第三支柱的个人养老金计划由员工自愿参加，主要有延税型商业养老保险、专属商业养老保险、养老目标基金、养老理财产品、商业养老保险等。但大部分个人养老保障相关产品近几年尚在推广过程中，总体规模较小。截至 2021 年底，个人养老金规模约为 1 758 亿元，其中养老目标基金 1 132 亿元，个人税收递延型养老保险 6 亿元，商业养老年金保险保费为 620 亿元，养老理财、专属养老保险产品都在推广中。对于大部分没有企业年金和职业年金的职工而言，若想保持退休生活质量基本不变，则通过商业补充养老保险贡献的养老金替代率应有 25%（70%—45%），因此，个人养老产品市场未来发展空间广阔。

根据《中国养老金精算报告 2019—2050》的测算，全国城镇企业职工基本养老保险基金累计结余将于 2027 年达到峰值 6.99 万亿元，之后开始迅速下降，到 2035 年将耗尽累计结余。而企业年金和职业年金发展空间有限。因此，近年来国家先后出台了《养老目标证券投资基金指引（试行）》(2018 年)、《关于开展个人税收递延型商业养老保险试点的通知》(2018 年)、《关于开展专属商业养老保险试点的通知》(2021 年)、《关于开展养老理财产品试点的通知》(2021 年)等政策，支持养老保障第三支柱产品的发展。

2022年4月21日,国务院办公厅发布《关于推动个人养老金发展的意见》,意见指出第三支柱个人养老金采取账户制运行模式,提供税收优惠政策,个人自愿参加,市场化运作。对于个人养老金的参加范围、账户开设、账户运行、缴费水平、税收政策、投资标的以及领取方式等做出了详细规定。详见表1-3。

表1-3 我国个人养老金相关规定

	政 策 原 文
参加范围	在中国境内参加城镇职工基本养老保险或者城乡居民基本养老保险的劳动者
账户开设	参加个人养老金需要开设两个账户: (1)个人养老金账户:通过个人养老金信息管理服务平台开立,用于信息记录、查询和服务等。 (2)个人养老金资金账户:在符合规定的商业银行指定或者开立,也可以通过其他符合规定的金融产品销售机构指定,用于个人养老金缴费、归集收益、支付和缴纳个人所得税
账户运行	个人养老金资金账户实行封闭运行,其权益归参加人所有,除另有规定外不得提前支取
账户变更	参加人变更个人养老金资金账户开户银行时,应当经信息平台核验后,将原个人养老金资金账户内的资金转移至新的个人养老金资金账户并注销原资金账户
缴费水平	参加人每年缴纳个人养老金的上限为12 000元,适时调整缴费上限,本年度内既可以一次性缴也可以分次缴
税收政策	国家制定税收优惠政策,鼓励符合条件的人员参加个人养老金制度并依规领取个人养老金
投资标的	符合规定的银行理财、储蓄存款、商业养老保险、公募基金等运作安全、成熟稳定、标的规范、侧重长期保值的满足不同投资者偏好的金融产品,参加人可自主选择
产品购买渠道	符合规定的金融机构或者其依法合规委托的销售渠道购买金融产品
领取方式	参加人达到领取基本养老金年龄、完全丧失劳动能力、出国(境)定居,或者具有其他符合国家规定的情形,经信息平台核验领取条件后,可以按月、分次或者一次性领取个人养老金,领取方式一经确定不得更改。领取时,应将个人养老金由个人养老金资金账户转入本人社会保障卡银行账户。参加人死亡后,其个人养老金资金账户中的资产可以继承

资料来源:国务院、中金公司研究部。

该意见的核心内容是由原来的产品制转向个人账户制,参保人将通过个人账户购买个人养老产品。相较于之前的产品制,账户制下在个人账户层面计算税收优惠,与具体产品无关,因此在税收优惠和产品转换上更便捷。此外,第三支柱采取账户制与我国养老金体系制度一脉相承,有利于第二和第三支柱互联互通。

1.3 我国个人养老产品发展现状

目前,国内的个人养老产品市场基本形成了保险系、银行系、基金系和信托系的格局。从风险情况来看,广义个人养老产品风险较高的为基金系和信托系养老产品,银行和保险产品风险较低。从投资门槛来看,信托系养老产品投资门槛最高,主要针对高净值客户设计,兼具养老理财和家族财富传承特征。投资门槛最低的为银行系养老产品(见表1-4)。

表1-4 我国不同主体养老理财产品对比

	产品类型	风险等级	产品期限	投资门槛	投资收益
银行	固定收益类为主	中低风险	封闭式以5年为主	1元	平均收益4%左右
基金	偏债混合型为主,FOF开始兴起	中等风险	开放式	100元	收益波动幅度较大
信托	家族信托模式	中等风险	3+N	600万	预计6%左右
保险	以类固定收益型为主	中低风险	封闭式以1—2年为主	封闭式1万	封闭式产品平均5%左右

资料来源:Wind。

银行系和保险系在个人养老产品市场规模上有较大的优势,我们认为主要原因有:① 银行系旗下养老产品整体投资期限更长、产品费率低,同时具有风险保障机制以平滑波动,适合中低风险偏好的投资者。② 保险系作为提供养老保险产品的传统机构,注重产品稳定的长期回报,其产品以类固定收益产品投资为主,风险较低。因为保险系货币型产品可以适度投资非标产品提高收益率,因此,有时其投资收益高于银行养老产品。③ 基金系养老产品相比其他机构产品收益波动率大、风险高,但最近几年发展迅猛。

④ 目前信托系养老产品数量很少且投资门槛非常高,不适合大众养老投资(见表1-5)。

表1-5 我国不同主体养老型产品优缺点分析

参与主体	优　　点	缺　　点
银行	银行网点多从而潜在客户资源丰富;针对养老的理财产品投资稳健风险低,容易被风险厌恶型投资者所接受	产品同质化严重,同时产品净值化管理后会影响收益的稳定性
保险	专业的养老公司品牌实力强,客户资源丰富,受消费者信赖;养老金管理经验丰富,专业投资能力强	在金融去杠杆的背景下,投资非标资产的优势前景堪忧;缺乏个性化养老产品
基金	有专业化的投资管理,有成熟的投资理念和模式,以及较为严格的风险控制方法;投资起点低,适合大众养老理财;投资组合和策略灵活,流动性较强	和其他金融机构相比,其产品风险相对较高
信托	依托信托行业积攒的高净值客户提供养老服务	投资起点高

资料来源:作者整理。

根据中金公司的预计,至2030年,个人养老金中养老理财、养老储蓄、养老基金和商业养老保险占比分别为25%、20%、35%和20%。2023—2030年的年化增长率为70%、62%、97%和102%。个人养老金规模有望在2030年达到2.3万亿元。

1.3.1 商业养老保险产品

个人养老保险主要为个人向商业公司购买商业养老保险,性质为自愿参加,具体缴费与领取标准视合约而定。主要包括传统的商业养老保险、个税递延型商业养老保险、专属商业养老保险等产品。

(1) 传统商业养老保险。近几年各大保险集团都在积极布局养老保险市场,主要还是看好未来我国养老保险市场特别是商业养老保险市场的需求,提前布局抢占市场份额。

我国目前专业养老保险公司有10家:平安养老(2004年)、太平养老(2004年)、国寿养老(2007年)、长江养老(2007年)、泰康养老(2007年)、大家养老(2013年)、新华养老(2016年)、中国人寿养老(2017年)、恒安标准养老(2020年)和国民养老(2022年)。

从商业养老保险的类型来说,主要包括传统型养老险、分红型养老险、万能型寿险和投资连结保险,其区别主要在于回报率是否固定。传统型养老险利率在2.0%—2.4%,回报和领取时间都是固定的;分红型养老险保底的预定利率在1.5%—2.0%,此外还有不确定性的分红,与保险公司的经营业绩挂钩;万能型寿险扣除保障成本(重疾、意外事故等)和部分初始费用外,剩余的保费进入个人投资账户,作为个人养老补充,其最低保障利率在1.75%—2.5%,有的与银行一年期定期税后利率挂钩;投资连结保险则与不同投资品种的收益挂钩,设有不同风险类型的账户,保险公司不承诺最低收益水平,只收取管理费,客户自负盈亏。

表1-6 我国部分养老保险机构养老产品情况

公司	产品	投资起点	热销产品	投资范围	风险等级	期限	收益率
平安养老	平安养老金橙 平安养老实力派 平安养老富盈人生	封闭式:1万;开放式:1000元	富盈5号(开放式)	主要投资于货币工具、短期存款、短期债券、浮息债券和另类资产	货币型	存取灵活	3.46%
太平养老	金中金A款(封闭式) 金中金C款	封闭式:1万;开放式:1000元	太平养老乐享太平 太平养老颐洋太平1号(开放式)	投资于流动性资产、固定收益类资产、不动产类资产,以另类资产为主,不参与二级股市投资	中低风险 货币型	613天 存取灵活	6% 3.67%
长江养老	长江盛世天伦 长江安享天伦 长江安享人生	封闭式:1万;开放式:1000元	长江盛世天伦混合组合(开放式)	权益类资产:0—30%;固定收益类资产:0—135%;货币类资产:5%—100%	中等风险	一个季度	6.18%
中国人寿养老	国寿福寿嘉年	封闭式:1万;开放式:1000元	养老保障管理产品1号投资组合(开放式)	主要投资于银行存款、短期债券和信用等级较高的其他金融产品	货币型	存取灵活	3.1%

续 表

公司	产品	投资起点	热销产品	投资范围	风险等级	期限	收益率
中国人寿养老	国寿福寿嘉年	封闭式：1万；开放式：1 000元	养老保障管理产品4号投资组合（定期开放式）	流动性资产的投资余额不低于账户价值的5%；基础设施投资计划、不动产相关金融产品、其他金融资产的投资余额不超过账户价值的75%	中低风险	1个月	3.85%

资料来源：各保险公司官网。

市场上首个个人养老保障产品由平安养老保险股份有限公司发行，发行日期为2013年9月27日，产品名为"平安养老实力派养老保障管理产品"。平安养老在个人养老保障业务中具有先发优势，这也造就了其个人养老保障业务资产管理份额排名靠前。从热销产品情况可以看出，个人养老保障产品主要集中在货币型等风险较小的开放型产品类型，平安养老旗下金橙现金增利产品2015年资产规模高达161.46亿元。同时，封闭型个人养老保障产品期限主要集中在1—2年，平均投资收益率在5.5%左右。太平养老公司旗下产品"太平养老乐享太平"借助互联网渠道（理财通）热卖，投资期限613天，预期投资收益率6%，从投资范围来看，该产品不参与二级股市投资，主要投资于另类资产，因此该产品在收益率方面具有较高的竞争力。

根据保险业协会数据，截至2020年，我国商业养老年金保险保费收入仅712亿元，占人身险保费比重仅为2.14%。

（2）个人税收递延型商业养老保险。根据美国的经验，税收优惠政策能够促进缴费确定型（defined contribution plan，DC）个人养老保险快速发展，显著扩大个人养老金在保障体系中的占比，同时成为养老保险机构新的业务增长点。自2008年起，我国不少地方政府开始了对税收递延型养老保险的探索。

2018年，我国发布《关于开展个人税收递延型商业养老保险试点的通知》，在上海等三地开始个人税收递延型商业养老保险EET模式试点，即个人缴费税前扣除、投资收益暂不征税和个人领取养老金时征税（享受税收优惠）的模式。试点时间地点、产品形式、适用对象、账户设立、税收减免等具体内容见表1-7。

表 1-7 我国个人税收递延型商业养老保险试点政策梳理

试点时间	2018年5月1日，期限暂定一年
试点地区	上海市、福建省（含厦门市）和苏州工业园区
产品形式	商业养老保险产品
发行主体	保险公司
账户设立	商业银行个人专用账户，该账户封闭运行，与居民身份证绑定，具有唯一性
适用对象	(1) 取得工资薪金、连续性劳务报酬所得（指纳税人连续6个月以上为同一单位提供劳务）的个人； (2) 个体工商户业主、个人独资企业投资者、合伙企业自然人合伙人和承包承租经营者
税收减免政策	(1) 缴费期间减税政策： ① 个人扣除限额=min(当月薪酬×6%，1 000元)； ② 其他个体限额=min(当年应税收入×5%，12 000元)； ③ 计入账户的投资收益暂不征收个人所得税 (2) 领取养老金期间减税政策：25%部分予以免税，其余75%部分按照10%的比例税率计算个人所得税
扣缴流程	中保信出具税收递延养老扣除凭证，个人提供给扣缴单位
领取时税款征收流程	保险公司代扣代缴

资料来源：国家税务总局。

此次试点个人税收递延养老保险产品分为收益确定型、收益保底型、收益浮动型三款产品，以满足不同客户需求。收益确定型个人税收递延养老保险产品类似于商业养老保险的传统寿险产品，收益保底型个人税收递延养老保险产品类似于商业养老保险的万能险和分红险，收益浮动型个人税收递延养老保险产品类似于商业养老保险的投连险，但整体费率相较传统商业保险产品具有优势，且具备税收优惠功能。三大类个人税收递延型商业养老保险产品的风险等级、产品特征和投资策略见表1-8。

2018年5月31日，中国银行保险监督管理委员会（现国家金融监督管理总局）公布了第一批经营个人税收递延养老保险业务的保险公司名单。截至2021年底，已公布五批名单，共有23家保险公司获批经营个人税收递延养老保险业务。

表1-8　我国个人税收递延型商业养老保险产品类型

产品类型	收益确定型(A类)	收益保底型(B类)	收益浮动型(C类)
风险等级	低风险	低风险	中风险
产品特征	(1)积累期提供确定收益率(年复利); (2)每月结算一次收益; (3)保险公司盈利模式:赚取利差	(1)积累期提供保底收益率(年复利); (2)可根据投资情况提供额外收益; (3)每月(B1)或每季度(B2)结算一次收益; (4)保险公司盈利模式:赚取利差	(1)积累期按照实际投资情况进行结算,不提供保底收益率; (2)至少每周结算一次; (3)保险公司盈利模式:赚取管理费
投资策略	主要为固定收益类资产	以固定收益类资产为主,灵活配置权益类资产	灵活配置权益类资产

资料来源:国家税务总局。

表1-9　我国前三获批经营个人税收递延养老保险业务的保险公司名单

第一批(10家) (2018年5月31日)	第二批(4家) (2018年7月6日)	第三批(3家) (2018年9月6日)
中国人寿	人保寿险	建信人寿
太平洋人寿	民生人寿	恒安标准人寿
平安养老	工银安盛人寿	交银康联人寿
太平人寿	东吴人寿	
泰康养老		
泰康人寿		
阳光人寿		
中信保诚		
中意人寿		
英大人寿		

资料来源:中国银行保险监督管理委员会。

2018年6月,太平洋人寿签发了全国首单个人税收递延型商业养老保险。客户可以在收益确定型、收益保底型、收益浮动型共三类四款产品中购买一款或多款,收益确定型及收益保底型产品分别对应"3.5%的固定收益"

和"2.5%的保底+浮动收益",领取方式有 15 年、20 年、25 年长期领取或终身领取方式供选择。不同账户之间可以免费相互转化,以满足不同年龄段的客户对不同个人税收递延养老金产品进行相应调整的需要,同时由其他保险公司转入的账户,也不收取初始费用。随后,中国人寿、泰康人寿等多家寿险公司也签出了个人税收递延型商业养老保险(见表 1-10)。个人税收递延型养老保险销售取得了良好的开端。

表 1-10 截至 2021 年底我国保险公司推出的个人税收递延型养老保险

保险公司名称	获批销售税延养老保险类型
太平洋人寿	A 款、B1 款、B2 款、C 款
泰康养老	A 款、B1 款、B2 款、C 款
中国人寿养老	A 款、B1 款、B2 款、C 款
平安养老	A 款、B1 款、C 款
新华人寿	A 款、B1 款、B2 款
太平养老	A 款、B1 款
人保寿险	A 款、B1 款、B2 款

资料来源:中国银行保险监督管理委员会。

截至 2021 年底,个人税收递延型养老保险参保人数超 5 万,但累计实现保费收入仅 6.3 亿元,整体发展远不及预期。个人税收递延型养老保险试点可能存在如下问题。

① 试点范围小,受众群体偏窄。试点范围仅包括上海等三地,此后未扩大试点范围,因此整体参与人群较少。

② 税收优惠力度较小。一方面税前扣除金额最高仅 1.2 万/年,对于中高收入人群而言,税前扣除金额较低;另一方面节税力度不大,领取阶段对 75% 的资产按 10% 的比例征税,实际税率 7.5%,而目前年收入低于 9.6 万人群所得税率仅 3%,税收递延后反而增加了税负。

③ 个税抵扣流程较为复杂。个人税收递延养老保险涉及保险公司、投保人、中信保、税务局及投保人所在企业等部门,业务流程复杂。若员工个人购买税收递延型养老保险,则需每月向企业 HR 提交税延凭证,在计算工资时代扣保费抵扣个税。而员工对自己个人税延优惠额度未知的情况下,

可能存在超额缴费情况,最终导致领取时重复纳税。

④ 投资收益上优势较小。目前的金融体系下,个人税收递延商业养老保险主推 A 类和 B 类,即收益确定型和收益保底型产品,受利率风险、再投资风险、长寿风险等多方面因素制约,其投资收益率显著低于收益浮动型产品。A 类、B 类产品分别对应 3.5% 的固定收益、2.5% 的保底+浮动收益,相比于社保基金、企业年金等年金计划 6%—8% 的长期年化收益率,保险产品在投资收益上没有优势。

(3) 专属商业养老保险。2021 年 5 月,中国银保监会发布《关于开展专属商业养老保险试点的通知》,6 月起专属商业养老保险在浙江省(含宁波市)和重庆市试点,参与试点的保险公司共 6 家。银保监会自 2022 年 3 月起,将试点区域扩大至全国范围,在原有 6 家试点公司基础上,允许养老保险公司参加试点。

专属商业养老保险主要服务新产业、新业态从业人员和灵活就业人员,鼓励企事业单位为雇员缴费,设计"保底+浮动"的结算利率模式,允许投资人提前退出,但当前没有税收优惠政策支持。专属商业养老保险的参保群体、缴费对象、收益模式、领取方式等基本要素见表 1-11。

表 1-11　我国专属商业养老保险基本要素

	专属商业养老保险
参保群体	快递员、网约车司机等新产业、新业态灵活从业人员
缴费对象	个人,也允许企事业单位为雇员缴费
产品期限结构设计	分为积累期与领取期,封闭式运行
税收优惠	无
收益模式	结算利率=保底+浮动; 保底部分利率分为稳健型账户与进取型账户,分别为 2%—3%,0%—1%; 每年的结算利率在次年 1 月 1 日公布
领取方式及时间	年金。60 周岁及以上,领取期限不短于 10 年
是否可提前支取	可提前退出,积累期的前 5 年退保会有本金损失。 前 5 年:退保现价不高于累计已交保费; 6—10 年:退保现价不高于累交保费和 75% 账户累计收益之和; 10 年后:退保现价不高于累交保费和 90% 账户累计收益之和

资料来源:中国银行保险监督管理委员会。

截至 2021 年末,6 家试点人寿公司的 14 款试点产品中,结算利率最高的为泰康人寿"臻享百岁进取账户",结算利率达到了 6.1%,高于其保底利率 0.6%;其稳健账户结算利率也达到 6%,高于其保底利率 2.85%。有三只产品结算利率低于 5%。其中中国人寿"鑫享宝稳健账户"结算利率为 4%,太平寿险"岁岁今生稳健账户"结算利率为 4.5%,太保寿险"易生福稳健账户"A 结算利率为 4.8%,但上述三只产品结算利率均高于其保底利率 2%。

截至 2022 年 2 月末,泰康人寿、人保寿险等六家试点公司在浙江省(含宁波市)和重庆市累计承保保单 7.18 万件,环比增加约 43.6%;累计保费 4.72 亿元,环比增加约 8%。其中以快递员、网约车司机为主的新产业、新业态从业人员投保超过 1.2 万人,环比增加约 20%,增长速度较快。预计随着试点范围扩大到全国,试点机构扩大到全体养老保险公司,专属商业保险的规模将继续呈现快速增长态势。

1.3.2 基金系养老产品

基金系养老产品主要是养老目标证券投资基金,也有过部分传统养老型理财产品,但总体规模都较小。

截至 2017 年,基金系传统养老型理财产品总规模 143.11 亿元,占整个广义养老理财市场的比重为 2.53%。从运作主体来看,一共有 9 家基金公司参与此项业务,其中产品数量和规模最大的为南方基金管理公司,其次是华安基金管理有限公司。从产品类别来看,基金系养老理财产品有偏债混合型和灵活配置型,以偏债混合型基金为主,风险等级适中。从投资策略上看,这类产品主要投资于债券等固定收益类产品,同时辅助投资于股票,达到增强收益的目的,风险收益预期高于货币市场基金和债券型基金,低于股票型基金,但是从风险角度来看,基金系养老理财产品风险整体上高于保险系和银行系,这也制约了其规模的增长。

2018 年 3 月,中国证监会发布《养老目标证券投资基金指引(试行)》(以下简称《指引》),标志着公募基金将规范化、规模化进入养老理财市场,足见国家对于建设养老保障体系第三支柱的决心。

《指引》对产品形式及投资策略、基金管理人及基金经理的资质要求等做出了相关规定。总体来看,要求配置成熟稳健的目标日期基金和目标风险基金等产品,着重于养老目标基金的稳健运行,控制基金下行风险,追求基金长期稳健增值,并对基金管理公司、基金经理等提出了一系列要求以保护养老投资者的利益(见表 1-12)。

表 1-12 我国养老目标基金政策主要内容

公布时间	2018年3月2日,证监会正式发布《养老目标证券投资基金指引(试行)》
运作形式	应当采用FOF形式或中国证监会认可的其他形式运作
投资策略	包括目标日期策略、目标风险策略以及中国证监会认可的其他策略。采用目标日期策略的基金,应当随着所设定目标日期的临近,逐步降低权益类资产的配置比例,增加非权益类资产的配置比例;采用目标风险策略的基金,应当根据特定的风险偏好设定权益类资产、非权益类资产的基准配置比例,或使用广泛认可的方法界定组合风险(如波动率等),并采取有效措施控制基金组合风险
最短持有期	1年
资产配置比例	封闭/持有期不短于1年/3年/5年的,基金投资于股票型基金、混合型基金和商品基金等品种的比例不超过30%/60%/80%
运作方式	定期开放(封闭期不少于1年)
子基金要求	子基金运作期限应当不少于2年,最近2年平均季末基金净资产应当不低于2亿元子基金为指数基金、ETF和商品基金等品种的,运作期限应当不少于1年,最近定期报告披露的季末基金净资产应当不低于1亿元;子基金运作合规,风格清晰,中长期收益良好,业绩波动性较低;子基金基金管理人及子基金基金经理最近2年没有重大违法违规行为
基金费率要求	养老目标基金可以设置优惠的基金费率,并通过差异化费率安排,鼓励投资人长期持有

资料来源:中国证券监督管理委员会。

《指引》提出养老目标基金投资应当采用基金中的基金(fund of funds, FOF)的形式进行。FOF是一种以基金作为投资标的的组合投资产品,与传统基金直接投资于股票、债券、商品等资产不同,FOF通过专业化团队的研究与跟踪,投资于优秀的证券投资基金而间接持有股票、债券等有价证券,有效实现投资风险的二次分散。FOF的分散化投资可以从资产间的分散化投资、因子间分散化投资和策略间的分散化投资等三个维度上实施。FOF产品的投资者无须精心挑选基金,且只需达到FOF产品最低认购限额便可间接投资拥有较高最低限额标准的优秀基金产品。

2018年8月6日,中国证监会批准南方养老目标2035、华夏养老目标2040、博时颐泽稳健、富国鑫旺等14只养老目标基金产品上市。其中采取封闭期为三年的目标日期策略的基金居多,主要原因是只要根据投资者的退休年限,就能选出合适的目标日期策略产品。同时,目标风险产品的投资者首先应对该产品的风险有清醒的认识(见表 1-13)。

表 1-13　我国首批 14 只养老目标基金概况

名　　称	基金类型	管理人	封闭期
南方养老目标日期 2035 三年持有期	混合型 FOF	南方基金	3 年
华夏养老目标日期 2040 三年持有期	混合型 FOF	华夏基金	3 年
博时颐泽稳健养老目标 12 个月定期开放	混合型 FOF	博时基金	1 年
鹏华养老目标日期 2035 三年持有期	混合型 FOF	鹏华基金	3 年
富国鑫旺稳健养老目标一年持有期	混合型 FOF	富国基金	1 年
泰达宏利泰和平衡养老目标三年持有期	混合型 FOF	泰达宏利基金	3 年
易方达汇诚养老目标日期 2043 三年持有期	混合型 FOF	易方达基金	3 年
广发稳健养老目标一年持有期	混合型 FOF	广发基金	1 年
嘉实养老目标日期 2040 五年持有期	混合型发起式 FOF	嘉实基金	5 年
工银瑞信养老目标日期 2035 三年持有期	混合型 FOF	工银瑞信基金	3 年
中银安康稳健养老目标一年定期开放	混合型 FOF	中银基金	1 年
银华尊和养老目标日期 2035 三年持有期	混合型 FOF	银华基金	3 年
中欧预见养老目标日期 2035 三年持有期	混合型 FOF	中欧基金	3 年
万家稳健养老目标三年持有期	混合型 FOF	万家基金	3 年

资料来源:中国证券监督管理委员会。

截至 2021 年底,国内共有 173 只养老目标基金。养老目标日期基金中产品最短持有期为三年的数量占比超过 2/3,而养老目标风险基金中产品最短持有期为一年的数量占比超过 60%。2018—2021 年养老目标基金合计发行规模 715 亿元。2021 年发行规模达到 364 亿元,单只基金发行规模也显著扩大(见图 1-16)。

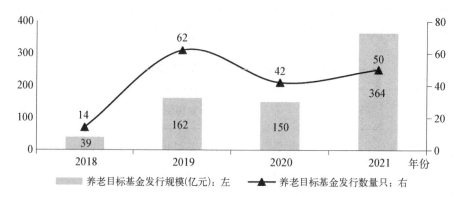

图 1-16　2018—2021 年我国养老目标基金每年发行数量与规模

资料来源：Wind。

截至 2021 年底，养老目标基金合计规模 1 133 亿元，同比增长 92%。虽然试点初期目标日期基金发行较多，但目前目标风险基金规模占比约 85%，目标日期基金仅占比 15%（见图 1-17）。此外，养老目标基金呈现出单只基金规模较小的特点，1 亿元和 10 亿元规模以下的基金数量占比分别为 43% 和 86%。

图 1-17　2018—2021 年我国养老目标基金规模

资料来源：Wind。

从业绩上看，2019—2021 年，养老目标基金收益率分别为 11.12%、24.16% 和 5.08%。截至 2022 年 5 月 19 日，成立以来年化收益率超过 5% 的养老目标基金占比为 46%，成立以来收益率超越业绩比较基准收益率的养老目标基金占比 78%（见图 1-18）。养老目标日期基金收益率排名第一的是华夏养老 2045 三年，养老目标风险基金收益率排名第一的为兴全安泰平衡养老（FOF）。

从波动上看，截至 2022 年第一季度末，成立以来 62% 的基金规模收益率标准差小于业绩比较基准收益率标准差,波动低于市场波动。

从资产配置上,截至2022年第一季度末,养老目标日期基金的基金配置比例为85%,在股票和债券上的配置比例为2.9%和4.7%;养老目标风险基金的基金配置比例为88.7%,在股票和债券上的配置比例为4.5%和5.6%。不同风险类型的养老目标风险基金股票持仓也有差异,稳健型养老目标风险基金在股票上的配置比例仅为2.7%,低于平衡型与积极型的3.6%与5.3%。

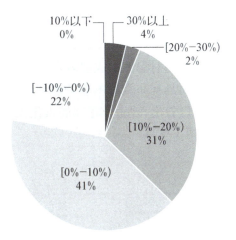

图1-18 我国养老目标基金成立以来超越业绩基准收益率区间

资料来源:Wind。

由于养老目标基金只能采取FOF方式投资。FOF基金也存在着管理难度较大、双重收费等问题。从风险分散的角度来说,风险分散的程度有极限,如果在最优化的结果上继续配置则会造成风险集中。此外,FOF基金的管理者还面临子基金的策略及资产配置变化时重新配置资产的难题,复杂的结构设计可能制约其对市场条件变化的适应,子基金标的头寸的流动性也可能影响FOF基金及时调整的能力。从运作成本的角度来说,若投资者选择投资于全市场的FOF基金,需同时承担母、子基金的管理费、认购费等,双重收费的问题同样会削弱FOF基金为投资者创造价值的能力。

前几年,FOF基金总体表现稳健,但部分FOF基金业绩表现不尽如人意,低于业绩比较基准。因此,到2021年底,养老目标基金规模仅占全市场基金规模的0.4%。

2022年4月21日,国务院办公厅发布《关于推动个人养老金发展的意见》,指出第三支柱个人养老金采取账户制运行模式,对购买养老目标基金的资金提供税收优惠政策。因此,展望未来,养老目标基金的发展空间将变得越来越广阔。

1.3.3 银行系养老理财产品

银行系养老理财产品主要是指银行机构在发行银行理财产品时,将理财产品定位为养老理财产品性质,在期限和收益类型上与普通银行理财有所区别,相较普通银行理财产品,养老理财产品费率更低、期限更长。

商业银行具有所有金融机构中最广泛的客户基础。2021年,多家银行客户数量上亿,其中工商银行客户数最多,拥有7.04亿个人客户。2021年末,持有银行理财产品的个人投资者约8 067万人。加上传统银行理财产品长期相对稳健的收益表现,使得银行在发行养老储蓄产品、养老理财产品方面具有非常好的客户基础。从2018—2021年我国金融资产的结构也可以看出,现金及存款的占比虽有小幅度下降,但始终保持在50%以上(见图1-19)。

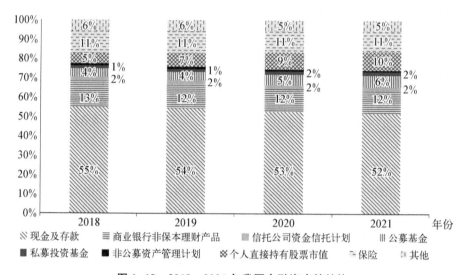

图1-19 2018—2021年我国金融资产的结构

资料来源:Wind。

2021年9月10日,中国银保监会发布《关于开展养老理财产品试点的通知》,批准工银理财、建信理财、招银理财、光大理财四家机构在湖北、四川、青岛、深圳四地开展养老理财产品试点,发挥理财子公司的专业优势,创新养老金融产品,推动养老保障第三支柱建设(见表1-14)。

表1-14 我国最先推出的四款养老理财产品比较

	工银颐享安泰	招银颐养睿远	光大颐享阳光	建信安享
销售区域	武汉、成都	深圳	青岛	深圳
产品类型	固定收益类	固定收益类	混合类	固定收益类
风险等级	R3中风险	R2中低风险	R2较低风险	R2较低风险
产品期限	五年封闭	五年封闭	五年封闭	五年封闭

续　表

	工银颐享安泰	招银颐养睿远	光大颐享阳光	建信安享
大类资产比例	权益资产上限20%,固收资产80%—100%	权益资产上限20%,固收资产下限80%,非标资产上限49%	权益资产上限40%,固收资产不超过80%,非标不超过49%	权益资产上限20%,固收类资产80%—100%
提前赎回及费率	重大疾病等可赎回,无赎回费	重大疾病、购房等可赎回,3年后无赎回费	重大疾病等可赎回,赎回费2%	重大疾病、购房等可赎回,60岁以上无赎回费
门槛及上限	1元起购,上限100万元	1元起购,上限300万元	1元起购,上限300万元	1元起购,上限300万元
费率结构	无基本管理费,托管费0.02%	基本管理费0.1%,托管费0.02%	基本管理费0.1%,托管费0.015%	基本管理费0—1%,托管费0.02%
业绩比较基准	下限5%,上限7%	下限5.8%,上限8%	下限5%,上限5.8%	下限5.8%,上限8%
收益平滑机制	按年计提;年化收益率超过业绩基准65%的部分,按30%计提,年化收益率超过业绩基准5%以上,按50%计提	按日计提;当日年化收益率高于5.8%小于6.9%,提取不低于10%;大于6.9%时,提取不低于30%	按日计提;对年化收益率超过业绩基准下限部分,按照50%计提	按月计提;若产品成立以来累计年化收益率超出业绩比较基准下限,则对超出部分按50%提取
净值披露频率	每周公布	每周公布	每周公布	半月公布

资料来源:各公司官网。

2022年3月1日,养老理财产品试点机构和地区均有扩容,对于已开展试点的4家机构,单家机构产品募集总规模上限由100亿元提高至500亿元;对于新增的6家理财公司,单家机构产品募集总规模上限仍为100亿元。此外,贝莱德建信理财于2022年2月获得试点资格,募资上限100亿元。扩容后,养老理财市场规模上限从最初的400亿元增加至2 700亿元。

以首批试点的4只产品为例分析,从产品特点上看,养老理财具备普惠性、长期性、稳健性等特点。

首先,产品费率极低,起购金额低。从管理费率来看,养老理财产品不收取认购费和产品销售费,首批试点的 4 只产品中,有 3 只管理费率为 0.1%,1 只不收取管理费。对于赎回费用,工银理财的养老理财产品不收取赎回费,光大理财的产品赎回费率为 2%,建信理财将按份额持有期限的长短收取 0.1%—0.5% 的提前赎回费,招银理财规定投资者持有理财计划不满 3 年时,收取 0.1% 的提前赎回费。托管费率为 0.015%—0.02%。起购金额均为 1 元。

其次,产品设置收益平滑机制,以降低产品收益的波动率。首批试点的 4 只养老理财产品均设置了收益平滑机制,当产品投资收益在一定期限内超过业绩比较基准时,按超出部分的一定比例提取设立收益平滑基金,用于产品收益率低于业绩基准时增加当期收益,从而达到平滑产品长期收益率的目标。4 只产品的具体操作方法有所不同。在计提周期上,招银和光大产品都是按日计提,建信产品按月计提,工银产品按年计提。在计提比例上,建信和光大产品超过业绩基准下限部分,按 50% 进入收益平滑基金;而招银、工银产品则是根据超额收益的不同比例,设置了不同的计提标准。

再次,投资期限长,业绩基准高。首批试点的 4 只养老理财产品均为封闭净值型产品,养老理财产品在投资期限上显著拉长,产品投资期限均为 5 年,侧重于产品的长期保值增值。产品业绩比较基准较高,首批试点的 4 只养老理财产品业绩比较基准在 5%—8%,而 2021 年各月度银行理财产品加权平均年化收益率最高为 3.97%、最低为 2.29%。

最后,资产配置稳健,风险较低。首批试点的 4 只养老理财产品中有 3 只为中低风险,1 只为中风险。在资产配置上,4 只产品以固收类产品配置为主,光大产品相对激进,权益资产配置上限最高可达 40%,其余产品均不超过 20%。同时,招银、光大产品还可配置非标产品,上限可达 49%。4 只产品在产品单位净值大于 1 时均可按一定条件实行现金分红,现金分红制度增强了产品吸引力。

截至 2022 年 3 月末,养老理财产品共发行 16 只,实际募集资金超 420 亿元。从发行机构来看,招银理财募集资金规模最高,高达 176.9 亿元;建信理财发行产品最多,为 6 只。从收益率上看,首批发行的 4 只养老理财产品成立以来年化收益率为 1.5%—4.5%。

2022 年 4 月 28 日,银保监会发布《中国银保监会关于规范和促进商业养老金融业务发展的通知》,通知提及要支持和鼓励银行依法合规发展商业养老储蓄、商业养老理财等养老金融业务。根据银保监会、人民银行发布的《关于开展特定养老储蓄试点工作的通知》,自 2022 年 11 月 20 日起,工商银行、农业银行、中国银行、建设银行四大行可在国内 5 个城市开展特定养老储蓄试点。特定养老储蓄产品包括整存整取、零存整取和整存零取三种类型,产品期限分为5年、10年、15年和20年四档。特定养老储蓄业务兼顾普惠性和养老性,具有产品期限长、收益稳定、本息有保障等特点,可满足风险偏好较低居民的养老需求。

1.3.4 信托系养老产品

信托系养老产品主要指养老金融信托。

养老金融信托是指为了满足委托人的养老服务、财富传承和慈善公益等诸多需求,通过设立养老金融信托产品,由受托人依据事先约定的资产配置方案进行全方位的资产管理,实现资产的保值增值,优先获得优质的养老机构服务,以满足委托人及相关受益人的养老需求。

在高度老龄化的日本,有专门的信托银行为满足居民的养老金融需求而推出低风险的长期信托管理产品。除了实现资产的保值增值,还提供一系列特色的养老服务。例如瑞穗信托银行的认知支援信托、三菱日联信托银行的代理支出信托等。

截至2021年底,信托系养老理财产品仅有安愉信托一只产品,此款产品由兴业银行与对外经贸信托于2015年12月联合推出,主要针对高净值人群。该产品的具体情况见表1-15。

表1-15 安愉信托基本情况

产品名称	安愉信托
发行机构	兴业银行与对外经贸信托联合推出
认购起点	600万元
分配方式	自认购3年期后任何一年开始,可选择一次性支付或按季度支付,直至信托结束; 若选择按季度支付,每季度支付金额3万元起,以3万元为单位进行更改调整。
信托期限	约定一个信托期限,3+N年;同时约定分配条款,在信托封闭满3年后每年开放日内,委托人可选择赎回或者继续持有
投资范围	境内外依法设立的现金类,固定收益类,类固定收益类(信托产品、类信托产品等)、策略投资类、权益投资类、另类投资类等金融工具
风险等级	中低风险配置
产品特性	兼具个人养老和家族财富传承

资料来源:作者整理。

随着我国居民财富的增长,老龄化的不断深化,养老金融信托的需求或将不断提升。但我国的信托公司在养老金融信托方面的人才储备、资产配置和业务模式等还相对不成熟。从以往情况来看,信托行业更多的是通过养老产业模式参与养老市场,即通过信托方式将募集的资金投资于与养老相关的产业,比如养老地产、养老社区等。同时,和养老消费信托不同,养老金融信托运作过程均采用货币资金形式,而消费养老信托更多的是从消费的角度来设计产品。

1.4 我国养老金投资相关政策

1.4.1 政策沿革

我国养老保障体系经历了从无到有、从城镇到乡村、从基本养老保险到企业年金职业年金、从社会统筹到个人养老金的发展过程。

第一阶段:1951—1990年,初步建立基本养老保障制度。

我国的养老保障最早可以追溯到1951年。1951年2月颁布的《中华人民共和国劳动保险条例》(以下简称《条例》)标志我国企业职工养老保险制度的建立。

《条例》规定企业缴纳劳动保险基金的标准是职工工资总额的3%。其中30%上缴中华全国总工会,并在全国范围内进行调剂。《条例》规定符合一定条件的男女职工退休后可以领取养老补助费,金额为本人工资的35%—60%。《条例》还对男女职工退休年龄、享受退休待遇的条件等做了规定。

1969年2月,基于大量资料散失、机构无法正常运转的现状,财政部宣布"国营企业一律停止提取劳动保险金"。

1978年6月,国务院颁布的《关于安置老弱病残干部的暂行办法》和《关于工人退休、退职的暂行办法》重新规定了企业和机关事业单位职工离退休的条件以及相应待遇标准。

1985年1月,国务院发布的《关于做好统筹退休基金与退休职工服务管理工作的意见》标志我国开始试点重建养老保险社会统筹。

第二阶段:1991—2003年,建成"社会统筹与个人账户相结合"的基本养老保险制度,养老保险结余资金投资局限于债券和存款。

1991年6月,国务院颁布了《关于企业职工养老保险制度改革的决定》,要求养老保险制度从由单方面的雇主负担逐步转变为国家、企业和职工个人三方共同承担。首次提出鼓励企业实行补充养老保险,标志着我国正式启动企业年金制度(第二支柱)。这意味着以 1951 年《条例》为基础的"国家养老保险模式"的结束。

1993 年颁布的《中共中央关于建立社会主义市场经济体制若干问题的决定》中提出建立"统账结合"的养老保险模式。1995 年颁布的《关于深化企业职工养老保险制度改革的通知》中,明确在全国范围内开始试行"社会统筹与个人账户相结合"的基本养老保险制度,首次提出了"个人账户"概念。

1997 年颁布的《关于建立统一的企业职工基本养老保险制度的决定》,正式确定了我国城镇企业职工的"社会统筹与个人账户相结合"的养老保险制度框架,明确职工和企业缴费比例,取消行业统筹,逐步实行省级统筹企业职工基本养老保险。

虽然引进了部分基金积累制,但 1997 年建立的企业职工基本养老保险制度没有真正实现由现收现付制转为基金积累制的转变,制度转轨前已退休的隐性养老金债务压力一直以社会统筹的方式缓解,从而使统账结合的养老保险制度实质上仍然是现收现付制,名义积累制的个人账户空账运行。

关于养老保险资金投资问题,1993 年,我国明确规定可运用一部分历年滚存结余的养老保险基金结余购买国库券以及银行发行的债券,也可委托有关合格国家机构放款。1995 年规定结余的国家基本养老保险资金,除留足必要的支付费用外,绝大部分购买由国家发行的社会保险基金特种债券。1997 年重申了该规定。2002 年,中国人民银行颁布规定,允许省级社保机构与商业银行签订养老保险个人账户基金协议存款合同。

国务院于 2009 年颁布《关于开展新型农村社会养老保险试点的指导意见》、2011 年颁布《关于开展城镇居民社会养老保险试点的指导意见》、2014 年颁布《关于建立统一的城乡居民基本养老保险制度的意见》,意味着城乡居民基本养老保险制度逐步建成。

第三阶段:2004—2018 年,建立企业年金和职业年金制度,资金管理采用市场化运作。

2000 年,我国用企业年金指代补充养老保险,对企业年金的运营原则和账户管理方式等做了统一规定,首次明确了企业年金的税收优惠政策,允许企业年金缴费中职工工资总额 4% 以内的企业缴费部分从税前列支,并开始在一些试点地区实行。

2004年,我国颁布的《企业年金试行办法》和《企业年金基金管理试行办法》对企业年金的建立和运行进行了明确规范,为我国建立企业年金制度提供了政策依据,同时也预示着在我国正式开始推行企业年金制度。

在此之后,我国又相继出台了一系列相关的配套政策,进一步完善企业年金整体的运作框架。2011年起施行新修订的《企业年金基金管理办法》,对基金账户各方关系人、投资管理、收益分配等方面做了进一步具体规定。2015年颁布的《机关事业单位职业年金办法》和2017年颁布的《企业年金办法》标志着我国正式建立了养老保障的第二支柱年金制度。企业年金、职业年金均采取市场化运作,委托专业机构管理资金,以实现资产的保值增值。

2010年10月颁布的《社会保险法》明确了基本养老基金必须进行投资运营。2015年颁布的《基本养老保险基金投资管理办法》明确规定了养老金的投资范围、监管模式等,并将养老基金的投资范围扩大至股票等风险性较高的资产。2016年颁布的《全国社会保障基金条例》明确了社保基金开展市场化运作管理,采取基金直接投资和对外委托投资相结合的方式运营,且投资范围由成立之初的存款、国债拓展至固定收益投资、股票投资、未上市股权投资等领域,同时允许境内投资与境外投资。至此,我国养老基金投资制度建设基本确立。

我国企业年金和职业年金的主要制度演变如表1-16所示。

表1-16 我国企业年金和职业年金主要制度演变

年份	文件名	内容
1991	《关于企业职工养老保险制度改革的决定》	鼓励企业实行补充养老保险,标志着我国正式启动企业年金制度(第二支柱)
2004	《企业年金试行办法》	企业年金自愿参加,资金市场化运作
2004	《企业年金基金管理试行办法》	规范企业年金投资的管理流程、管理主题的职责、受托模式等
2011	《企业年金基金管理办法》	对基金账户各方关系人、投资管理、收益分配等方面做了进一步具体规定

续表

年份	文件名	内容
2013	《关于扩大企业年金基金投资范围的通知》	企业年金可在合适的范围内对相关的银行理财、基础设施债权计划、信托计划等进行投资
2015	《机关事业单位职业年金办法》	机关事业单位及其工作人员在参加机关事业单位基本养老保险的基础上,建立的强制补充养老保险制度
2016	《企业年金规定（征求意见稿）》	下调了企业年金缴费的上限,由企业和职工协商具体缴费比例
2017	《企业年金办法》	调整缴费上限,兼顾公平和企业经营实际;明确权益归属方式,兼顾企业和职工的权利与义务;领取方式更加灵活

资料来源：国务院、劳动保障部、人社部。

第四阶段：2018年至今,大力发展个人养老金制度,资金管理采用市场化运作。

近年来国家先后出台了《养老目标证券投资基金指引（试行）》（2018年）、《关于开展个人税收递延型商业养老保险试点的通知》（2018年）、《关于开展专属商业养老保险试点的通知》（2021年）、《关于开展养老理财产品试点的通知》（2021年）等政策,支持养老保障第三支柱产品的发展。

2022年4月21日,国务院办公厅发布《关于推动个人养老金发展的意见》,指出第三支柱个人养老金采取账户制运行模式,提供税收优惠政策,个人自愿参加,市场化运作。对于个人养老金的参加范围、账户开设、账户运行、缴费水平、税收政策、投资标的以及领取方式等做出了详细规定。

我国养老保险第三支柱的相关政策梳理如表1-17所示。

表1-17 我国养老保险第三支柱相关政策

发布时间	文件名称	内容
2018-02-11	养老目标证券投资基金指引（试行）	推出养老目标基金
2018-04-02	关于开展个人税收递延型商业养老保险试点的通知	在上海等地开启个人税收递延型商业养老保险试点

续　表

发布时间	文件名称	内容
2020-01-02	关于促进社会服务领域商业保险发展的意见	充分发挥商业养老保险作用,支持养老保险第三支柱发展
2021-05-15	关于开展专属商业养老保险试点的通知	在浙江省(含宁波市)与重庆市,开启专属商业养老保险试点,试点期限为1年
2021-09-10	关于开展养老理财产品试点的通知	在深圳等四地开启养老理财产品试点,规定工银、建信、招银及光大共4家银行理财子公司为试点机构
2022-02-21	关于扩大专属商业养老保险试点范围的通知	将专属商业养老保险产品试点范围扩大至全国,允许其他养老保险公司参与试点
2022-02-25	关于扩大养老理财产品试点范围的通知	将养老理财试点机构从原有的4家银行理财子公司扩大至10家,试点地区扩大至10地
2022-04-21	关于推动个人养老金发展的意见	确定个人养老金制度顶层设计
2022-07-29	关于开展特定养老储蓄试点工作的通知	开展特定养老储蓄试点

资料来源:国务院,证监会,银保监会,人社部。

1.4.2　运营模式

根据2015年8月国务院颁布的《基本养老保险基金投资管理办法》,我国基本养老保险基金由国家社保基金会负责管理,实行中央集中运营、市场化投资运作的运营模式。各省(自治区、直辖市)人民政府与国家社保基金签署委托投资管理合同,国家社保基金受托管理相应基本养老保险部分结余基金,对各省(自治区、直辖市)基本养老保险部分结余基金实行集中运营、单独管理、独立核算。

基本养老基金主要涉及投资委托人、投资受托机构、托管机构及投资管理机构四个主体。见表1-18。

表 1-18　我国养老基金投资管理主要参与者及其职责

	承担机构	主要职责
投资委托人	省、自治区、直辖市人民政府	● 将基本养老基金归集到省级社会保障基金； ● 与国家社保基金签订委托投资合同； ● 根据国家社保基金提交的投资收益率，进行相关记账、结算和收益分配
投资受托机构	国家设立、国务院授权的养老基金管理机构	● 建立健全养老基金受托管理各项制度； ● 选择、监督、更换托管机构、投资管理机构； ● 接受委托人查询，定期向委托人提交养老基金管理和财务会计报告； ● 定期向社会公布养老基金投资情况
托管机构	具有良好的基金托管业绩和社会信誉，负责安全保管养老基金资产的商业银行	● 安全保管养老基金资产； ● 及时办理清算、交割事宜； ● 按照规定监督投资管理机构的投资活动，并定期向受托机构报告监督情况； ● 定期向受托机构提交养老基金托管和财务会计报告
投资管理机构	负责养老基金资产投资运营的专业机构	● 按照投资管理合同管理养老基金投资组合和项目； ● 对所管理的不同养老基金资产分别管理、分别记账； ● 及时与托管机构核对养老基金会计核算和估值结果； ● 进行养老基金会计核算，编制养老基金财务会计报告

资料来源：《基本养老保险基金投资管理办法》。

2016年12月，根据《基本养老保险基金投资管理办法》相关规定，国家社保基金会评出14家基金管理公司、6家保险资产管理机构及1家券商共21家基本养老保险基金证券投资管理机构（见表1-19）。

表 1-19　截至 2021 年底我国基本养老保险基金证券投资管理机构

序号	机构名称	序号	机构名称
1	博时基金管理有限公司	6	广发基金管理有限公司
2	长江养老保险股份有限公司	7	海富通基金管理有限公司
3	大成基金管理有限公司	8	华泰资产管理有限公司
4	富国基金管理有限公司	9	华夏基金管理有限公司
5	工银瑞信基金管理有限公司	10	汇添富基金管理股份有限公司

续　表

序号	机　构　名　称	序号	机　构　名　称
11	嘉实基金管理有限公司	17	银华基金管理股份有限公司
12	南方基金管理有限公司	18	招商基金管理有限公司
13	鹏华基金管理有限公司	19	中国人保资产管理有限公司
14	平安养老保险股份有限公司	20	中国人寿养老保险股份有限公司
15	泰康资产管理有限责任公司	21	中信证券股份有限公司
16	易方达基金管理有限公司		

资料来源：全国社保基金理事会。

企业年金的运营模式是企业和职工与基金公司、保险公司等合格投资管理机构签订合同，将企业年金委托该等专业投资机构管理的信托管理模式。和基本养老基金一样，企业年金运营主要涉及企业年金投资委托人（以下简称"委托人"）、企业年金投资受托机构（以下简称"受托人"）、企业年金托管机构（以下简称"托管人"）、企业年金投资管理机构（以下简称"投资管理人"）企业年金账户管理机构（以下简称"账户管理人"）。根据委托人要求及自身情况选择不同的合作伙伴，企业年金基金的管理运营也呈现出多种模式。目前，我国主要有三种企业年金基金的运作模式：全捆绑模式、部分拆分（捆绑）模式、全拆分模式（见表1-20）。

表1-20　我国企业年金基金基本运作模式

模式类型	模式阐述	优　势	劣　势
全捆绑模式（4+0模式）	由一家企业年金基金管理机构为企业提供全部基金管理服务，受托人、托管人、投资管理人、账户管理人四合一	成本最低，提供"一站式"服务，有助于金融集团实现全功能，委托代理关系简单	对企业年金治理和风险控制要求高，甚至会引入额外的金融控股集团风险因素，不利于分散风险
部分拆分（捆绑）模式	受托人同时担任账户管理人或（和）投资管理人职能，将剩余职能对外委托，由一家或两家机构担任	有助于实现企业年金管理信息的整合，降低机构之间的沟通成本，简化运作流程，提高运作效率	缺少外部相互监督机制，难以保障各管理机构各项责任的独立性；不利于市场竞争，存在委托代理风险

续表

模式类型	模式阐述	优势	劣势
全拆分模式（4*1模式）	受托人将账户管理人、托管人、投资管理人职能全部对外委托,分别由四家机构担任四种职能。	各管理机构之间专业化分工程度最高,权责划分最清晰,相互制约程度高。	各管理机构间协调成本高、工作量大、负担重、效率低。

资料来源：郭炳利,《企业年金基金管理运营模式研究》[J].《经济纵横》2011年第6期。

截至2021年底,我国企业年金受托管理机构共有4家,账户管理机构共有6家,托管机构共有6家,投资管理机构共有14家。根据规定,经营这些业务的牌照分属于不同的金融机构,一家金融机构也可能拥有一张或者多张经营牌照。所以,企业年金基金管理机构之间既有合作也有竞争。

职业年金与企业年金的运营模式一致。

全国社会保障基金境内证券投资管理资格（社保基金资格）、企业年金基金投资管理资格（企业年金资格）和基本养老保险基金境内证券投资管理资格（养老金资格）被市场视为"三大养老基金业务"。目前,有11家机构同时具备社保基金、企业年金和养老金管理全牌照资格（见表1-21）。

表1-21 截至2021年底我国"三大养老基金"管理资格梳理

公司	公司性质	社保基金资格	企业年金资格	养老金资格
"全牌照"机构(11家)				
中信证券股份有限公司	证券	√	√	√
南方基金管理有限公司	基金	√	√	√
博时基金管理有限公司	基金	√	√	√
华夏基金管理有限公司	基金	√	√	√
嘉实基金管理有限公司	基金	√	√	√
易方达基金管理有限公司	基金	√	√	√
招商基金管理有限公司	基金	√	√	√
富国基金管理有限公司	基金	√	√	√

续 表

公　　司	公司性质	社保基金资格	企业年金资格	养老金资格
工银瑞信基金管理有限公司	基金	√	√	√
海富通基金管理有限公司	基金	√	√	√
银华基金管理有限公司	基金	√	√	√
其他入选机构(10家)				
鹏华基金管理有限公司	基金		√	√
大成基金管理有限公司	基金		√	√
汇添富基金管理有限公司	基金		√	√
广发基金管理有限公司	基金	√		√
华泰资产管理有限公司	保险系资管		√	√
泰康资产管理有限责任公司	保险系资管		√	√
中国人保资产管理有限公司	保险系资管		√	√
平安养老保险股份有限公司	保险		√	√
长江养老保险股份有限公司	保险		√	√
中国人寿养老保险股份有限公司	保险			√

资料来源：全国社保基金理事会。

1.4.3　投资范围和投资限制

根据《基本养老保险基金投资管理办法》规定，我国养老基金资金仅限于境内投资，实行多元化投资，以安全第一。投资范围及比例限制如表1-22所示。

表1-22　我国基本养老基金投资比例规定

产　　品	比　　例
银行活期存款，一年期以内(含一年)的定期存款，中央银行票据，剩余期限在一年期以内(含一年)的国债，债券回购，货币型养老金产品，货币市场基金	合计不得低于养老基金资产净值的5%

续 表

产　　品	比　　例
一年期以上的银行定期存款、协议存款、同业存单,剩余期限在一年期以上的国债,政策性、开发性银行债券,金融债,企业(公司)债,地方政府债券,可转换债(含分离交易可转换债),短期融资券,中期票据,资产支持证券,固定收益型养老金产品,混合型养老金产品,债券基金	合计不得高于养老基金资产净值的135%。其中,债券正回购的资金余额在每个交易日均不得高于养老基金资产净值的40%
股票、股票基金、混合基金、股票型养老金产品	合计不得高于养老基金资产净值的30%
国家重大项目和重点企业股权	合计不得高于养老基金资产净值的20%
股指期货、国债期货交易	以套期保值为目的

资料来源:《基本养老保险基金投资管理办法》。

根据《企业年金基金管理办法》规定,我国养老基金资金投资同样仅限于境内投资。投资范围及比例限制如表1-23所示。

表1-23　我国企业年金基金投资范围及数量规定

投资类别和产品	比例限制(按照公允价值计算)
银行活期存款、中央银行票据、债券回购等流动性产品以及货币市场基金	≥基金财产净值的5%(其中债券正回购投资比例≤基金财产净值的40%)
银行定期存款、协议存款、国债、金融债、企业(公司)债、短期融资券、中期票据、万能保险产品等固定收益类产品以及可转换债、债券基金、投资连结保险产品	≤基金财产净值的95%(其中股票投资比例≤基金财产净值的30%)
股票等权益类产品以及股票基金、混合基金、投资连结保险产品	≤基金财产净值的30%(其中股票投资比例≥基金财产净值的30%)

资料来源:《企业年金基金管理办法》。

2018年8月31日,为了防范年金基金投资风险,人社部下发文件,暂停企业年金基金投资万能保险和投资连结保险。

职业年金与企业年金的投资范围一致。

《基本养老保险基金投资管理办法》对托管机构、投资管理机构的管理费率做出了严格规定。见表1-24。

表 1-24 我国基本养老保险基金投资管理费用收取情况

基本养老保险基金管理机构	管理费	备注
托管机构	0.05%	不高于托管养老基金资产净值的0.05%
投资管理机构	0.5%	不高于投资管理养老基金资产净值的0.5%

资料来源：《基本养老保险基金投资管理办法》。

《基本养老保险基金投资管理办法》第四十四条规定，受托机构按照养老基金年度净收益的1%提取风险准备金，风险准备金余额达到养老基金资产净值5%时可不再提取。

《企业年金基金管理办法》对受托人、账户管理人、托管人、投资管理人的管理费做出了详细规定（见表1-25）。

表 1-25 我国企业年金基金管理机构管理费用收取情况

企业年金基金管理机构	管理费	备注
受托人	0.20%	不高于受托管理企业年金基金财产净值的0.2%
账户管理人	5元/户	每户每月不超过5元，由建立企业年金基金计划的企业另行缴纳
托管人	0.20%	不高于托管企业年金基金财产净值的0.2%
投资管理人	1.20%	不高于投资管理企业年金基金财产净值的1.2%

资料来源：《企业年金基金管理办法》(2015修订)。

《企业年金基金管理办法》第六十条规定，投资管理人从当期收取的管理费中，提取20%作为企业年金基金投资管理风险准备金。风险准备金余额达到投资管理人所管理投资组合基金财产净值的10%时可以不再提取。

个人税收递延型商业养老保险、专属商业养老保险、养老目标基金、养老理财产品、商业养老保险等个人养老保险产品的运营模式、投资范围和费用收取等相关产品均有明确规定。详见"1.3 我国个人养老产品的发展现状"相关内容。

2 海外养老目标基金影响因素研究

2.1 美国和英国养老金投资产品分析

2.1.1 美国养老金投资产品分析

2.1.1.1 美国养老保障体系

美国养老保障体系包含第一支柱公共养老金(OASDI)、第二支柱企业雇主养老金(DB和DC)和第三支柱个人退休金(IRAs和商业养老保险)。目前,第二支柱占比超过50%,第三支柱占比接近40%(见图2-1)。

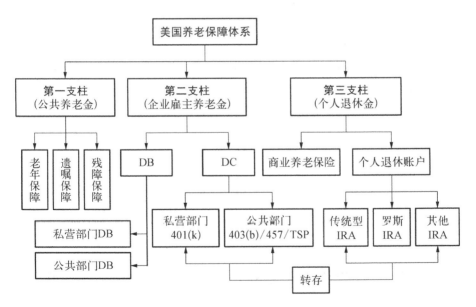

图 2-1 美国养老保障体系

资料来源:作者整理。

(1) 公共养老金计划(Old-Age, Survivors, and Disability Insurance Program, OASDI)分为老年保障、遗嘱保障和残障保险,由政府主导、强制实施的社会养老保险制度,是美国养老保障体系的第一支柱。OASDI采用现收现付制度,由联邦政府向雇员和雇主统一征收社会保障税以获得资金(税前工资的12.4%纳入OASDI)。美国社会保障署(SSA)设立社会保障基金,并委托OASDI信托基金进行投资。

(2) 企业雇主养老金是第二支柱。采用待遇确定型(defined benefits, DB)和缴费确定型(defined contribution, DC)两种模式。DB模式是以单位建立的养老金投资账户为基础,雇员退休后待遇是固定的,按照雇员与雇主的约定,领取固定金额的养老金。DB模式由雇主指定资产管理机构,委托专业投资机构进行投资,实行管理机构与投资机构相分离的方式,基金投资的产品既有股票、债券,也有不动产以及其他形式的金融产品。其投资可以向美国养老金福利担保公司(Pension Benefit Guaranty Corporation, PBGC)投保。DC模式则以雇员建立的账户为基础,由雇主和雇员共同缴纳,政府给予税收优惠。DC模式下,员工自主决定投资方式,自主承担投资风险,但投资的产品主要是专业投资机构发起成立的各种基金、保险公司的年金和其他金融产品。其投资不可以向PBGC投保。

在20世纪70年代以前,美国基本采用DB模式,但20世纪80年代以来,以个人账户为基础的DC模式得到了迅速发展。截至2021年第四季度,美国养老金DB规模达到11.8万亿美元,DC规模为11万亿美元(见图2-2)。私人部门中,DB养老金是DC养老金规模的28.1%,但公共部门中,DC养老金只有DB养老金规模的13.7%。

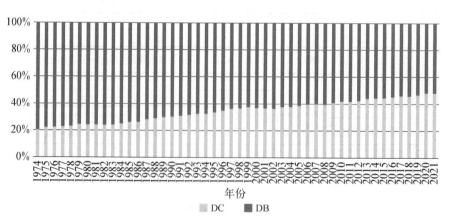

图2-2 1974年以来美国养老保障第二支柱结构演变

资料来源:美国投资公司协会(The Investment Company Institute, ICI)网站。

DB包括私营部门DB、州和地方政府DB以及联邦DB。截至2021年第四季度,这三类DB养老金规模分别为3.8万亿美元(私营部门DB)、5.8万亿美元(州和地方政府DB计划)以及2.2万亿美元(联邦DB),占比分别为32.20%、49.15%和18.65%(见图2-3)。

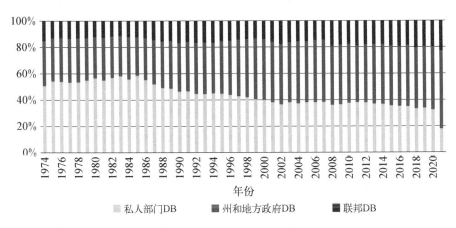

图2-3　1974年以来美国养老保障第二支柱DB结构演变

资料来源:ICI。

DC包括私人雇主赞助的DC,比如401(k)、403(b)、457和联邦雇员退休系统(FERS)节约储蓄(TSP)等。截至2021年第四季度,401(k)规模为7.7万亿美元,403(b)规模为1.3万亿美元,457规模为0.4万亿美元,TSP规模为0.8万亿美元,其他私人部分DC规模为0.7万亿美元,占比分别为70%、11.82%、3.64%、7.27%和7.27%(见图2-4)。

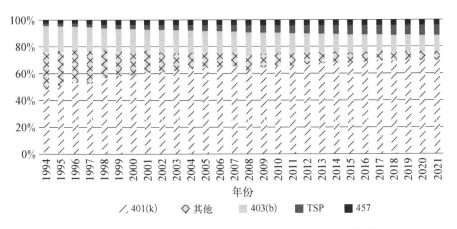

图2-4　1994年以来美国养老保障第二支柱DC结构演变

资料来源:ICI。

(3) 个人退休金是第三支柱。由个人根据自己的意愿参与并自行管理养老金账户的一种补充型养老金，包括个人退休账户（individual retirement account，IRA）和商业养老保险。2021 年个人退休账户的规模是 13.9 万亿美元，商业养老保险的规模是 2.63 万亿美元。

1974 年美国《雇员退休收入保障法》的通过，标志着个人退休账户的建立。之后，传统的 IRA 逐步衍生出 SEP IRA（1978）、SAR-SEP IRA（1986）、SIMPLE IRA（1996）和罗斯 IRA（1998），以适合低收入家庭、自雇人员、小企业雇员等人群。2021 年，传统的 IRA 占比超过 85%，Roth IRA 占比 10%。

无论个人有无参与雇主养老金，只要能提供劳务收入，就能设立 IRAs。传统型 IRA 采用 EET 模式，缴费金额不能超过税收优惠额度相关规定上限[①]。IRAs 资金可根据自身风险偏好选择各类金融产品进行投资（但不得投资寿险保单），投资收益当期无须缴税，但每年需要个人进行纳税申报，在退休后领取个人养老金时需要根据相关规定缴税[②]。如在 59.5 岁前不按规定领取退休金，将被征收领取金额 10% 的惩罚税。72 岁后，如果不支取规定的最低金额，将缴纳相应金额 50% 的税金。

自 2001 年起，根据物价、薪酬等变化情况，IRAs 的缴费上限会不定期进行调整。20 多年来，IRAs 的缴费上限历经多次调整（2005 年、2008 年、2013 年、2019 年），从 2001 年的每年 2 000 美元调整到 2019 年的每年 6 000 美元。雇员人均可支配收入出现持续增长是调整 IRAs 缴费上限的重要依据。

IRAs 之间可以转存，公共部门的 DC，比如 403（b）、457 等账户之间也可以转存，IRAs（除罗斯 IRA）与公共部门的 DC（457）账户、指定罗斯账户[③]之间可以转存。拥有 401（k）的雇员离开原企业，如果就职的新企业未发起企业年金计划，则可将原有 401（k）的资产转入 IRA 中。

尽管 IRAs 可以等同于退休储蓄，但大多数美国家庭并不向其直接缴款，而是通过雇主提供的退休计划转存获得资金。一直以来只有 10%—15% 的美国家庭会向传统 IRAs 或罗斯 IRA 计划直接缴款。1996—2018 年，传统型 IRA 来自第二支柱的转存占到其全部资金流入的

---

① 2021 年，传统 IRA 和 Roth IRA 每年合计缴费为上限 6 000 美元（50 岁以上每年缴费上限 7 000 美元）和个人全年应税收入的较小者。

② Roth IRA 的税收优惠采取 TEE 模式，即缴费时按当年税率缴税，不能税前抵扣，但领取投资收益及退休金时也无须再缴税。罗斯 IRA 最晚领取时间无限制。

③ 指定罗斯账户是指 401（k）、403（b）或政府 457（b）中持有指定 Roth 供款的独立账户。

90%以上。

截至2021年末,在美国12 990万户家庭中,63%的家庭(约8 200万户)拥有雇主支持的退休计划、IRAs或者两者兼有,56%的家庭拥有雇主支持的DC或DB计划或者两者兼有,37%的家庭拥有IRAs。

2.1.1.2 美国养老产品相关法规政策

美国于1935年颁布《社会保障法案》,建立起了"联邦老年、遗嘱和伤残人保险信托基金"(OASDI)保险制度,明确了美国的主要养老保障制度。其后通过《雇员退休收入保障法案》(1974)、《国内税收法案》(1978)、《养老金保护法案》(2006)和《安全退休储蓄法案》(2019)等法律法规引导雇主为其雇员建立补充养老保障制度,并鼓励个人养老储蓄,逐步形成美国养老保障的三大支柱。

(1)《社会保障法案》(1935)。早在1875年,美国一家快递公司已推出了第一个退休金投资计划,当时没有相关监管法律。直到60年后的1935年,罗斯福在当政期间颁布和实施了《社会保障法案》,从法律意义上建立了国家的养老保障制度。

《社会保障法案》明确了整个社会保障由老年和遗嘱保险(old-age and survivors insurance,OASI)、伤残保险(disability insurance,DI)组成。很多人将两者结合起来,以获得完整的老年、遗嘱和伤残保险。其中,老年和遗嘱保险与个人养老金计划相关,目的是向雇员提供退休福利,以及向雇员家庭成员提供遗嘱福利。该保险由雇员和雇主各按一定比例缴纳,根据雇员在退休前为单位做出的贡献来决定退休后领取养老金的金额。

《社会保障法案》的出台实现了美国社会保障制度的多元化,让企业的闲散资金为企业和雇员带来利益,为保障美国民生和社会稳定打下基础。但是该法案下,并非所有参与者都能得到很好的保障,一般是企业的管理层和高收入人员才能获得较多补贴。该法案规定,OASDI的资金只能投资于"本金和利息由美国政府担保的孳息证券"[①],美国政府为此专门发行特种国债以满足养老金投资需要。由于该法案严格限制养老金的投资方向,用于投资的养老金规模在美国经济总量中占比也较小,养老金与资本市场之间并没有实现良性互动,因此该法案对于推动美国养老产品发展的作用也

---

① U.S. Government Printing Office, 2009:"Title II: Federal Old-Age, Survivors, and Disability Insurance Benefits, Compilition of the Social Security Laws", pp.8-21. Printed for the use of committee on ways and means by its staff Washington.

有限。

美国对于养老金的投资监管十分谨慎和严格。《社会保障法案》规定社会保障总署为监管机构。社会保障总署署长的任期与美国总统任期错开，以保障养老基金监管的独立性。署长可以根据法律规定调解法律执行过程中出现的特殊情形。

（2）《雇员退休收入保障法案》（1974）。美国总统福特1974年签署了《雇员退休收入保障法案》。该法案是一部有关养老监管的综合性法案，规定了美国养老金入市监管体制的完整框架。该法案的内容包括：规定最低养老金计划发起人缴费标准，规定雇主为满足支付雇员的退休福利的需要须定期向雇员账户存入资金并获得投资收益；建立最低授予标准，规定工龄在一定期限时，养老金计划参与人员有权获得相应比例的应计养老金收益；为养老金投资提供担保，经费来自养老金计划；为养老基金受托人、资金管理者和投资顾问建立"审慎人"的管理标准。

该法案的一大重要内容是建立了个人退休账户（IRA），规定雇员每年可将法定免税额度内的资金存入IRA，根据雇员个人的风险偏好，自主选择投资产品以合理配置IRA资产。IRA当期投资收益无须征税，待退休领取个人养老金时才根据相关法规缴纳税款。在累进所得税制下，IRA资金的延迟征税可以减轻纳税人当期缴税负担。因而，美国的个人退休账户迅速发展，在养老金体系中的占比逐渐增加，参与资本市场的程度也不断加深，推动了养老型基金产品的发展。

其后，根据《纳税人减税法》及相关政策，还设立了罗斯IRA和雇主发起式IRA。罗斯IRA为使用税后收入进行缴费，在领取时符合条件可以免税的退休储蓄工具；雇主发起式IRA旨在鼓励中小企业雇主为雇员提供退休养老计划，并为此简化了税收优惠规则。

（3）《国内税收法案》（1978）。1978年颁布的《国内税收法案》是美国养老保障制度发展进程中非常重要的一部法律。在不危及整个投资组合安全性的基础上，该法案明确扩大了企业年金和养老基金的投资范围，从而促进个人养老资金逐步通过目标日期基金、目标风险基金等以FOF形式投资于资本市场，成为美国个人养老资金的主要投资方式之一。

该法案新增的第401条k项条款，即401（k）计划规定了美国养老金投资可享受的税收优惠政策。可享受税收优惠政策的投资模式包括前已述及的DB模式和DC模式。其中，DC模式下401（k）计划使用范围最广，规定了由雇主和雇员共同缴费建立起来的基金式的新型养老金计划，还规定了雇主和雇员缴纳的养老金税收减免范围。对于雇主而言，雇主缴纳雇员养老金账户的资金可以税前列支；对于雇员而言，由于企业给予的养老金款项会直接从工资中扣除，因此，也无须对企业给予的养老金缴纳税款。

401(k)计划与传统养老金计划的不同之处在于：缴纳的数额由雇员自主决定，但雇主有权限制最高金额。全部缴费进入雇员个人账户，该账户资金可以委托专业投资机构管理，账户投资收益无须纳税，雇员退休后领取养老金时按规定纳税，一般享受一定金额的税收优惠。但是，如果退休前提前取款，将承担一定比例的罚款。

20世纪90年代，401(k)计划迅速发展起来，成为美国主要的养老保障之一。而401(k)计划账户资金通过目标日期基金、目标风险基金、指数基金等方式大量入市，也带来了美国股市的长期繁荣。

该法案第457条为州政府、地方政府雇员以及免税的非教育机构雇员设立了养老计划。另外，为独资、合伙、小企业、自雇者创设了 SEP IRA。

(4)《养老金保护法案》(2006)。美国总统布什2006年签署了《养老金保护法案》(PPA)。该法案围绕401(k)计划对美国个人养老金制度进行了一系列重大修改，主要内容包括：根据生活成本指数每年提高缴费上限额、引入合格雇员自动加入401(k)计划机制、实行个人工资10%以内的默认缴费率自动增加机制，以及为雇员未明确投资方向的资金设定自动投资的默认投资组合等。这里的默认投资组合主要包括目标日期基金、目标风险基金等。

(5)《安全退休储蓄法案》(2016)。2016年，美国政府公布的退休储蓄报告显示，美国有48%的55岁及以上的退休人员个人养老金存款账户余额为零。2019年，美国颁布《安全退休储蓄法案》，旨在鼓励雇主为雇员提供养老金计划，通过改善相关退休制度，帮助退休人员获得稳定的经济收入。

该法案的主要内容包括：取消IRAs缴费年龄上限，提高IRAs和401(k)计划提款年龄上限至72岁，允许父母从退休账户中提取一定金额用于符合规定的小孩抚养和偿还学生贷款，允许雇主为长期雇用的兼职雇员提供401(k)计划，雇主需要向雇员披露其401(k)计划每月可维持收入的余额等。

(6)其他。1958年，美国税法(IRC)修订，正式增设了专403(b)条款，这是为特定公立学校的雇员、特定免税组织的雇员及特定牧师设计的退休计划。之后，几经变化，从2002年起，该403(b)演变为非营利组织雇主发起的401(k)。

1986年,美国《联邦雇员退休保障法案》为联邦雇员和军警设立了节俭储蓄计划 TSP(thrift savings plan)。1986年,美国《税收改革法案》推出了工资扣除型简易雇主计划(SAR-SEP IRA)。1996年,美国《小企业工作保护法案》为小企业雇员设立了简单个人退休账户计划(SIMPLE IRA)。

2.1.1.3 美国养老金投资产品分析

截至2021年末,美国养老金规模为42.2万亿美元,养老金占GDP的比重为183%。其中第一支柱规模为2.85万亿美元,占比6.8%;第二支柱规模为22.8万亿美元,占比54%;第三支柱规模为16.6万亿美元,占比39.2%(如图2-5所示)。

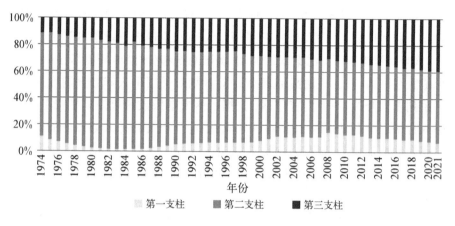

图 2-5　1974年以来美国养老金体系三支柱规模演变

资料来源:SSA、ICI。

按照ICI的分类,除了美国联邦社会保险基金(OASDI),美国的养老金来源可以分为三部分,分别为:个人退休账户(IRAs)、缴费确定型计划(DC计划)、其他退休资产。截至2021年第四季度,美国养老金市场中规模最大的组成部分是IRAs以及雇主赞助的DC计划,两者合计占据了59%的养老金市场(其中,IRAs 13.9万亿美元,DC计划11万亿美元),如图2-6所示。

另外,美国居民还会持有雇主赞助养老计划及IRAs以外的养老资产。比如,自己投资的银行存款、股票、债券以及公募基金,还有一些非金融性资产如公司股权、房地产、汽车以及一些耐用消费品等。这部分资产虽没有上述养老计划重要,但一些居民也会依赖于此。

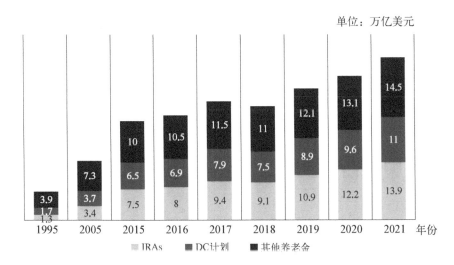

图 2-6　1995 年以来美国 IRAs 和 DC 计划规模

资料来源：ICI。

(1) OASDI 的投资分析。作为美国第一支柱的社保资金，委托 OASDI 信托基金进行投资。美国法律规定社会保障基金主要购买美国政府发行的特殊债券，该债券不上市流通，收益率与市场利率挂钩（见图 2-7）。因其以保值为主要目的，风险承受能力较弱。

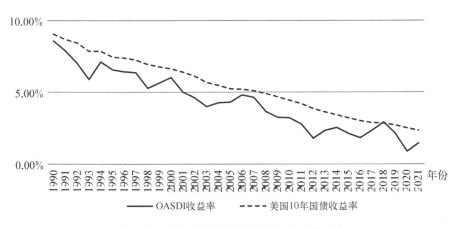

图 2-7　1990 年以来美国 OASDI 投资收益率

资料来源：SSA。

从 1990—2021 年美国 OASDI 投资收益率的走势图可以看出，OASDI 投资收益率一直低于美国十年期国债收益率。2020 年，OASDI 投资收益率更是创出 0.89% 的新低,2021 年才又回升到 1.45%。

(2) DC 投资分析。截至 2021 年第四季度,DC 共 11 万亿美元。其中 401(k)7.7 万亿美元,占 70%;403(b)1.3 万亿,占 11.8%(见图 2-8);457 和 TSP 及其他私营部门的 DC 分别为 1.3 万亿和 0.7 万亿。

图 2-8 2000 年以来 DC 计划投资于共同基金的金额

资料来源:ICI。

在 401(k)中,雇主可以决定可供计划参与者选择的投资标的。根据 2017 年的调查数据,几乎所有的大型 401(k)计划均可选择国内股票型基金、国际股票型基金和国内债券型基金。其中,雇主倾向于选择更多的国内股票基金(平均 10 只基金),而不是国内债券基金(3 只基金)或国际股票基金(3 种基金)。目标日期基金也是常见的投资选择,大约 80% 的大型 401(k)平均提供 10 只目标日期基金供选择。此外,45% 的 401(k)平均提供 1 只货币基金,70% 提供一个保证投资合同(GIC)供选择。总的来说,401(k)平均为参与者提供 28 个基金供选择(见图 2-9)。

(3) IRAs 投资分析。IRAs 是完全为个人或其受益人利益在美国设立的满足一定条件的受托管理账户,因此,受托管理机构既要能够保障账户资产的独立性,又要满足账户开立者对缴款、报税、投资、领取的要求。传统 IRA 的参与者更偏向于通过全服务经纪商(29%)[①]、第三方财务规划公司(23%)、共同基金(21%)、商业银行或储蓄机构(19%)、折扣经纪商(16%)和保险公司(7%)等专业投顾机构或直接渠道来开设账户。

---

① 此处数据为 2020 年 IRAs 开户机构占比情况。从近五年 IRAs 开户机构占比情况来看,第三方财务规划公司和共同基金开户占比有提升,商业银行或储蓄机构和全服务经纪商开户占比下降。

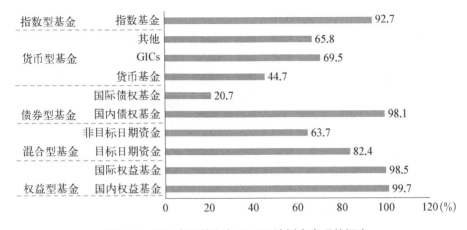

图 2-9　不同类型基金在 401(k) 计划中出现的概率

资料来源：ICI。

1975 年 IRA 刚问世时，银行储蓄存款及人寿保险公司产品是 IRA 的主要投资渠道。在 1980 年前后高利率的环境下，银行储蓄存款成为了养老金的主要投资渠道，并于 1979 年达到了峰值，占据 IRA 养老金总额的 84%。之后随着利率的下降以及共同基金的发展，银行存款及保险类产品所占比重渐渐降低，共同基金逐渐成为居民养老金进行资产配置的主要渠道。

截至 2021 年第四季度，美国居民的 IRA 总额达到了 14 万亿美元，占美国养老金总资产的 35%。其中，共同基金的投资额为 6.2 万亿，占 44.3%；银行储蓄存款 0.7 万亿，占 5%；人寿保险公司投资额为 0.6 万亿，占 4.3%。其他资产包括 ETF、封闭式基金、股票、债券以及其他通过经纪账户持有的非共同基金证券，共计 6.5 万亿，共占 IRA 总额的 46.4%（见图 2-10）。

（4）共同基金是养老金投资的最主要渠道。共同基金是养老金（主要是 DC 及 IRAs）的最主要投资对象。2021 年底，DC 的投资者持有 6.4 万亿的共同基金，占 DC 养老金总额的 58%；IRAs 的投资者持有 6.2 万亿的共同基金，占 IRAs 养老金总额的 44.3%。DC 和 IRAs 持有了占市场总规模 54.5% 的股票型、混合型以及债券型基金，但是持有的货币基金只占总规模的 12%（见图 2-11）。

默认投资机制（qualified default investment alternative，QDIA）使得共同基金成为养老金投资的最主要渠道。2006 年，美国劳工部将 QDIA 写入《美国养老金保护法》，最早将 QDIA 运用于 401(k)，其后逐步向 IRAs 等其他私人部门养老金推广。

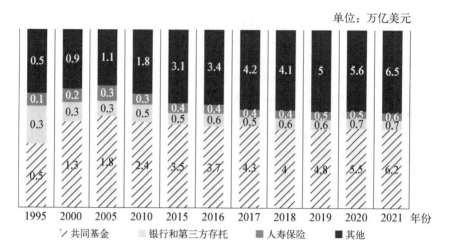

图 2-10　1995 年以来 IRAs 资产各种投资渠道占比情况

资料来源：ICI。

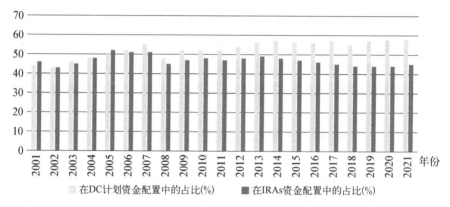

图 2-11　2001 年以来共同基金在 DC 和 IRAs 资金配置中的占比

资料来源：ICI。

QDIA 是指当养老金计划参与者未对计划账户的投资做出主动选择时，默认投资机制将个人账户内的资金投资于某类基金，以解决缺乏相关投资能力或对管理其个人账户投资缺乏兴趣的雇员的养老金投资问题。QDIA 管理机构可以为未做出投资选择的私人养老金计划参与者选择最适合其年龄的 QDIA。一个 QDIA 往往对应一系列产品。

QDIA 包括了四种类型的默认投资选项：考虑参保者个人年龄或退休日期的混合投资的生命周期基金（以目标日期基金为代表）；综合考虑个人年龄和退休因素的专业管理账户（以目标日期基金为代表）；考虑雇员整体特征的平衡型基金（以目标风险基金为代表）；对 120 天内的参与者提供的

资本托管产品,旨在使制度参与者选择退出时,避免产生额外税收。目标日期基金和目标风险基金主要采取FOF形式配置资产,各养老金管理机构经常会选择持有自己产品线下的子基金,以降低成本。美国具有代表性的目标日期、目标风险基金管理者包括Vanguard、Fidelity、American Funds和Black Rock等机构(见表2-1)。

表2-1 规模前10的美国公募FOF管理机构(2021年11月)

管理机构名称	数量(只)	规模(亿美元)	市场份额(%)	平均费率(%)
Vanguard	31	7 223.41	29.56	0.14
Fidelity	99	3 568.88	14.61	0.55
American Funds	29	3 157.23	12.92	0.41
T. Rowe Price	55	1 583.51	6.48	0.58
Strategic Advisers	7	1 269.47	5.2	0.24
Saturna Capital Corp	13	801.63	3.28	0.14
JP Morgan	19	603.14	2.47	0.45
BlackRock	21	602.32	2.46	0.21
John Hancock	45	533.75	2.18	0.39
Teachers Advisors	20	452.82	1.85	0.33

资料来源:Bloomberg。

以Fidelity推出的目标日期基金freedom funds为例,该产品覆盖20—85岁以上投资者。在20—52岁,初始私人养老金计划参与者提供的资产组合为权益类资产90%、固定收益类10%。随着时间的推移,投资者对风险的承受能力降低,投资机构每五年会自动调整其资产组合:权益类资产配置比例下降5个百分点,而固定收益类资产配置增加5个百分点。到投资者52岁时,权益类资产配置比例下调为24%,而债券占比为46%,短期债券占比为30%。直至投资者85岁,资产配置维持不变。目标日期基金管理费率持续下降,已由2009年的0.67%下降到2021年的0.34%(见表2-2)。关于目标日期基金的最优下滑轨道研究参见本书第6章的相关内容。

表 2-2　美国目标风险基金和目标日期基金年化收益率中位数(2021 年 11 月)

策略类型	子策略类型	近一年(%)	近三年(%)	近五年(%)	近十年(%)
目标风险基金	Conservative Allocation	6.29	8.11	6.49	5.64
	Moderate Allocation	11.56	10.72	8.87	8.01
	Aggressive Allocation	16.96	13.66	11.97	10.81
目标日期基金	Target 2016—2020	9.6	10.55	8.9	8.33
	Target 2021—2025	10.84	11.44	9.7	8.53
	Target 2026—2030	12.57	12.41	10.64	9.42
	Target 2031—2035	14.44	13.43	11.54	10.08
	Target 2036—2040	16.38	14.05	12.07	10.49
	Target 2041—2045	17.81	14.73	12.67	10.96
	Target 2046—2050	18.07	15.26	13.13	11.17
	Target 2051—2055	18.21	15.25	13.17	11.64
	Target over 2055	18.68	15.32	13.3	—
	Target up to 2015	8.26	9.78	7.84	7.71

资料来源：Bloomberg。

目标风险基金，也称生活方式基金，该类基金确定某一种投资风险收益比，往往在名称中标注"保守""平衡""激进"等字眼用于描述风险偏好，甚至直接在产品名称中标明股债的配比比例来实现基金风险水平的恒定。以 Vanguard 的 Life Strategy 基金产品为例，主要有四种目标风险类型，分别为收益型、保守成长型、稳健成长型和成长型四种。这四种基金的股债配比依次提升，并且 Vanguard 在资产配置比例中还标明了区分国内和国际资产的细分资产类型。Vanguard 目标风险基金的管理费在 0.11%—0.14%。关于目标风险基金的研究参见本书第 4、5 章的相关内容。

在过去十年里，目标日期和目标风险基金（通常包含于混合基金类别中）在投资者和退休计划中越来越受欢迎，近十年年均复合增速为 13.4%，高于 IRAs 资产增速的 10.4%，增长迅速。截至 2021 年第四季度，目标日期和目标风险基金的资产总额约 2.2 万亿美元。其中,目标日期基金资产约 1.8 万亿美元,比 2017 年底的 1.1 万亿美元增加 63.6%。另外,大多数目标日期基金(85%)由养老金账户持有,且主要是 DC 账户(见图 2-12)。

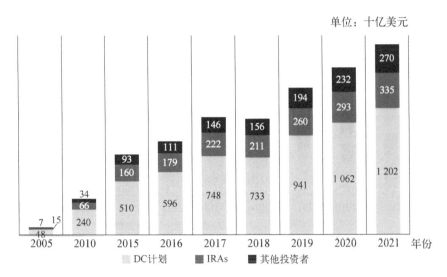

图 2-12　2005 年以来美国目标日期基金的投资者结构

资料来源：ICI。

目标风险基金的资产约 4 220 亿美元,与 2017 年底大致相当。虽然大多数目标风险基金(54%)是由退休账户之外的其他投资者持有的,但 28% 的目标风险基金仍是由 IRA 持有的,18% 是由 DC 持有的(见图 2-13)。

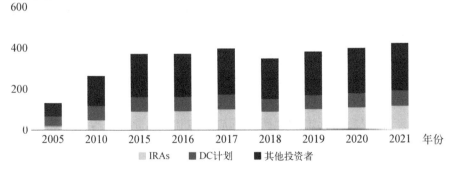

图 2-13　2005 年以来美国目标风险基金的投资者结构

资料来源：ICI。

目标日期基金、指数基金在共同基金中的占比不断上升。目标日期基金的占比从 2005 年的 0.79% 增加到了 2021 年的 6.67%,指数基金的占比从 6.96% 增加到了 20%。而目标风险基金的占比保持稳定并略有上升(见图 2-14)。

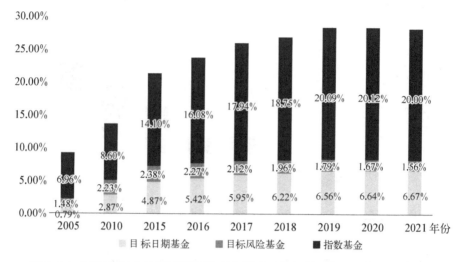

图 2-14 2005 年以来美国目标日期、目标风险及指数基金在共同基金中的占比
资料来源：ICI。

2.1.2 英国养老金投资产品分析

2.1.2.1 英国养老保障体系

英国是世界上最早建立养老保障制度的国家之一，其养老保障体系划分为国家基本养老金、职业养老金和私人养老金三大支柱。

第一支柱为国家基本养老金(state pension)。作为第一支柱的国家基本养老金是英国居民基本的社会保障制度，保障英国劳动者退休后的基本社会福利。英国强制所有雇员缴纳国民保险税，国家基本养老金采取现收现付制，国民保险税不足部分由英国财政补足。2016 年 4 月之前，英国国家养老金分为两个部分发放：一是基础养老金，采取定额发放方式，只与缴费年限有关，与缴费基数无关，目前为每周 129 英镑；二是与缴费挂钩的辅助养老金，按照超出标准的缴费额折成一定比例发放，即多缴多得。2016 年 4 月起，由于财政的约束，英国政府将基础养老金和辅助养老金合并为一个新的定额给付基本养老金，该基本养老金只提供较低水平的退休收入，政府只能起到"保基本"的作用。

除此之外，英国还设立有"国家第二养老金"计划(state second pension, S2P)，以保障中低收入者以及看护长期患病或身体残疾者的从业人员。"国家第二养老金"计划也被称为附加国家养老金，是一项针对上述人群始于

2002年6月的养老金改革计划,是英国养老金制度体系第一支柱的组成部分。根据投保人的不同收入水平,S2P 计划支付给不同收入水平的投保人不同的养老金,年收入越少的投保人,养老金替代率水平反而越高。同时,S2P 的机制设立也是鼓励高收入者退出 S2P,转向第二支柱和第三支柱,雇员选择退出 S2P 后,其本人及雇主在基本养老金保费缴纳时将享受一定的优惠政策。

第二支柱为职业养老金(workplace pension)。和美国类似,英国的职业养老金也包括待遇确定型(DB)、缴费确定型(DC)和两者混合型(hybrid plan)。其中 DB 包括雇主 DB 与公职人员 DB,DC 包括国民职业储蓄信托(national employment savings trust,NEST)和普通 DC。按照英国颁布的《2008年养老金法案》,从 2012 年 10 月开始,雇主对满足一定条件的雇员实施"自动加入"机制,加入 NEST 职业养老金计划。NEST 计划采取信托制运作,实行个人账户积累制,资金来源为雇主缴费、个人缴费和财政补贴。普通 DC 实施市场化运作,委托金融机构管理职业养老金。2007 年以来英国不同部门职业养老金的参保率如表 2-3 所示。

表 2-3 2007 年以来英国不同部门职业养老金参保率

年份	2007	2009	2011	2012	2013	2014	2015	2016	2017	2018	2019
公共部门	90%	89%	88%	88%	90%	91%	91%	92%	92%	93%	92%
私人部门	49%	45%	42%	42%	46%	63%	69%	73%	81%	85%	86%

资料来源:英国国家统计署(Office for National Statistics,ONS)。

第三支柱为私人养老金(private pension)。第三支柱私人养老金计划主要包括个人养老保险(personal pension plan,PPP)、存托养老金计划(stakeholder pension)和个人投资养老金计划(self-invested personal pensions,SIPPs)。这些养老金计划完全由个人自主缴费,所缴养老金由在金融行为监管局(Financial Conduct Authority,FCA)注册并接受养老金监管局(Pensions Regulator)监督的合格养老金管理机构(保险公司、银行等)管理。个人投资养老金计划认缴者可在养老管理机构提供的产品中,根据自己的偏好进行选择,一般在缴费时享受一定的税收优惠,投资收益免税。在到达规定年龄领取养老金时,一般一次性支取 25% 的部分可免税。

除上述的三支柱之外,英国还有"0"支柱低保障养老金(guarantee credit)。低保障养老金主要用于维持社会低收入群体或弱势群体的最低生活水平,避免没有三支柱养老金的人群陷入生活贫困的境地①。

根据 OECD 的统计数据,2021 年英国总体养老金资产规模约 4.03 万亿美元,全球排名仅次于美国。英国养老金总资产占 GDP 比重为 128.6%(见图 2-15)。

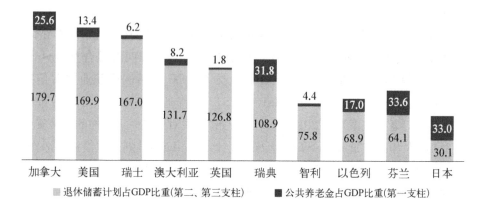

图 2-15 2021 年 OECD 主要国家养老金资产占 GDP 比重(%)

数据来源:OECD(2021)。

从 OECD 的数据看,2010—2020 年,英国养老金规模的增速较低(见表 2-4)。

表 2-4 部分 OECD 国家养老金规模及十年年化增长率

(单位:十亿美元)

国　　家	2010	2015	2020	10 年年化增长率
希　腊	0	1	2	39.79%
新西兰	19	45	80	15.26%
立陶宛	2	3	6	14.21%
爱沙尼亚	2	4	7	13.89%
以色列	112	177	300	10.33%
斯洛伐克	7	10	16	9.52%
冰　岛	18	32	45	9.45%

---

① Charles S. Finance and Occupational Pensions[M]. Palgrave Macmillan,2016:1-3.

续 表

国　家	2010	2015	2020	10 年年化增长率
卢森堡	1	2	2	7.80%
捷　克	12	16	25	7.42%
荷　兰	1 016	1 361	2 061	7.33%
德　国	187	227	331	5.85%
意大利	114	165	198	5.74%
澳大利亚	1 017	1 533	1 755	5.60%
墨西哥	146	157	236	4.92%
英　国	2 018	2 608	3 241	4.85%
爱尔兰	101	108	155	4.36%

数据来源：OECD(2020)。

2.1.2.2　英国养老产品相关法规政策

早在 16 世纪，英国就已经建立了针对皇家海军成员的养老保障计划。1601 年，英国颁布《济贫法》，主要内容是各教区负责向居民和房产所有者征收"济贫税"，以此给贫困者发放救济。19 世纪，英国建立并完善了针对国家公职人员养老保障的法律。

(1)《养老金法案》(1908)。进入 20 世纪，英国养老问题日益突出。1908 年，英国议会通过了《养老金法案》，该法案是英国现代社会保障制度开端的标志。该法案规定，符合条件的年满 70 的英国公民最高可以从政府领取一定金额的养老金，养老金所需费用均来自政府拨款。该免费养老金制度给英国政府带来了巨大的财政负担，也使得这一制度下的待遇保持较低水平。

1925 年，英国颁布《孤寡老人缴费养老金法》，该法案建立了先缴费后受益的养老金制度。该法案提供了三种不同的养老金制度：65 至 70 岁具有资格的老年人全额缴费，70 岁以上具有资格的老年人部分缴费，70 岁以上老年人免费。

(2)《国民保险法》(1946)。1942 年，受内阁委托，牛津大学贝弗里奇(William I. B. Beveridge)教授发布了遵循普遍性原则、保障基本生活原则、政府统一管理原则和权利义务对等原则的社会保障计划《贝弗里奇报告》，也称《社会保险及相关福利服务》。根据该报告，英国先后颁布了《家庭补助法》(1945)、《国民保险法》(1946)、《国民健康服务法》(1946)、《工业伤害保险法》(1946)和《国民救济法》(1948),建立起英国现代社会保障体系。

1948年生效的《国民保险法》建立了强制缴费的国家基本养老制度①。该法案确立的养老金计划是统一标准的养老金计划,即所有人都按照统一标准缴纳养老金,退休后也按照统一标准领取养老金。由此奠定了"从摇篮到坟墓"福利制度的基础。但是,该制度在实施十余年后,造成英国的养老福利开支居高不下,财政压力越来越大,因此,迫切需要建立与居民收入相联系的养老金制度。

1959年,英国颁布了新《国民保险法》,该法案对于提升第二支柱的职业养老金地位具有重要作用。该法案规定,雇主可以为其雇员办理国家养老金计划(SERPS)和补充养老金计划,还可以参加雇主的职业养老金计划。《国民保险法》标志着职业养老金得到了立法的正式认可,职业养老金正式成为英国政府养老金体系的第二支柱。由于政府对国家养老金干预较多,自主选择空间较小,英国民众纷纷退出国家补充养老金,转而选择职业养老金,使得职业养老金得到了较快的发展。

(3)《社会保障法案》(1986)。20世纪60年代之后,由于经济发展放缓但是福利不减,导致英国政府债台高筑。20世纪80年代,财政赤字率超过4%,国债规模高达1000亿英镑,占当年英国GDP的34%。1979年,撒切尔夫人领导的保守党上台执政,开始减少国家的养老责任,更多地引入私人部门解决养老问题。1986年,英国政府颁布了《社会保障法案》,对养老金制度进行重大改革。该法案首先通过修订国家收入关联养老金计划SERPS,降低国家养老金支付水平;其次,改革职业养老金计划,允许雇主设立DC模式而非DB模式的职业养老金计划,以减轻雇主财务负担。法案规定,政府通过出台优惠政策,鼓励雇主建立职业养老金制度,雇员有权因改变工作单位转出属于自己的职业养老金;职业养老金无上限,下限为能弥补通货膨胀带来的损失②。

1986年,《社会保障法案》还推出了全新的个人养老金计划。雇员可以退出国家养老金计划,也可以不参加雇主提供的职业养老金计划,而是建立个人养老金账户。该账户的缴费实行完全的积累制,保险公司或其他金融机构负责提供个人养老金产品,投资运营由专业管理机构负责。与此同时,

---

① Charles S. Finance and Occupational Pensions[M]. Palgrave Macmillan, 2016:3.
② 汪建强:《当代英国养老金制度改革简述》,《学海》2005年第2期,第148页。

英国政府采取了退回保险缴费、特别奖励等形式鼓励雇员加入个人养老金计划,将养老保障的社会责任由公共部门转向私人部门,减轻了政府的财政负担。英国的养老金体系三大支柱由此形成。

此后,英国还出台了一系列与养老相关的法案。1987年出台的《金融法案》添加了自愿供款计划,1995年制定新的《养老金法案》,解决了养老金信托问题。1997年,开始将政府的社会保障责任向照顾社会弱者倾斜,同时将国内2/3的养老金资产投资于股市,由公司负责履行该职业养老金的"现金购买计划"。

(4) 国家第二养老金计划(2002)。为了解决英国国家基本养老金替代率较低以及无职业年金者养老困难的问题。英国政府进行了养老金改革,提出了"国家第二养老金"计划(state second pension, S2P)。S2P计划也被称为附加国家养老金,是英国养老金体系第一支柱的重要组成部分。

S2P的主要对象是中低收入者,以及看护长期患病或身体残疾者的从业人员等非常规就业者。除了自由职业者,任何没有缴纳职业养老金或私人养老金,但已缴纳国家基本养老金的雇员均可参加S2P计划。S2P对不同收入水平的雇员支付不同标准的养老金,体现对低收入弱势群体的关照。在缴纳养老金年数相同的情况下,年收入越低者,其养老金替代率越高。尽管高收入者的实际养老金领取额仍然可能多于低收入者,但养老金发放向低收入弱势人群倾斜,体现了英国养老金再分配政策中兼具公平的优点。

S2P计划还引入了退出机制,即通过一些政策优惠制度安排,引导收入较高者退出S2P,进而参加职业养老金或个人养老金计划。退出机制的政策优惠制度包括退出S2P的雇员可以在缴纳国家基本养老金时,享受一定折扣;折扣金额取决于雇员选择缴纳哪个职业养老金计划或私人养老金计划,该养老金计划的投资收益部分还享有税收优惠。

(5)《2008年养老金法案》(2008)。英国《2008年养老金法案》规定,至2012年,自愿性质的企业年金计划转为强制性计划,确立英国养老金的"自动加入"(auto enrolment)机制。所有年满22岁至领取养老金年龄之间收入超过一定标准(如2016—2017年度年收入超过10 000英镑)的雇员,如果没有参加任何职业养老金计划,则自动加入职业养老金计划。从自动加入之日起一个月内,雇员可以选择退出该职业养老金计划,但雇主不可以鼓励雇员退出该职业养老金计划,如三年内仍符合自动加入的条件,可以再次自动加入;若一个月之内雇员未采取任何行动,则确定加入职业养老金计划。雇主不得暗示应聘者只有选择退出自动加入的职业养老金计划才会被雇用,也不得因为雇员未退出自动加入的职业养老金计划而将其解雇。

为确保自动加入计划的实施,依据该养老金法案,英国建立了国民职业储蓄信托(NEST),NEST 由国民职业储蓄信托公司(NEST Corporation)运营。国民职业储蓄信托公司选取合格的基金管理人管理相关资金,并提供默认基金和备选基金供自动加入职业养老金计划的雇员选择,其中默认基金主要是生命周期基金,为一系列 NEST 退休目标基金。自 2012 年起,职业养老金计划或私人养老金计划的缴费者也可以加入 NEST,通过投资相关基金产品获取投资回报。养老金自动加入机制对促进英国养老保障第二支柱和第三支柱的发展发挥了重要作用。

2.1.2.3　英国养老金投资产品分析

从资产配置方面来看,与主要发达国家类似,英国首先将大量养老金配置于债券资产,约占总资产的 45%;其次配置于权益类资产,占总资产的 26%(见表 2-5)。

表 2-5　部分 OECD 国家养老金市场资产配置情况(%)

国家	权益	债券	现金	其他
波兰	85	11	4	0
立陶宛	74	21	2	3
爱沙尼亚	49	48	3	0
芬兰	47	26	4	23
冰岛	46	48	4	2
荷兰	45	52	3	0
澳大利亚	42	15	16	27
哥伦比亚	41	50	0	8
美国	34	26	0	40
英国	26	45	2	27
Top10 平均	49	34	4	13

资料来源:OECD(2020)。

实际上，在过去十年，发达国家养老金直接投资股票的比重在下降，持有共同基金、债券的比重明显增加。出于分散风险和追求更高回报率的目的，英国养老金资产持续增配包括房地产、基础设施、私募股权基金、对冲基金和大宗商品在内的另类资产（见图2-16）。

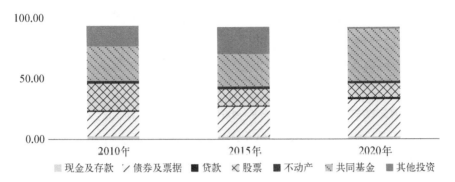

图 2-16　2010—2020年英国养老金资产配置变化

资料来源：OECD(2020)。

根据2020年的数据（见图2-17），从具体投资品种上来看，英国养老金主要投资于共同基金（43.27%）、债券（31%）以及一些短期资产（6.86%）等。其中，公共部门证券主要是政府证券以及公共部门贷款等，其他长期资产包括持有的房地产、设备等通过租赁、价值上涨等方式产生收益的资产，短期资产中占主要部分的是一些衍生品比如员工股票期权、credit default 系列产品等。

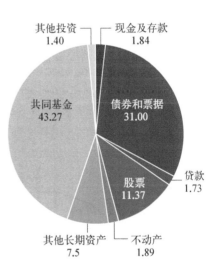

图 2-17　2020年英国养老金资产投资构成（单位：%）

资料来源：ONS。

从2010—2020年的养老金资产构成变化来看，在过去10年里，最为显著的变化是养老金直接投资于英国国内股票的比例大幅减少，从2010年的24.36%降至2020年的11.37%；同时，投资于共同基金的养老金从2010年的25.48%提高到2020年的43.27%。另外，在最近几年占比增多的还有债券投资，从2010年的22.27%左右的低点上升到2020年的31.0%；短期资产（现金及存款）从2010年的3.17%降低到2020年的1.84%（见图2-18）。

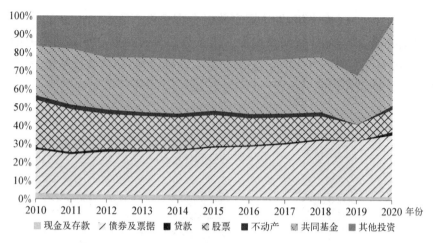

图 2-18　2010—2020 年英国养老金资产投资构成变化

资料来源：ONS。

2000—2020 年，英国养老金投资于共同基金的比例不断上升，使得所投资的共同基金市值翻了 8.16 倍，年化增长率超过了 12%。随着基金市场的发展以及养老制度的改革，共同基金在养老金的投资中越来越重要。另外，21 世纪初养老金的总资产出现明显的缩水，这是因为英国股市大跌而养老金将较大的比例配置在本国股市上（见图 2-19）。

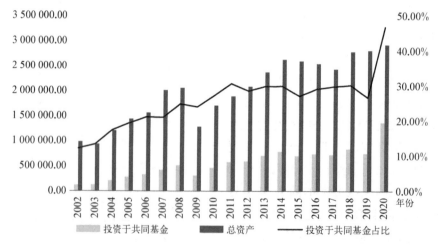

图 2-19　2002—2020 年英国养老金总资产规模及投资于共同基金占比

注：单位为百万英镑。
资料来源：ONS。

以英国职业养老金的 NEST 计划为例，2012 年英国推出自动加入的职业养老金计划之后，NEST 的资产规模急速上升，成为推动英国企业年金普及的重要支撑,其运行由专门的 NEST 公司完成。

NEST 退休目标日期基金根据投资者距离退休时间的长短,分为三种不同的投资阶段:投资初期、成长期和成熟期。投资初期阶段约 5 年,主要适合于年轻人,目标是帮助其养成养老金储蓄习惯并逐步形成退休仓位。具体而言,就是帮助其投资以应对通货膨胀,最大限度降低极端的投资波动,根据经济与市场情况承担适当的风险,使长期波动幅度在 7% 左右。成长期约 30 年,目标是使退休仓位快速增长,能够承担更多的风险,但仍须保证在大的市场震荡下保本,具体而言使其投资实现收入的最大化,基准收益超过通货膨胀率的 3%,实现投资多样化,长期波动幅度在 10%—12%。成熟期约 10 年,目标是为将来取出养老金做准备,具体而言就是使其投资持续增长,逐渐抽离出高风险投资产品,降低波动率。

退休目标日期基金由 NEST 自行管理,采用 FOF 方式,投资标的包括大型跨国公司和新兴市场公司股票、发达国家政府债券、英国公司债券等金融资产和国内外房地产。其中,投资比例由高往低主要是发达国家的股票、不动产和英国公司债券等,投资比例最低的是新兴市场股票。基金的投资策略会根据宏观经济和基金到期日的变化进行调整。

NEST 为投资者提供的默认投资选择为生命周期基金(即目标日期基金),但为满足投资者的不同需求,NEST 也提供不同风险程度的基金,如较高风险基金、较低增长基金、临近退休基金等产品供选择,另外还提供在道德准则、宗教信仰上有特殊需求的道德基金、伊斯兰基金等产品作为备选基金。道德基金主要投资于在人权、劳资关系及环境等方面具有良好社会声誉和影响的公司,伊斯兰基金只能投资于伊斯兰教认可的公司股票,不投资与烟酒、武器、色情、猪肉产品等业务相关的公司,也不投资如政府债券这样的低风险产品。由于生命周期基金是默认选项,故其占比是 NSET 基金当中最大的部分,达到 99%。

从资产配置来看,NEST 基金总体偏好投资权益类资产,其中股权投资达到 40% 以上。以 2021 年第一季度 NEST2040 产品为例,其在股权类资产的投资就超过 50%。

而对于特殊需求的备选基金,投资标的则有很大不同。例如临近退休基金只投资于英国公司债和一些稳健的债券。

2019 年,NEST 的管理规模为 172 亿,其管理的养老金只占整个英国全部养老金的很小一部分,剩下的 NEST 之外的养老金都是在投资顾问的建议下进行投资的。目前,英国投资的养老型基金产品主要是目标风险基金,而不是目标日期基金。

2.2 美国和英国养老目标基金产品规模影响因素的实证分析

无论是美国的 IRAs、401(k)，还是英国的职业与私人养老金都含有税收优惠的政策，这类税收优惠政策极大地促进了美国和英国第二支柱和第三支柱养老基金的发展，从而带来了养老型基金产品的扩张。本节将对美国和英国经济增长、证券市场收益率、养老金税收优惠政策对养老型基金产品规模的影响进行实证分析。

2.2.1 方法和模型

影响养老型基金产品规模的因素有很多，大致可以划分为三个方面：一是宏观的经济状况，二是证券市场发展状况，三是法律法规的支持。本书研究分别以国内生产总值反映该国宏观经济状况，以股票市场指数及交易额反映证券市场发展状况，以养老金税收优惠政策改革或养老金法案改革反映法律法规的支持。采取的方法为常用的多元线性回归的方法，分别对美国和英国的养老金影响因素进行实证研究。

2.2.1.1 美国

对美国市场，被解释变量为美国养老基金投资于共同基金的资产数额，主要解释变量为美国 IRAs 缴费上限政策改革，设立虚拟变量。美国 IRAs 自 1974 年设立至 2018 年，从最初的符合规定的缴费人每人缴费上限 1 500 美元，逐渐上涨到每人缴费上限 5 500 美元，具体改变过程如表 2-6 所示。

表 2-6 美国 IRAs 缴费上限

年　　份	缴　费　上　限
1974—1981	1 500 美元
1982—2001	2 000 美元
2002—2004	3 000 美元
2005—2007	4 000 美元
2008—2012	5 000 美元
2013—2018	5 500 美元

其他解释变量包括美国国内生产总值、标普500指数以及标普500指数交易额。回归模型如下：

$$MF_t = \beta_0 + \beta_1 GDP_t + \beta_2 BP_t + \beta_3 BPv_t + \beta_4 x1_t + \\ \beta_5 x2_t + \beta_6 x3_t + \beta_7 x4_t + \beta_8 x5_t + \varepsilon \quad (2-1)$$

其中，MF 为美国养老基金投资于共同基金的资产数额，GDP 为美国国内生产总值，BP 为标普500指数，BPv 为标普500指数交易额，xi 为美国 $IRAs$ 缴费上限政策五次改革虚拟变量，改革前年份 xi 为0，改革后年份 xi 为1。本研究使用美国1974—2018年6月的季度数据。

2.2.1.2 英国

对英国市场，被解释变量为养老型基金的规模。解释变量有三个，分别为英国的国内生产总值、富时100指数以及政策扶持的虚拟变量 X。虚拟变量指是否受到《2008年养老金法案》的支持。2008年及以前，该法案尚未颁布，虚拟变量 X 设置为0；2008年之后，虚拟变量 X 设置为1。

$$MF_t = \beta_0 + \beta_1 GDP_t + \beta_2 FS100_t + \beta_3 X_t \quad (2-2)$$

之所以选择《2008年养老金法案》作为唯一的虚拟变量，是因为该政策对于英国职业养老金计划的改革具有划时代的意义，其中职业养老金的"自动加入"机制由自愿性加入改为强制性加入，使职业养老金计划的参与率和覆盖面得到极大的提升，从而大幅增加了职业养老金的资金量，大幅增加了养老型基金的配置需求，而NEST出色的资产管理能力提升了职业养老金计划的整体投资绩效。本研究使用英国2000—2017年的年度数据。

2.2.2 回归结果分析

2.2.2.1 美国

美国市场数据回归结果如表2-7所示。

表2-7 美国数据回归结果

	回归系数	T 值
GDP	38.62	2.72***
BP	111.63	15.42***
BPv	−2.02	−2.73***

续 表

	回 归 系 数	T 值
$x1$	−21.61	−5.03***
$x2$	43.81	7.87***
$x3$	51.61	9.35***
$x4$	25.71	3.72***
$x5$	11.69	2.03**
Cons	−19.28	−5.75***

注：* 为 0.1 水平下显著，** 为 0.05 水平下显著，*** 为 0.01 水平下显著。

总体来看，几个解释变量都保持了良好的显著相关性，除了第五次 IRAs 缴费上限改革($x5$)参数保持了 0.05 水平下的相关性显著，其他各参数都能保持 0.01 水平下相关性显著。

解释变量 GDP 与 BP 的系数为正，说明美国国内生产总值和标普 500 指数对养老型基金规模有正面的效应，国内生产总值越高、证券市场收益率越大，养老型基金规模越大。同时，标普 500 指数参数的系数值比 GDP 大，显著性也更强，说明证券市场的收益比国内生产总值对养老型基金的规模影响更大。解释变量 BPv 的系数为负，绝对值很小，显著性与 GDP 相似，说明证券市场交易规模与养老型基金规模呈现微弱负相关。

在主解释变量方面，$x1$ 系数为负，$x2, x3, x4, x5$ 系数均为正，说明除第一次 IRAs 缴费上限改革(1982 年)以外，其余四次 IRAs 缴费上限改革(2002 年、2005 年、2008 年、2013 年)都对养老型基金规模有正面的促进效果。从改革效果来看，2002 年与 2005 年缴费上限的提升所带来的养老型基金规模的提升效力最强，2008 年之后的改革效力逐步下降。

2.2.2.2 英国

英国市场数据回归结果如表 2-8 所示(将 2000 年数据标准化为 1)。

表 2-8 英国数据回归结果

	回 归 系 数	T 值
GDP	5.284 6	11.042***
$FS100$	2.136 5	3.316**

续 表

	回 归 系 数	T 值
X	1.051 2	4.285***
Cons	−6.336 6	−11.115***

注：* 为 0.1 水平下显著，** 为 0.05 水平下显著，*** 为 0.01 水平下显著。

从回归结果可以看出，国内生产总值、股票指数以及政策支持均对养老金投资于基金的份额有正向的作用，且显著性较好。其中，宏观经济的回归系数最大，股票指数次之，政策支持最小，可见宏观经济是被解释变量最大的影响因素。但是，股票指数和政策支持也对被解释变量有明显的相关性。

综合来看，本研究显示宏观经济与证券市场收益水平对养老型基金规模有正面的促进效果，GDP越高、证券市场收益率越大，养老型基金规模越大。

政策支持也对养老型基金规模有显著的正向影响。美国养老金的税收优惠政策改革对养老型基金规模有很强的促进效果。除了 1982 年第一次 IRAs 缴费上限改革以外，其余四次改革都与养老型基金规模的提升正相关，同时 2005 年之后的改革效力逐步下降。而英国《2008 年养老金法案》的颁布也对养老型基金规模的提升发挥了重要的作用。

2.3 其他国家养老投资产品分析

2.3.1 德国养老金投资产品分析

2.3.1.1 德国养老保障体系

2000 年以前，由于德国第一支柱过于庞大（见表 2-9），所承担的社会养老责任过多，导致三支柱实际上仍为一支柱，第二支柱和第三支柱并未发挥其作用。为解决第一支柱承担养老责任过重的问题，德国政府于 2001 年对企业补充养老保险和个人养老保险首次做出了创新性的改革。改革的内容包括：稳定养老金缴费税率，引入国家资助的个人储蓄养老保险（里斯特养老金计划），对于建立企业年金给予诸多税收方面的优惠政策，或直接提供财政补贴等。经过一系列的改革，德国在 2000 年后逐步建立起三支柱的养老金体系。

表 2-9 养老金收入来源的国际比较

	德 国	瑞 士	荷 兰	英 国	美 国
第一支柱	85%	50%	42%	65%	45%
第二支柱	5%	40%	32%	25%	13%
第三支柱	10%	10%	26%	10%	42%

数据来源：Axel Börsch-Supan, Reformer fahrungen im Ausland, Köln：DIA, 1999, S.5。

第一支柱为法定养老保险与吕鲁普计划。德国的基本养老保险即法定养老保险，是具有强制性的。由于20世纪80年代开始的养老金收支问题，德国基本养老保险的缴费率自20世纪90年代起逐步上升，1993—2000年为17.5%，此后缴费率一直维持在19%以上的高位，2007—2011年最高达19.9%，在2015年缴费率下降为18.7%，2020年依然维持18%的水平，德国劳动与社会事务部预计将于2030年达到22%的水平。

德国基本养老保险的资金主要来自国民缴费，政府补贴大概占基本养老保险资金来源的45%左右。基金投资、借贷、抵押等所得盈利收入占比不高，仅为0.5%左右。德国基本养老保险以支定收的原则保证了在过去的几十年里德国养老金替代率基本稳定在50%左右（见表2-10）。

表 2-10 德国养老金替代率

年份	社会平均工资（欧元）	养老金（欧元）	替代率（%）
1957	2 578	1 478	57.3
1960	3 119	1 661	53.2
1965	4 719	2 319	49.1
1970	6 822	3 376	49.5
1975	11 150	5 417	48.6
1980	15 075	7 562	50.2
1985	18 041	9 217	51.1
1990	21 447	10 763	50.2
1995	25 905	12 732	49.2

续 表

年份	社会平均工资(欧元)	养老金(欧元)	替代率(%)
2000	27 741	13 373	48.2
2005	29 202	14 110	48.3
2010	31 144	14 688	47.2
2018	52 930	27 471	52.0

数据来源：德国劳动与社会事务部(BMAS)、OECD。

德国退休人员基本养老金领取的金额主要由三个因素决定：工资点数、实时养老金值和类型指数。工资点数为雇员每年养老金缴费计算的基准工资除以社会平均工资的数值之和，雇员缴费计算的基准工资越高，缴费期限越长，则其工资点数越高。可见，德国基本养老金领取金额与雇员缴费计算的基准工资和缴费年限挂钩，体现了多缴多得的原则。实时养老金值约为社会平均工资的1%，由联邦政府根据上两年社会平均工资、养老金缴费率以及国家人口结构变化等因素确定具体数额。类型指数的基准值为1，可根据缴纳养老金雇员的身体状况及家庭情况进行调整。

2002年，德国政府成立了"德国社会保障制度可持续融资委员会"，由吕鲁普教授负责，2004年德国推出吕鲁普计划，针对个体劳动者提供养老金计划。改革后，德国第一支柱就包含了法定养老保险和吕鲁普计划两个部分。

第二支柱包括企业补充养老保险与里斯特养老保险计划，都可以享受税收优惠政策。企业补充养老保险实行个人账户完全积累制，可由雇主或雇员单方缴纳，也可由双方共同缴纳，该养老金的实施有五种方式：直接承诺、援助基金、直接保险、退休保险和退休基金。里斯特养老保险计划主要针对公务员及其他公职人员、农业从业者、领取失业金抚恤金等的受助者、自由职业者等中低收入者和孩子较多的家庭。上述人员可自愿参加里斯特养老保险计划。里斯特养老保险的领取包括子女补贴、基础补贴、特别补贴和税收优惠等多种形式。

第三支柱为个人养老保险。由个人自愿参加、自愿选择经办机构。个人养老保险不直接享受政府的税收优惠政策，但对于人寿保险产品在征税上有一定的优惠。

2.3.1.2 德国养老金投资法律法规

早在1889年，德国就出台了《老年和残疾社会保险法》，在世界范围内首次以立法的形式确立国家养老金计划,该养老金计划主要针对 70 岁以上的男性工人①。

1957 年,联邦德国制定《养老金改革法》,建立了德国现代养老金的基本框架,由资金积累制转向现收现付制。1972 年,德国放宽领取养老金的年龄条件,使德国养老金堪称世界上给付最为慷慨的养老金制度②。

随着人口的老龄化,严重依赖现收现付制法定养老金的德国养老金面临严重缺口:一方面,人口出生率的降低使法定养老金的潜在缴费者减少;另一方面,人口寿命的延长使得领取养老金者增加,且领取时间延长。对此,德国政府在 1992 年、1996 年和 1997 年就养老金调整机制、养老保险保费的减免和将"人口因子"引入养老金调整公式等方面尝试了多次改革,以降低养老金的给付水平,减缓养老金增长幅度,缓解法定养老金面临的财政压力③。但这些措施仅针对法定养老金,且只起到延缓作用,不能彻底解决养老金短缺问题。

2001 年,德国一改之前仅针对法定养老金的改革,对职业养老金和私人养老金首次进行了创新性的改革,意图将德国较为单一的现收现付制养老金体系逐步转变为多支柱的部分积累型养老金体系。此次改革的核心是里斯特养老金改革法案(Riester Reform),主要内容包括:法定养老保险费缴付率小幅缓慢提高,由 2020 年前的上限 20% 提高到 2030 年以前的上限 22%;稳步降低养老金替代率,至 2030 年逐步降低到 67%—68%,以确保养老金支付的长期稳定;大力发展职业养老保险和个人养老保险等第二支柱和第三支柱养老保险,改变养老保障过分依赖公共养老保险体系的局面④。为此,德国政府通过税收递延、税收减免、对个人和职业养老金计划直接给予补贴等措施支持企业建立职业养老金计划,鼓励参加个人养老金计划,由此大力推动了德国从以法定养老金为核心向多支柱养老金体系的发展⑤。作为此次改革的成果,2001 年出台的《老年财产法》《老年财产补充法》对特定群体引入补充性第二支柱养老金里斯特养老保险计划,明确提出促进建立补充性私人养老金融产品的发展目标,

---

① Charles S. *Finance and Occupational Pensions*[M]. Palgrave Macmillan, 2016:1-3.
② 王军,温鹏莉:《德国公共养老金改革历史沿革》,《中国物价》2015 年第 11 期,第 76 页。
③ 于秀伟:《从"三支柱模式"到"三层次模式"——解析德国养老保险体制改革》,《德国研究》2012 年第 2 期,第 77 页。
④ 孙玉琦,侯明:《英德两国养老保险制度变迁分析与启示》,《新金融》2015 年第 12 期,第 53 页。
⑤ 孙宏:《第三支柱的多国比较及对我国的启示》,《中国人力资源社会保障》2017 年第 12 期,第 34 页。

发展第三支柱养老金。银行、保险、基金公司和住房互助储金信贷社等合格金融机构均可提供里斯特养老金产品,个人可根据自身偏好选择投资相关产品。

2004年,德国开启了被称为吕鲁普改革的新一轮养老金改革,制定了《法定养老保险可持续发展法》《老年人收入法》。此次改革的主要内容是修改公共养老金指数计算公式,将"可持续发展因素"[①]纳入指数计算公式,使养老金支付率反映人口结构的变化;推出专门为个体劳动者设立的养老金吕鲁普计划;将原养老金三支柱重新定义为三层次,将吕鲁普计划和里斯特计划明确归为第一和第二层次(即第一和第二支柱)。第一、第二层次养老金可以享受政府税收优惠政策,采用 EET 模式。

此后,德国还进行了一系列的养老金制度改革。2007年,德国出台《法定养老保险退休年龄调整法案》,规定2012—2029年逐步将退休年龄由65岁延长至67岁,以应对人均寿命延长的趋势[②]。2009年,德国出台《养老金权利平等改革法案》,旨在降低法定养老金缴费率,到2014年降低到19%。2018年正式实施的《职业养老金强化法案》《职业养老金改善法》提高了享受税收优惠所需要的收入门槛,提高了里斯特计划的基本补贴金额,提高了雇主因资助低收入雇员获得税收减免的金额,在第二支柱增加 DC 计划。

2.3.1.3 德国养老金投资情况

德国养老金投资相较于其他发达国家属于稳健类型。《德国投资公司法》明确了德国养老保险基金的投资方向,并接受德国联邦银行的监管。德国养老保险基金的投资对象主要为债券(75%左右),此外还可以投资房地产(13%)、股票(9%)和储蓄(3%)[③]。

按照不同支柱的养老金类别,投资重点有所不同。第一支柱法定养老保险和吕鲁普计划一般投资于人寿保险、银行储蓄计划和英式寿险;第二支柱企业补充养老保险和里斯特养老金一般投资于保险合同、银行储蓄、基金以及里斯特住房储蓄合同;第三支柱个人自愿储蓄养老保险的投资范围比较宽泛,包括股票、债券、基金、保险产品、银行储蓄计划等。德国私人储蓄性的养老产品如表2-11所示。

---

① 可持续发展因素即能够反映同期养老金缴纳人数和支取人数比例变化的因素。
② 尼雪:《德国社会法体系及其养老保险法律制度评述》,《辽宁大学学报(哲学社会科学版)》2017年第6期,第120页。
③ 马红梅:《德国养老保险基金运营模式与政策借鉴》,《社会科学家》2017年第1期,第41—45页。

表 2-11　德国私人储蓄性养老产品

提供商	产品种类	特　征
银行	银行储蓄计划	1. 以固定利率进行储蓄，按月定期存入定额款项； 2. 储蓄计划的灵活性取决于储蓄方所定的合约条件； 3. 收益在扣除一次性免税津贴后缴纳25%的税收
基金	基金储蓄计划 定息基金 混合型基金 开放式不动产基金 股票型基金	个人养老金基金计划的运作模式
保险	风险性人寿保险 资本型人寿保险 与基金挂钩的人寿保险 个人养老保险 有/无资本选择权的传统养老保险 即时型养老保险 与基金挂钩的养老保险	1. 根据所签订合约种类，被保险人享受缴费或领取阶段税收优惠的权利； 2. 由联邦金融监管局监管，若保险公司破产，由再保险公司接管剩余合约； 3. 保险合约利息收入或转让获利要征收25%的税收

数据来源：德国劳动与社会事务部（BMAS）。

以里斯特养老金计划为例。里斯特养老金合约中，占比最大的是保险合同，约占65%，其次是投资基金，约占20%。保险合同占比过高也造成了里斯特计划整体的收益率较低。见图2-20。

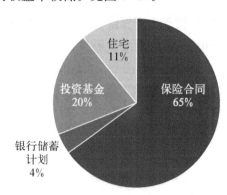

图 2-20　德国里斯特合约大类资产配置

数据来源：德国劳动与社会事务部（BMAS）。

2.3.2 法国养老金投资产品分析

2.3.2.1 法国养老保障体系

法国现行的养老金制度建立于第二次世界大战结束后,1945年10月,法国颁布《社会安全法》,标志着法国养老保障体系的正式建立。

法国现行养老保障制度主要由基本养老金、补充养老金和再补充养老金这三支柱组成。和德国类似,法国居民养老金主要依赖第一支柱。根据OECD的数据,2017年法国养老保障三支柱的规模占比分别为73%、17%和10%。

第一支柱包括基本养老保险和养老救助。基本养老保险是法国最重要的养老保险,由雇员和雇主共同缴纳,实行现收现付制,面向全体劳动人口强制执行。法国的基本养老保险实行多轨制,包括覆盖私营工商业部门雇员的"总制度"(最主要组成部分)、覆盖农业人口的"农业制度"、覆盖工商业个体从业人员的"自雇者制度",以及覆盖公有部门、前公有部门和准公有部门雇员为主的"特殊制度"这四大类[1]。养老救助对象是低收入弱势群体。

第二支柱补充养老制度是职业年金性质的养老保险。1972年,法国政府规定私营部门雇员必须加入"管理人员补充养老基金"或"职工补充养老基金"这两类强制性补充养老保险。法国这两类职业年金采取现收现付制,由雇员和雇主共同缴纳,一般为雇员缴纳工资的8%,雇主缴纳12%。2019年,法国将该两类职业年金合并,缴费金额约占员工收入的7.87%,雇主和雇员的支付比例为3∶2。

第三支柱为再补充养老制度,主要包括法国2003年推出的企业集体退休储蓄计划和个人退休储蓄计划,是个人自愿参加自主选择投资产品的养老保险,享有税收优惠,采取基金积累制。2019年10月,法国建立了包含个人养老计划、集体养老计划和集体义务养老计划的新制度。

2.3.2.2 法国养老保障体系改革

法国的养老金体系具有不同于大多数国家的复杂性和分割性,自20世纪90年代以来,法国开启了艰难的养老金改革之路,迄今共对基本养老保险进行了7轮大的改革:巴拉迪尔改革(1993)、朱佩改革(1995)、拉法兰改革(2003)、菲永改革(2003)、萨科奇改革(2010)、奥朗德改革(2012)和埃罗改革(2014)。对补充养老保险进行的改革共计3次。整体而言,法国养老

---

[1] 彭姝祎:《法国养老金改革的选择:参数改革及效果分析》,《欧洲研究》2017年第5期,第47页。

金改革采取了两方面措施：一是开源节流；二是在借鉴世界银行建议和他国经验的基础上，引入养老金的第二、第三支柱，改变养老金结构的单一性①。法国养老金制度改革的引入相比其他国家要缓慢和保守很多。以下简要介绍基本养老保险改革中的几次典型改革。

(1) 1993年巴拉迪尔改革。此次改革仅限于基本养老金所覆盖的私人部门，内容包括②：

其一，对确定养老金发放金额的参数做出了一系列调整，比如延长领取全额养老金的缴费年限（从37.5年逐步延至40年），延长养老金的计算标准（从参照10年最高工资水平延至25年），逐步将养老金发放与通货膨胀挂钩，同时设置了一定期限的过渡期；

其二，创建老年共同基金（FSV），基金规模每年增长1.3%，将社会保险支出与社会救济分离开来；

其三，对于补充养老金制度的改革，通过指数化方式从原来与总工资收入挂钩转变成与通货膨胀挂钩，从而增加缴费率，降低替代率。

1995年，朱佩政府试图把1993年巴拉迪尔改革的措施拓展到覆盖公有部门、前公有部门和准公有部门雇员为主的"特殊制度"，但未成功。后来，经过2003年和2008年两次改革，才把1993年的改革内容拓展到公务员和公有部门雇员等群体，实现了一定程度的养老金并轨③。

(2) 2003年菲永改革。2003年在菲永政府发起的第三轮退休金改革中，通过立法推出了"企业集体退休储蓄计划"（PERCO）和"个人退休储蓄计划"（PERP）两大基金制的第三支柱养老计划。前者面向全体私有企业，是个人自愿参加、完全累积制的DC型养老计划；后者面向全体劳动者。法国政府对参与上述两个储蓄计划的雇员和雇主给予一定税收优惠和减免企业社保缴费，这是法国首次为基金累积制的养老保险计划搭建法律框架④。

(3) 2010年萨科奇改革。2010年6月，法国政府对外发布了一份详细的养老金改革法案，改革内容主要是提高法定退休年龄（延长两年）、延长养老保险金缴费年限（提高到41.5年）和提高公共部门养老保险金缴纳比例（从7.85%提高至10.55%）。此次改革法案的推行异常艰难，中间还一度引

---

① 彭姝祎：《法国养老金改革：走向三支柱？》，《社会保障评论》2017年第3期，第140页。
② 陈思羽：《法国养老金制度改革及对我国的启示》，《商场现代化》2008年第26期，第190页。
③ 彭姝祎：《法国养老金改革的选择：参数改革及效果分析》，《欧洲研究》2017年第5期，第49页。
④ 同①，第142页。

发了大罢工。最终于 2010 年 10 月 26 日在参议院通过,并于 10 月 27 日在国会大会表决通过了这部极具争议的退休制度法案①。

(4) 2012 年奥朗德改革。2012 年奥朗德政府上台后,面对养老金赤字的继续恶化,着手进行了养老金第三轮参数调整,逐步提高包括私有部门和公有部门的基本养老保险缴费率,适当放宽了前任萨科奇政府做出的延长退休年龄的规定②。

(5) 2014 年埃罗改革。2014 年,埃罗政府再度改革养老金制度,并制定了从 2020 年起实现养老金财政平衡的目标,改革主要内容包括:2020—2035 年,将领取全额养老金的缴费年限从 40 年逐步延长到 43 年(每 3 年提高一个季度);继 2012 年之后,再度提高缴费率,但这一次"社保封顶额以内"的缴费率不变,提高的是以"总工资"为基础的缴费率;将基础养老金的调整从每年的 4 月 1 日推迟到 10 月 1 日③。

经过这几轮改革,法国三支柱的养老模式已具雏形。但由于积累制民意基础不足,抵御市场波动能力较差,而现收现付制度的收入再分配功能对于减贫和确保社会公正与稳定具有不可替代的作用,因此,现收现付制仍然占据主导地位,累积制规模小、发展缓慢。在确保公共养老金核心地位的前提下,适当提高累计制的占比成为法国将来养老金改革的主要方向④。

2.3.2.3 法国养老金投资情况

1999 年,法国政府依据《法国社会保障筹资法》成立了养老储备基金(Fonds de Réserve pour les Retraites, FRR)。2001 年 7 月,FRR 被改造为一个国家主权享有、政府管理的独立运行实体,接受法国社会保障部、经济预算部的双重管理。FRR 负责法国基本养老金的投资管理,为基本养老金筹集资金。

FRR 的战略资产配置包括套期保值投资(hedging component)和绩效投资(performance component)两部分。套期保值投资的大类资产配置包括高等级公司债、国债、现金和基础设施房地产等另类投资,而绩效投资则包括发达国家新兴市场国家股票、高收益公司债、新兴市场国家国债和基础

---

① 郭林林:《法国养老金制度的改革及启示》,《上海保险》2011 年第 12 期,第 58—59 页。
② 彭姝祎:《法国养老金改革的选择:参数改革及效果分析》,《欧洲研究》2017 年第 5 期,第 50 页。
③ 同上。
④ 彭姝祎:《法国养老金改革:走向三支柱?》,《社会保障评论》2017 年第 3 期,第 143—144 页。

设施房地产等另类投资。FRR 不能进行卖空,不能购买信用违约掉期产品、对冲基金和 CDO 等衍生产品。

FRR 的套期保值投资和绩效投资的资金占比基本各占一半。其中主动管理策略超过 50%,被动管理策略占比超过 30%。2019 年,FRR 的套期保值投资资产占比 48.2%,其中优质债券的投资比例占 42.8%,现金占比 3.8%,非上市资产占比 1.6%;绩效投资资产占比 51.8%,其中股票投资占比 36%,高收益公司债占比 3.5%,新兴市场国家债券占比 8%,非上市资产占比 4.3%。

总体来看,FRR 历年回报率大多为正,但 2008 年亏损幅度较大(见图 2-22)。2011—2019 年,FRR 扣除所有费用后的年均回报率为 4.9%。

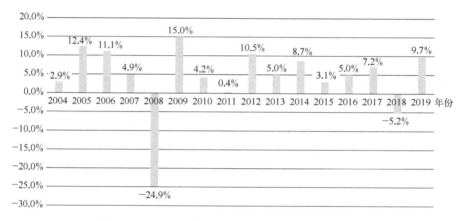

图 2-22 2004—2019 年法国 FRR 投资回报率

数据来源:FRR 官网。

2.3.3 日本养老金投资产品分析

2.3.3.1 日本养老保障体系

1923 年,日本的《恩给法》确立了日本最早的公共养老金制度。1961 年实施的《国民年金法》建立了"国民皆年金"的社会养老制度,被称为日本的"社会养老保险元年"。此后,随着一系列有关养老金法律法规的建立和完善,日本逐步建立了三支柱养老保障体系,以公共养老金为主,个人养老金为补充。

(1)第一支柱是公共养老金,包括国民年金、厚生年金和共济年金。日本的国民年金也被称作基础年金,是基本养老保险。国民年金具有强制性,凡是在日本居住的 20 岁以上 60 岁以下的居民(包括外国人),都需要强制按月缴纳定额的国民年金。2017 年以来,日本国民年金的月缴标准为

16 900 日元。根据个人特殊情况,可以申请月缴国民年金的减免,但会因此降低退休后国民年金的领取额度。国民年金采取现收现付制,缴费满 40 年才可以全额领取。目前,老年基础年金的总额是一年 78.55 万日元,平均一个月 6.5 万日元左右。领取国民年金的年龄有弹性,65 岁以前领取年金的话,每提前支取一个月,降低 5‰ 的给付金额;65 岁以后延迟领取年金的话,每延迟一个月会增加 7‰ 的给付金额。国民年金的给付资金源自国民年金的缴款、年金投资收益和政府财政补助。政府财政补贴比例已经提升至 50% 左右。

厚生年金就是指在私营企业工作的职工按收入的一定比例缴纳的年金。原则上,只要有 5 人以上正式职工的企业,就必须加入厚生年金。加入厚生年金同时也加入了国民年金。但与国民年金不同的是,厚生年金缴费不是固定金额,目前为职工收入的 18.3%,雇员和雇主各缴纳一半。截至 2020 年底,厚生年金的总资产规模为 176 万亿日元,远高于国民年金的 9.9 万亿日元。

共济年金是指国家公务员、地方公务员、私立学校教职工等共济工会会员所缴纳的年金。由个人和国家各缴纳一半。加入共济年金同时也加入了国民年金。共济年金与厚生年金相比,缴费比例低而领取的退休金高。2015 年 10 月开始,共济年金分阶段提高缴纳比例,最终与厚生年金保持一致。

(2) 第二支柱是企业年金。企业年金是公共养老金的补充,包括退职金制度、中小企业退职金共济制度、厚生年金基金、适格退职年金、DC、DB 等。厚生年金基金于 1966 年开始实施。根据劳资双方协商,500 人以上的大企业可以加入该基金。由雇员和雇主共同出资,享受一定的税收优惠,政府对加入厚生年金基金的企业免除部分厚生年金保费。厚生年金基金的资金运作享受一定的税收优惠。

适格退职年金于 1962 年开始实施,主要对象为中小企业,缴纳资金享受一定的税收优惠。该年金委托银行或保险公司管理。2002 年 4 月起,适格退职年金不能再缔结新的合同。

2002 年 4 月,日本《确定缴费年金法案》生效,预示着日本版 401(k) 正式开始。DC 采用 EET 模式,允许建立个人账户,享受税收优惠,允许个人选择投资产品。该法案允许设置企业型或个人型 DC。前者主要面向企业雇员,后者面向 20—60 岁农民和个体工商户。同时,允许厚生年金基金在 2 年半内,适格退职年金在 10 年内逐步过渡到企业型 DC。

(3) 第三支柱是个人养老保险。主要由国民年金基金、个人定额缴费养老金(iDeCo)和个人储蓄账户计划(NISA)组成。iDeCo 成立于 2001 年，是个人型的 DC，采用 EET 模式，倡导中小企业雇主帮助雇员缴费，减轻雇员养老金缴费压力，增加中小企业对人才的吸引力。NISA 成立于 2014 年，采用 TEE 模式，通过高额度的税费减免和多样化的金融资产配置，极大提升了养老储蓄累积效率。2016 年和 2018 年分别推出了少年储蓄计划(Junior NISA)和小额累计投资免税计划(NSTA)，前者将范围扩展到了 20 岁以下的居民，后者则侧重于少量多元化长期投资的 NISA。2021 年末，NISA 规模约 23.08 万亿日元，iDeCo 规模约 1.69 万亿日元。

2.3.3.2 日本养老金投资法律法规

日本养老金立法在初创阶段带有"恩给"的色彩，具有政府救济性质。19 世纪末通过的《恤救规则》规定了政府以实物方式为特定老年人提供救助。其后，此种恩给扩展到了对退役军人和政府官员的救助，再后扩展到政府部门的普通雇员，为普通雇员设立了共济组合的互助年金制度。1923 年的《恩给法》对共济年金做出明确规定，由此确立了日本最早的公共养老金制度[1]。共济年金主要面向公共部门或国有企业雇员。

1942 年制定《劳动者年金保险法》，建立劳动者年金制度，后于 1954 年做出修改，并更名为《厚生年金保险法》，确立厚生年金制度。厚生年金制度主要面向非国有企业雇员。1961 年正式实施的《国民年金法》建立了"国民皆年金"的社会养老制度。因此，1961 年也被称为日本的"社会养老保险元年"[2]。该养老金主要面向农民、城市自由职业者和无业人员等。

日本在 1985 年陆续通过了《国民年金法》《厚生年金法》和《共济年金法》，完成国民年金的整合，建立全民适用的基础年金制度，开启公共养老金一体化改革。主要措施为：其一，推广国民年金，覆盖所有行业和部门，尤其是过去未被国民年金所覆盖的共济年金和厚生年金的参保者；其二，将厚生年金推广适用于原本属于共济年金体系的海运、铁路、电信部门行业的雇员；其三，建立私有属性的补充养老金，如国民年金基金、厚生年金基金等，同时，允许以协议退出的方式将公共养老金转入私有属性的补充养老金[3]。

2004 年，日本对公共养老金制度进行了新一轮改革，主要内容包括：其一，提高个人缴纳的养老保险费。国民养老金缴费率至 2017 年提高至每月

---

[1] 杨东：《公共养老金一体化改革研究——以美国、日本、瑞典为例》[D]，武汉：武汉大学博士学位论文，2014 年，第 69 页。
[2] 高宝霖：《日本养老保险年金制度研究》，《山东社会科学》2010 年第 7 期，第 104 页。
[3] 杨东：《美国、日本和瑞典的公共养老金一体化改革比较研究——基于不同福利因素综合作用的分析》，《中国行政管理》2017 年第 7 期，第 149 页。

16 900 日元,之后不再作调整;厚生养老金缴费率至 2017 年提高到 18.30%。其二,养老金支付标准根据"宏观经济浮动率调整机制"进行调整,适度抑制养老金支付水平的上涨,至 2023 年将养老金替代率维持在 50% 以上。其三,逐步上调国家财政负担国民养老金的比例至 1/2(2009 年),增加的资金由国家财政承担。其四,上调厚生养老金的保险费率。2012 年,将共济年金并入厚生年金,统一了缴费标准。

除了公共养老金的改革,2002 年 4 月,日本《确定缴费年金法案》生效,预示着日本养老金第二支柱 DC,也被称为日本版 401(k)计划正式开始。同时,还通过了《确定给付企业年金法》,参照欧美 DB 在日本设置 DB。

2.3.3.3 日本养老金投资情况

在公共养老基金的运营方面,根据日本的法律规定,2000 年以前由厚生省委托大藏省的资金运营部负责运营管理,大藏省的资金运营部通过财政投融资机构进行投资,所得收益由财政投融资机构交付于大藏省的资金运营部,然后再交至厚生省。2001—2006 年,设立了"养老金资金运营基金",废除对大藏省的资金运营部的委托,由厚生劳动大臣直接负责投资运营,实现了日本公共养老基金的自主投资运营。运营方式以被动投资为主、主动投资为辅,主要投资国内债券。2006 年后,解散"养老金资金运营基金",设立"养老基金管理运营独立行政法人"(government pension investment fund,GPIF),由其负责投资运作,大大提高了公共养老基金投资运作的透明度和自主性①,投资方式仍以被动为主,主要的投资产品仍为国内债券。至 2013 年后,日本的公共养老基金投资领域得到拓展,除了国内债券,也可投资于国外债券、国内国外股票及其他投资领域,对于与物价相联动的国债可采取主动投资的方式。

GPIF 是仅次于美国社会保障信托基金的全球第二大专门负责养老基金投资运营的机构,近年来日本政府不断探索对于 GPIF 的改革,以确保公共养老金的保值增值。2016 年 12 月,日本通过《年金改革法》,对 GPIF 进行了重大调整:其一,设置专门的"经营委员会",由其对业务执行机构进行监督。在此次改革前,GPIF 由理事长一人行使决策权并承担责任,但此种治理模式不利于参保人利益的保护,故《年金改革法》规定在 GPIF 中设置经营委员会,由其对重大事项,例如中期计划相关重要事项,组织、管理上的重要事项做出决策,并且对执行机构的业务执行情况享有监督权。其二,改革被动为主的投资运营方式,扩大投资产品。改革前,GPIF 主要投资于国

---

① 张伊丽:《日本公共养老基金的投资运营研究》,《现代日本经济》2017 年第 4 期,第 11 页。

内的债券;改革后,GPIF 可投资于除场外的外国债券期权以外的债券期货、债券期权,也可以进行短期的同业市场资金借贷,但禁止投资于外汇期货中的市场衍生产品交易、股票指数期货等[1]高风险领域。日本的公共养老基金投资虽仍倾向于谨慎、保守,但最近几年,GPIF 不断降低债券配置比例,不断增加国内外权益配置比重。2020 年 3 月,本国债券、海外债券、本国股权和外国股权的配置目标均为 25%。投资组合中被动投资资产占比超八成,而主动投资资产占比不到两成。2017 年,GPIF 还将 SEG 纳入投资策略。GPIF 将绝大多数资产委托外部专业机构管理,GPIF 子基金数量达到 114 个,其中 105 个为外部管理的基金。配置比重经不断调整后,2020 年 GPIF 的投资回报高达 25.15%。

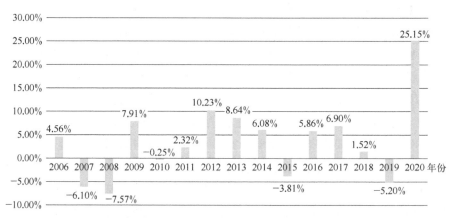

图 2-23　2006 年以来日本 GPIF 投资回报率

数据来源:GPIF 年报。

第三支柱 NISA 的资产配置的范围较为广泛,包括上市公司股票、投资信托、交易型开放式指数基金(ETF)和房地产信托投资基金(REIT)等类别可供投资者选择。NISA 的资产管理机构一般为开立账户所在的银行、保险公司或其他金融机构。截至 2021 年 3 月末,NISA 的资产规模为 23 万亿日元规模,其中投资信托产品占比 57%,上市公司股票占比 40.2%,ETF 和 REIT 分别占比 1.9% 和 0.9%。

---

[1] 李三秀:《日本养老基金 GPIF 改革启示》,《中国财政》2017 年第 20 期,第 73 页。

3 我国养老产品需求影响因素的问卷调查分析

从上文中我们看到,我国个人养老产品未来存在巨大潜在需求,要让这些潜在需求转化为真实需求,养老产品供给方需要认真研究我国养老产品需求的影响因素。基于前述资料,我们构建了调查问卷,问题设置详见附录1。问卷调查结果如下。

3.1 养老产品需求主体基本情况

本次问卷调查通过问卷星问卷调查系统开展,共回收有效问卷1 024份,被调查者的基本信息情况如表3-1所示。

表3-1 被调查者的基本信息分布

项目	分类	占比(%)	项目	分类	占比(%)
性别	男	51.56	学历	初中及以下	6.05
	女	48.44		高中/中专	6.74
年龄	30岁以下	22.46		大专	11.04
	31—40岁	42.87		本科	47.07
	41—45岁	15.82		硕士	21.29
	46—50岁	10.45		博士	7.81
	51—55岁	5.76	年薪	10万元以下	36.33
	56—60岁	2.64		11万—20万元	35.35

续 表

项目	分 类	占比(%)	项目	分 类	占比(%)
年薪	21万—30万元	12.30	职业	自由职业者	4.20
	31万—40万元	5.76		农林牧渔劳动者	0.29
	41万—50万元	2.34		退休	1.76
	50万元以上	7.91		暂无职业	1.37
职业	在校学生	1.95	工作生活所在城市	其他	2.15
	政府/机关干部/公务员	9.18		北上广深	48.83
	企业管理者	27.54		长三角地区(上海除外)	13.18
	普通职员	22.66		珠三角地区(广州、深圳除外)	4.79
	专业人员	20.61			
	普通工	4.20		京津冀地区(北京除外)	7.42
	商业服务业职工	2.05		川渝地区	2.64
	个体经营者	2.05		其他地区	23.14

3.2 养老产品需求总体情况

3.2.1 养老产品需求总体情况问卷分析

(1) 年薪越高的被调查者养老资产储备预期规模越高。17.77%的被调查者认为,拥有350万元以上的资产储备,退休后生活水平才不至于下降。当然也有26.56%的被调查者认为100万元以下的资产储备可以保证养老所需,35.84%的被调查者认为100万—200万元的资产储备可以保证养老所需(见图3-1)。

被调查者的养老资产储备预期规模与年薪相关。年薪越高的被调查者,养老资产储备预期规模越高(见图3-2)。

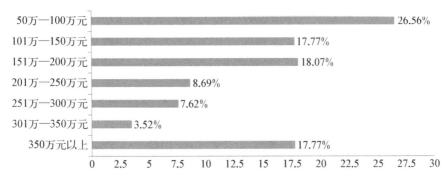

图 3-1　养老资产储备规模预期

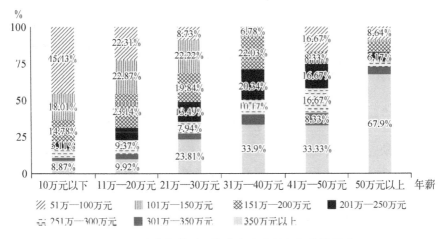

图 3-2　当前年薪对预期养老资产储备规模的影响

（2）理想和现实的差距：养老资产储备预期规模高但当期第三支柱产品购买意愿低。超过 71% 的被调查者愿意每月花 1 000 元以内购买个人税收递延型商业养老保险产品、养老目标基金产品等第三支柱个人养老产品（见图 3-3）。

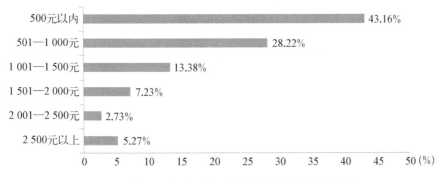

图 3-3　每月愿意购买第三支柱个人养老产品的金额

43.96%的"养老资产储备预期规模350万元以上"的被调查者,当期第三支柱个人养老产品支出金额却低于500元。当期低储蓄意愿与未来养老高支出的预期存在一定的背离(见图3-4)。

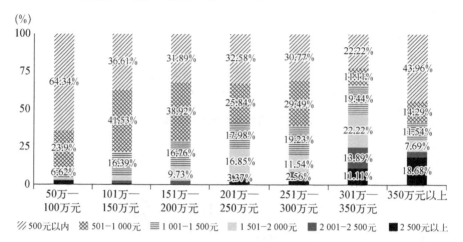

图3-4 预期养老资产储备规模与当期愿意购买第三支柱个人养老产品的金额

(3) 缺乏相关投资知识是没有购买养老产品的主要原因。53.71%的被调查者认为缺乏相关投资知识是没有购买养老产品的主要原因,其次是缺钱。养老产品是否具有税收优惠也是重要的影响因素。有趣的是,被调查者最不看好养儿防老(见图3-5)。

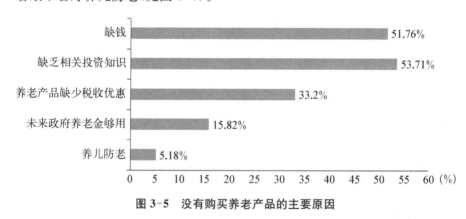

图3-5 没有购买养老产品的主要原因

3.2.2 养老产品需求总体情况对比分析

与本书调查结果显著不同,《2017年中国养老金融调查报告》(以下简称《报告》)显示有超过3/4的居民预期未来养老期间的资产储备规模在100万元以内,而预期未来养老资产需超过100万元的居民仅占被调查对象的不到1/4。另外,《2018中国年轻一代的养老储备现状》(以下简称《储备现状》)的调查结果指出,对于目标退休储蓄额,年轻女性的退休目标要普遍高于年轻男性。

居民目前的养老资产储备情况也值得关注。《报告》显示,有71%的居民已有的养老储备低于50万元,而约5%的居民目前尚未进行养老储备,其中年轻居民占大多数。调查者的年龄阶段和受教育程度也和目前养老储备有一定关系。一般来说,年龄越大的受调查者养老储备越高,受教育程度越高的受调查者养老储备越高。

居民的养老储蓄也表现出投资金额少、预期与储蓄现状严重不符的现象。《报告》数据表明,61.3%的调查对象愿意将20%以内的收入用于养老投资理财,只有38.7%的调查对象愿意将20%以上的收入进行养老投资理财。《储备现状》中指出,中国近1/3的居民完全没有养老储蓄目标,预期养老收入与储蓄现状之间的落差十分普遍。另外,男女养老储蓄行为存在明显差异,在已经开始为养老进行储蓄的人中,尽管女性的平均收入比男性低25%,但是女性的养老储蓄目标更高,每月的储蓄金额更多,且目标退休年龄更低。

《报告》和《储备现状》对养老储备的开始时间也进行了调查。结果显示,我国居民的养老储备意识较高,大部分人选择在较早时间便开始进行养老储备,不再单纯依靠养儿防老。但对夹心一代(多指上有老、下有小)来说,40岁开始养老储备依然较晚,短暂的储备时间导致储蓄量无法达到预期。

投资者没有购买养老资产的原因也值得关注。《储备现状》指出,投资者受教育至关重要,可以很大程度上缓解中国养老第一、第二支柱面临的巨大压力,增加投资者对第三支柱产品的需求。除此之外,缺乏资金是阻碍被调查者进行养老储蓄的最大障碍,60%左右的夹心一代表示没有多余的资金进行储蓄投资。消费者在理财及其他金融消费中受骗也是阻碍居民购买养老产品的一大原因。《报告》显示,约三成的被调查者表示曾在理财及其他金融消费过程中有过受骗经历,且在60岁以上的人群中仍有1/4的居民有过受骗经历。对金融安全的担心也是影响被调查者购买养老产品的原因之一。

3.3 养老产品需求偏好

3.3.1 养老产品需求偏好问卷分析

(1)被调查者偏好相对较高回报的确定性收益产品。回报较高的确定性收益产品最受被调查者所青睐,约 34% 的被调查者倾向于购买年化 3.5% 确定性收益保险产品。银行理财产品和"年化 2.5% 的保底＋浮动收益保险产品"分别被 17.87% 和 25.00% 的被调查者选择。风险资产股票指数基金的需求总体占比不高,占比波动也较小。很少被调查者选择收益率较低的银行定期存款作为养老产品(见图 3-6)。

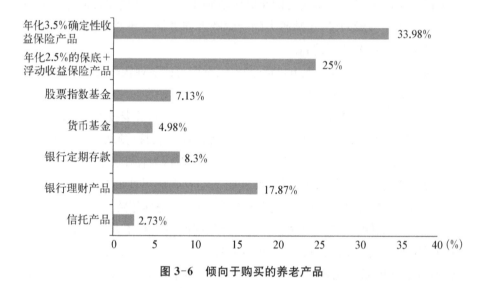

图 3-6　倾向于购买的养老产品

(2) 年龄越大,养老产品投资越保守。随着年龄的增长,银行理财产品越来越受被调查者的青睐。而对"年化 2.5% 的保底＋浮动收益保险产品"的需求则在下降(见图 3-7)。

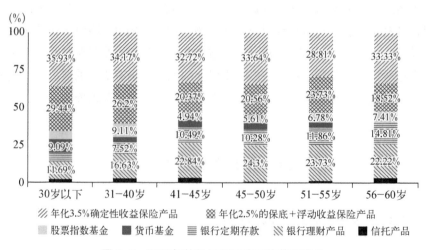

图 3-7　不同年龄段倾向于购买的养老产品

(3) 收入越高,养老产品投资越保守。随着收入的提高,养老保险产品和银行存款类产品在投资组合中的配置比例降低,而房产类产品的比例则逐渐提高(见图3-8)。

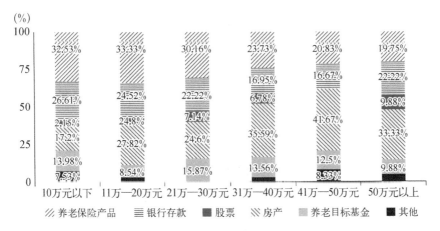

图3-8　不同收入段倾向于购买的养老产品

(4) 高收入者投资组合相对激进。如图3-9所示,年薪10万以内的相对低收入者投资风格相对保守。但随着收入的提高,风险资产如股票指数基金在养老产品中的配置比例逐步提高。

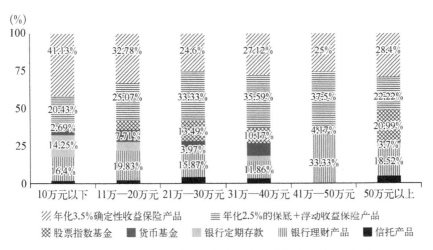

图3-9　不同收入段倾向于购买的投资产品

(5) 在养老产品投资方面女性比男性更保守。如图3-10所示,被调查者中,女性较少选择股票等风险资产,而比男性更青睐回报较高的确定性收益产品,更喜欢银行理财产品。

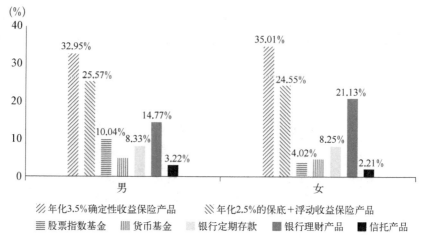

图 3-10　不同性别倾向于购买的养老产品

（6）养老保险产品是最可靠的养老资产。如图 3-11 所示，30.66% 的被调查者认为，养老保险产品是最重要的养老资产，其次是房产和银行存款。刚刚起步的养老目标基金也受到 11.91% 被调查者的青睐。

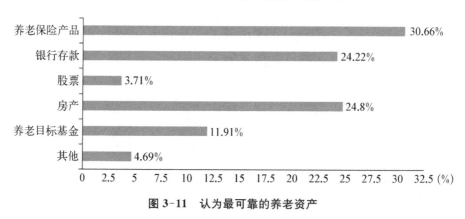

图 3-11　认为最可靠的养老资产

（7）学历越高，越觉得房产是最可靠的养老资产。如图 3-12 所示，学历越高的被调查者越觉得房产是最可靠的养老资产，却更不相信养老保险产品。对银行存款的态度几乎不存在学历差异。同时，只有 10% 左右的被调查者认为养老目标基金是最佳养老产品。

（8）高收益养老产品的最大回撤接受度大多不高于 10%。如图 3-13 所示，基于高风险高收益原则，44.63% 的被调查者能接受相对高收益养老产品的最大回撤（短期最大下跌幅度）为 5%，42.09% 被调查者能接受相对高收益养老产品的最大回撤（短期最大下跌幅度）为 10%。说明如何有效控制收益回撤是养老产品重要的考虑因素。

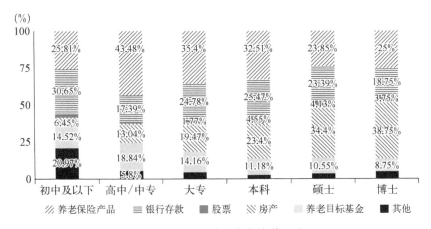

图 3-12　最可靠养老资产的学历差异

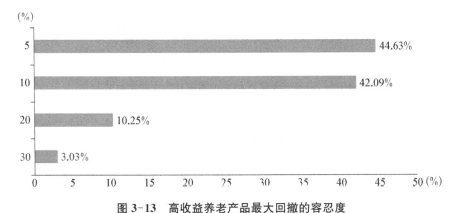

图 3-13　高收益养老产品最大回撤的容忍度

如图 3-14 所示，女性对收益回撤的容忍度更低，对 20% 以上回撤的接受度不足 10%。

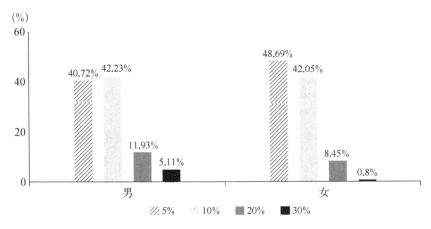

图 3-14　高收益养老产品最大回撤容忍度的性别差异

此外,如图 3-15 所示,低学历者对收益回撤的容忍度更低,初中及以下学历的被调查者有 77.42% 能接受相对高收益养老产品的最大回撤为 5%。

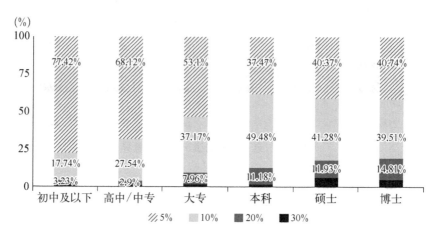

图 3-15　高收益养老产品最大回撤容忍度的学历差异

3.3.2　养老产品需求偏好对比分析

《报告》对养老产品的选择进行了论证分析。结果显示,随着我国资本市场的逐步完善以及保险市场的快速发展,居民开始选择股票、基金或商业养老保险等产品作为养老理财产品的配置。与此同时,少数居民也有偏好将房产、国债、信托和私募基金等作为养老投资理财的选择。《储备现状》调查结果显示,近四成居民都偏好将养老储蓄投资于有股息红利或定期利息。

年龄大的居民群体既对资产的安全稳健性有较高的关注,又对高收益有较高要求,对低风险高收益产品的青睐是普遍现象。《储备现状》调查结果显示,养老储备资产中对房产的青睐一直呈现只增不减的趋势。数据显示,随着被调查者的年龄升高,拥有房产的人群占比有上升趋势。83.5% 的 60 岁以上被调查者中至少拥有一套房产。

性别差异也是养老产品选择差异的原因之一。《储备现状》调查结果显示,女性在投资信息的了解方面普遍比男性更为匮乏。女性对未来的悲观态度导致其对风险更加厌恶,在养老产品的选择方面也更为保守。女性开始进行养老储蓄的时间较晚的原因是收入普遍偏低。

3.4 养老收入主要来源

3.4.1 养老收入主要来源问卷分析

如图 3-16 所示,被调查者认为,社会基本养老保险是最重要的养老收入来源,其次是银行存款和企业年金或职业年金,占比最低的是子女支持。

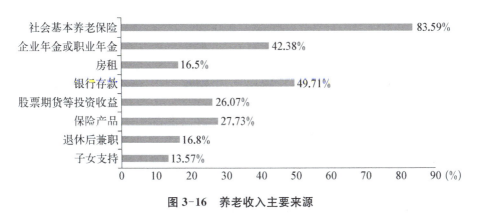

图 3-16 养老收入主要来源

如图 3-17 所示,年薪 10 万元以下的相对低收入人群的养老收入更依赖于社会基本养老保险,而年薪超过 50 万的高收入人群的养老收入来源则更多元化。除了社会基本养老保险、银行存款和年金,股票期货等投资收益、房租都是重要的养老收入来源。

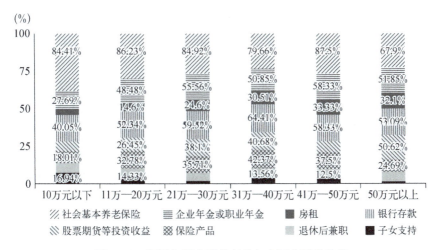

图 3-17 不同年薪人群养老收入主要来源的差异

如图 3-18 所示,随着年龄的升高,调查者的养老收入对社会基本养老保险的依赖性升高,银行存款类产品也呈现同样的趋势。而年龄越低的人群,养老收入来源则更多元化。

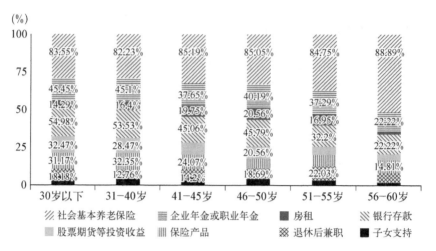

图 3-18　不同年龄人群养老收入主要来源的差异

3.4.2　养老收入主要来源对比分析

《报告》调查结果显示,接近 2/3 的 35 岁以下的年轻一代仍认为政府养老金和现金储蓄是养老收入的主要来源,仅仅有 1/3 认为可以通过依赖年金、保险产品、租金收入、股票或售房所得来养老。同样,认为养老收入可以依靠"子女的支持"占比仍为最低,仅占被调查对象的 5%。以政府养老金为主要养老收入来源的人群占比由 35 岁以下年轻一代的 28% 增加至 35 岁以上非年轻一代的 45%,也体现了这一趋势。

《储备现状》调查结果显示,这种过度依赖政府养老金和现金储蓄作为养老收入的主要来源的现象反映出我国居民在养老金方面的教育和认知不足,人们往往更多地相信和依赖现金储蓄,而对其他投资策略却不甚了解。另外,由于对投资知识的匮乏,仅有不到 1/3 的年轻一代在投资养老储蓄时优先选择长期回报,而大部分人都希望有股息红利或定期利息。

可见,两份前期调研报告和本书调研报告的结果基本吻合。

3.5 养老产品宣传教育

3.5.1 养老产品宣传教育问卷分析

（1）不了解养老产品是影响养老产品需求的重要因素。如图3-19所示，近一半被调查者不了解个人税收递延型商业养老保险产品。而了解该产品的被调查者则表示更愿意购买该产品。

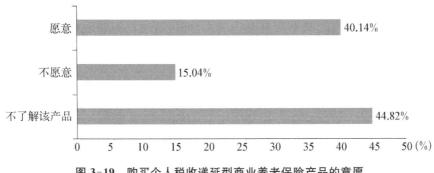

图 3-19　购买个人税收递延型商业养老保险产品的意愿

同样，如图3-20所示有36.04%的被调查者不了解养老目标基金产品。而了解该产品的被调查者则表示更愿意购买该产品。基金产品比保险产品更容易被调查者接受。

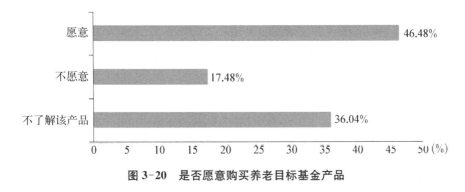

图 3-20　是否愿意购买养老目标基金产品

（2）自主学习、亲友推荐和网络是获取养老产品信息的主要渠道。如图3-21所示，29.49%的被调查者认为自主学习是获取养老产品信息的主要渠道，其次是通过亲朋好友推荐，而网络也是了解养老产品信息的好途径。

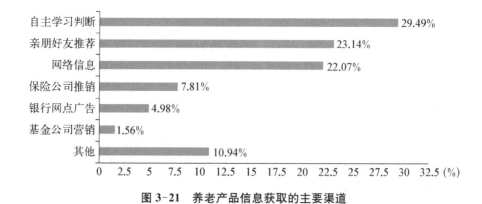

图 3-21 养老产品信息获取的主要渠道

如图 3-22 所示,被调查者学历越高,通过自主学习获取养老产品信息的能力越强;学历越低,则受亲朋好友推荐的影响越大。

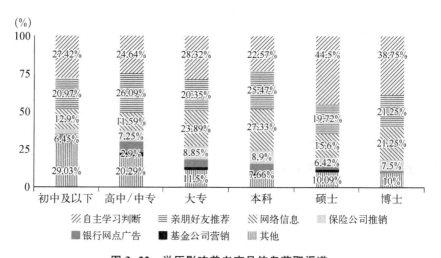

图 3-22 学历影响养老产品信息获取渠道

3.5.2 养老产品宣传教育对比分析

《报告》在问卷设计中向调查对象解释了个人税收递延型养老产品并询问其参与意愿,结果显示,了解该养老产品的被调查者中将近八成的调查对象愿意参加个人税收递延型养老金计划,与本书研究报告结论一致。数据表明,中青年的被调查者(30—49 岁)参与意愿最高,受教育程度与该养老产品参与率呈正相关,同时,中高收入人群对该养老产品有最大需求。

在养老信息的获取方面,对比分析得出不同的结论。《报告》显示,银行网点是居民获得养老投资和理财产品信息的重要渠道,占比 31.5%。另外,相比于年轻群体，50岁及以上的中老年群体对银行网点和亲朋好友的推荐有较高的依赖，而中青年则更倾向于通过网络获取相关信息。

3.6 问卷调查结论

3.6.1 我国个人养老产品需求潜力巨大

被调查者认为，社会基本养老保险是最重要的养老收入来源，其次是银行存款和企业年金/职业年金，占比最低的则是子女的支持。极少数被调查者选择投资作为其养老收入的来源。

而我国基本养老保险虽然覆盖率逐年提高，但其保障水平极其有限，远不能达到广大国民的预期。随着人口老龄化的加剧，第一支柱基本养老保险将会带来巨大的财政压力。因此，如何发展好第二支柱职业养老和第三支柱个人养老是我国养老体系亟须考虑的问题，也预示着我国个人养老产品具有广阔前景。

3.6.2 年薪越高的被调查者养老资产储备预期规模越高

17.77%的被调查者认为，拥有350万元以上的资产储备才能维持退休后的生活水平较退休前不至于下降。年薪越高的被调查者，养老资产储备预期规模越高。

但43.96%的支持"养老资产储备预期规模350万元以上"的被调查者的当期第三支柱个人养老产品支出金额却低于500元。当期低储蓄意愿与未来养老高支出预期存在一定的背离。

3.6.3 被调查者偏好回报较高的确定性收益产品

33.98%的被调查者倾向于购买年化3.5%确定性收益保险产品。银行理财产品和"年化2.5%的保底＋浮动收益保险产品"分别被17.87%和25.00%的被调查者选择。风险资产股票指数基金的需求总体占比不高，占比波动也较小。很少被调查者选择收益率较低的银行定期存款作为养老产品。

高收益养老产品的最大回撤不高于10%，女性对收益回撤的容忍度更低。

同时我们观察到，年龄越大对养老产品的投资越保守，高收入者投资组合相对激进，在养老产品投资方面女性比男性更保守。

3.6.4 养老保险产品是最重要的养老资产之一

30.66%的被调查者认为,养老保险产品是最重要的养老资产,其次是房产和银行存款;刚刚起步的养老目标基金也受到11.91%被调查者的青睐;学历越高越觉得房产是最可靠的养老资产。

3.6.5 社会基本养老保险是当前最重要的养老收入来源

被调查者认为,社会基本养老保险是最重要的养老收入来源;其次是银行存款和企业年金/职业年金;占比最低的是子女的支持。

年薪10万元以下的相对低收入人群养老收入更依赖于社会基本养老保险,而年薪超过50万的高收入人群的养老收入来源更多元化。除了社会基本养老保险、银行存款和年金,股票期货等投资收益、房租都是重要的养老收入来源。

3.6.6 加强养老产品宣传教育有助于增加产品需求

近一半的被调查者不了解个人税收递延型商业养老保险产品,36.04%的被调查者不了解养老目标基金产品,而了解该产品的被调查者则更愿意购买该产品。

53.71%的被调查者认为缺乏相关投资知识是没有购买养老产品的主要原因,其次是缺钱。养老产品的税收优惠也是购买养老产品的重要影响因素。

投资者教育至关重要,可以在很大程度上缓解中国养老第一、第二支柱面临的巨大压力,增加投资者对第三支柱产品的需求。

3.6.7 自主学习、亲朋好友推荐和网络是获取养老产品信息的主要渠道

29.49%的被调查者认为自主学习是获取养老产品信息的主要渠道;其次是亲朋好友推荐;网络也是了解养老产品信息的好途径。

被调查者学历越高,自主学习获取养老产品信息的能力越强;学历越低,则受亲朋好友推荐的影响越大。

4 养老目标风险基金资产配置策略研究[①]

养老金是19世纪工业革命的产物。根据联合国人口预测数据和全国老龄工作委员会的研究结果,20世纪80年代后发达国家开始进入深度老龄社会,我国自2020年开始进入加速老龄化阶段,并在2050年前后进入"老龄化高原"阶段。

伴随预期寿命的延长和劳动年龄人口的减少,养老基金收入增速开始低于支出增速,这为养老金制度设计与资产管理带来了三方面变化。

第一,现有政策优化。学界针对当前影响养老保险基金收支的参数分别展开讨论,包括:缴费年限(李红艳、唐莉霞,2019);延迟退休(刘万,2020);国资划转与养老保险缴费率(邓大松、张怡,2020),围绕资金收缴提出相应政策建议。

第二,考虑增量资金。各国开始在原有的强制养老制度之外,探索职业年金和个人养老金制度改革,目前我国养老保障三支柱体系仍在建设中。

第三,养老基金保值增值。理论界和实务界对此问题越来越关注:房连泉和闫化海(2020)提出"产品化"是未来年金投资的重要发展趋势;我国各大金融机构同样围绕养老金的信托管理和投资管理展开了各项创新业务研究,其中,基金公司主要从投资管理方面出发,借鉴海外生命周期基金的投资策略,设计并发行了一系列养老基金产品。

养老基金产品按照产品模型设计思路可分为目标日期基金和目标风险基金。目标日期基金指高风险资产比例随着目标日期的临近而逐渐下滑的基金;目标风险基金是指预先设定"进取""成长""稳健""保守"等风险水平,在资产配置上维持风险收益特征不变,为投资者提供相对稳定风险水平的基金。它们作为养老目标基金的两大种类,并无明显优劣之分。两者最大

[①] 本章主要内容参考罗忠洲、朱亦宁:《养老目标风险基金资产配置策略研究》,载《保险研究》2021年第3期。

的不同在于,后者预先设定了风险水平,不随投资者的生命周期阶段而改变,相当于前者资产配置策略(多阶段)的一个截面,因此目标风险基金资产配置策略可视作风险约束下的静态(单阶段)资产配置研究。本章选择目标风险基金资产配置策略为切入点,所述内容将是马科维茨(Markowitz)静态资产配置模型在中国资本市场养老基金投资策略设计方面的一个具体应用。

4.1 文献综述

4.1.1 资产配置对养老基金投资收益的影响

20世纪70年代之后,养老基金开始介入资本市场。20世纪80年代初养老基金开始出现与资本市场的互动作用,由此引发1990年前后学界对养老基金与资本市场相互影响的大规模讨论。

在养老基金对资本市场的影响方面,Bodie(1990)、Black(1992)、Davis(1995)等学者均论证了养老金对资本市场的促进效果,具体体现为促进金融创新、提高资本配置效率、减少证券市场波动、通过长期投资影响资本市场结构等影响。

随着养老基金参与资本市场在广度和深度上的日益增加,学界开始研究资产配置对养老基金投资收益的影响。Brinson,Gilbert和Hood(1986)分析了1974—1983年美国91家大型养老基金的数据,发现基金收益90%以上依靠资产配置,仅不足10%来自择时和择券。Blake(2003)研究了英国共同基金,发现超过95%的总收益与资产配置方式有关,2.7%与择券有关,1.6%与市场预测有关。由于中国资本市场的有效性尚不及欧美国家,在中国资本市场中,资产配置对基金收益的贡献度较美国有所下降,业内普遍认为该比例约为70%。

Harris(2007)研究了OECD国家的养老基金投资方向,发现发达国家的社保基金投资多元化,虽然股票投资比例最高,但不乏银行存款、政府债券、抵押贷款、房地产、海外投资等多元化投资方式。同时,指数化投资产品因拥有系统性风险少、管理成本低、流动性低等优点,而逐渐成为养老基金投资配置的选择趋势。Wei Hu(2005)对22个OECD经合组织国家和16个新兴市场国家养老基金最优投资组合进行实证分析后,得到三个结论:第一,由于不同资产的回报率特点,最优资产配置组合在各个国家是相同的,投资人对投资回报率要求越高,就越需要加重对股票资产的配置;第二,若其他条件一致,对国外资产投资可获得更高的投资回报率,这一结论对EMES国家尤其适用,这类国家应该将养老金总资产的28%—43%投资于海外资产;第三,OECD国家的养老基金更应该投资于国内,才能获得高回报率,从而解释了这类国家养老金配置存在"国内偏好"的内在原因。

综上所述,影响养老基金的投资收益的重要因素是资产配置。同时,随着国内外实体经济、金融市场的发展以及养老基金参与资本市场程度的加深,可配置的资产更趋多元化,资产配置在养老基金投资收益中的重要性更为明显。

具体到养老目标风险基金层面来看,由于目标风险基金一般是一个系列,由不同风险等级的基金构成,主要根据权益资产的占比划分风险等级。随着风险等级的提高,基金的投资目标从追求当期的现金收入逐步转向追求未来的资产增值。在这一组产品中,基金产品命名可以同时体现特定的风险偏好和资产配置两个核心要素。例如先锋基金的 Life Strategy 组合包含了四只FOF,按照权益资产占比20%、40%、60%、80%划分成4个等级,分别命名为收入型、保守增长型、稳健增长型和积极增长型。实证结果也较好检验了这一特征。Edwin J. Elton(2014)基于50个机构的213个目标风险基金对2001年1月—2014年8月的数据进行实证研究,使用美国的30天国库券作为无风险资产,并选取9个基准指数进行业绩归因——分别是法玛-弗兰士(Fama-French)三因子(市值、账面市值比、市盈率),MSCI发达市场指数(除美国),美国银行全球债券指数(除美国),巴克莱债券指数,巴克莱高收益债指数,巴克莱住房抵押贷款证券化(mortage backed securitization,MBS)指数和新兴市场股票指数,实证发现当风格由激进变保守时,股票类资产的回归系数单调下降、债券类资产的回归系数单调上升。

4.1.2 静态资产配置的一般数理方法

4.1.2.1 风险度量相关理论

未来收益的不确定性即是风险。由于预设风险约束是求解资产配置的前置步骤,因此有必要探究、规范并明确风险的定义和刻画方式。

最初学者提出了基于效用函数的风险度量模型来衡量投资者的主观风险态度,根据投资者对风险的态度可将投资者划分为风险厌恶、风险中性、风险偏好,并用风险厌恶系数(γ)简化表达。马科维茨(Markowitz,1952)的资产组合理论用资产回报的方差来定义风险。

但方差是双边风险的一种刻画,对投资者而言,下行风险比上浮风险更难容忍,同时,均值-方差模型的前提假设苛刻,用方差或标准差刻画的风险与实际情况存在较大差异。于是单独刻画的、非正态分布的下行风险约束被应用全模型中。Roy(1952)、Arzac 和 Bawa(1977)则约束了基金资产下跌至预先设定区间的概率。在此基础上,信用计量(Credit Metrics)模型(J. P Morgan, 1997)首次使用在险价值(VaR)定义风险,刻画了在提前设定的置信区间下期末资产的最大期望损失。这种刻画风险与构建模型方式被学界认可(Huisman, Koedijk and Pownall, 1999;徐济东等,2007),且被运用在早期标普公司目标风险指数中。类似的,Leibowitz 和 Kogelman(1991)、Lucas 和 Klaassen(1998)还将控制下行风险定义为在提前设定的置信区间下保证期末资产的最小收益。

除上述常用的效用函数、风险厌恶系数、方差、下行至预期区间的概率和 VaR 之外,在证券投资基金投资管理实践中常用的风险度量方法还有系统风险值(β)、跟踪误差波动(tracking error volatility, TEV)、下偏矩(LPMs)等(赵宏宇,2006)。

综上,风险存在多种定义方式。但本书研究大量目标风险基金的实际模型后发现,实务中大部分采用方差作为风险定义,少部分采用下行至预期区间的概率,其余风险度量方式相对少见。

4.1.2.2 风险约束与资产配置

与资产配置相关的经典理论可追溯至资产组合理论。Markowitz(1952)在指出最大化期望收益规则的缺陷后,运用均值-方差关系阐述了如何构造资产组合的有效边界,基于理性人假设指出所有投资行为服从"均方效率原则",即:同等预期收益率时风险最小,同等风险时预期收益率最高,并提出合理分散化投资以降低组合风险的要求。

Sharpe(1964)基于 Markowitz 的资产组合理论和 Tobin 的二基金分离定理[①],通过风险状态下投资者行为模型、资本市场均衡模型、资产价格和整体风险不同组成部分之间的关系模型,逐步推演出 CAPM,从而揭示出单个资产的价格和风险之间的关系。Sharpe(1964)同时区分了系统性风险与非系统性风险,由于不同风险资产之间存在不完全相关性,非系统性风险可通过资产配置进行分散。

本书将要讨论的风险约束下的资产配置,是给定投资者风险偏好后,设

---

① 在允许卖空的证券组合选择中,每一种有效证券组合都是一种无风险资产与一种特殊的风险资产的组合。

定确定的风险水平,在资产配置达到并维持该风险水平的前提下,实现预期收益率最高的目标。这显然是均方效率原则的一种体现形式。

但如前所述,均方效率原则建立在一系列严格假设条件上。这种和现实情况的偏离问题催生了其他风险度量方法和相应的资产配置决策分析框架,例如下行至预期区间的概率、VaR、TEV、LPMs等。另外,标普公司指数投资部研究发现,随着经济的长期发展和短周期波动,投资者的风险容忍程度在发生变化,实务中基于风险的资产配置模型也随之调整。本书梳理得到两个变化趋势。

第一,投资者开始主动管理风险。根据Ji和Lejeune(2015)的阐述,在次贷危机后(约2011年),投资者对风险的容忍度降低,一种以风险预算(risk budgeting,RB)为前提的资产配置方式开始兴起。这种资产配置方式的典型代表为风险平价(risk parity,RP)策略和风险预算组合(Roncalli,2013;Unger,2015),它们的目标同样是在投资者可接受的风险水平下获得最大的收益,但资产组合调整过程从"风险分散"精确为"风险分配",通过调整大类资产比例使得每项资产头寸承担的风险均相同。

第二,投资者开始动态管理风险。近五年标普公司的目标风险指数、大部分目标风险基金均调整投资策略为固定风险资产市值比例,并以此为中枢设定浮动比例,同时在再平衡时调整回先前设定的固定市值比例。但Sharpe(2009)将交易对手方纳入考虑范围,认为该策略的成功施行必须基于市场有效、存在对手方这两个前提,这导致该策略短期风险加剧且长期无效,由此提出了基于大类资产变化比例的可调整资产配置原则。

综上,风险约束下的资产配置以资产组合理论的均方效率原则为基础,在随后50多年的发展过程中根据实际情况进行了调整与修正。这些策略的实际应用性较强,被较多运用在对冲基金的策略设计以及目标风险指数的编制设计中。

相关实证研究是基于上述理论框架展开的。例如唐英凯、赵宏宇(2006)以2000年1月1日—2005年1月1日的60个月为研究区间,选取中信标普50指数与中信国债指数作为资产基准,采用Bodie、Kane和Marcus(1999)的效用函数,以投资人效用函数值最大化为目标,在不同风险厌恶水平的约束下求解证券投资基金最优资产配置结构,得到基金投资人风险厌恶水平越高、资产配置结构中高风险资产占比越低的结论。

4.1.3 养老基金静态资产配置的数理方法

由于养老金资产具有长周期配置的要求,且具有保证退休后职工收入须跟上通胀水平等社会福利属性,因此在进行养老基金资产配置时,除了普通基金的资产配置范式之外,还需要考虑远期利率风险、通胀风险、工资水平波动风险以及短期清偿风险、缴税问题,并根据现实情况调整目标函数与约束条件。

通过对养老基金按照筹资方式分类,刘海龙(2011)分别回顾了待遇确定型(DB)养老基金和缴费确定型(DC)养老基金资产配置的研究成果,并综述了统一框架下的资产配置研究进展。该文献指出:关于 DB 型养老基金资产配置的研究大多数在盈余最大化(盈余在这里被定义为资产减负债之净值)、缴费率风险和偿付能力风险最小化这两个目标下进行,并根据策略目标的差异构建不同的目标函数,最后使用 ALM 方法来求解最优资产配置;DC 型养老基金由于先行确定缴费,且得到的养老金净值仅取决于基金最终的资产价值,因而不存在缴费率风险和偿付能力风险,模型围绕基金资产终值与风险构建目标函数与约束条件;DB 型和 DC 型存在联系,可以通过期权(Blake,1998)或设定随机模型参数(Menoncin and Scaillet,2003)的形式将两者统一起来。

在 DC 型养老基金[①]的动态优化投资策略研究方面,模型主要分成三类:考虑背景风险的效用最大化模型、收益保证模型和风险最小化模型。

(1) 效用最大化模型是目标日期基金的模型基础,将关于基金资产终值的效用函数作为目标函数,求解最优资产配置组合以最大化该函数。学者以 Thomson(1998)构建的模型为基础,逐步引入随机通胀因素(Menoncin,2002);随机利率和随机工资因素(Battocchio,2004);个人消费习惯(Cairns et al.,2006)以完善该模型。国内学者卜世博、刘海龙(2013)在此基础上同时考虑了背景风险,利用 Legendre 转化对偶方法讨论了养老基金最优资产配置问题,研究证明了随着剩余投资期限的增加,养老基金应持有更多股票资产。

(2) 收益保证模型在效用最大化模型的基础上加入了关于基金资产终值的随机保证作为约束条件(Boulier,2001),以保证期末可兑付承诺的最低收益。国内学者刘富兵、刘海龙、周颖(2008)在此框架下运用 1998—2008 年数据对中国市场进行了模拟分析。

(3) 风险最小化模型利用基金资产的波动性来衡量风险,对未来风险进行贴现,将各期风险的现值之和作为目标函数,进行动态模拟得到最优资

---

① 由于本章研究的目标风险基金为 DC 型养老基金,因此省略对 DB 型基金的资产配置研究成果的综述。

产配置策略以最小化未来风险。

上述三种分类是学术界对 DC 型养老基金已经较为成熟且清晰的研究框架(李心愉、段志明,2016)。

在 DC 型基金的静态优化投资策略研究方面,数理模型的出发点均为 Markowitz(1952)均值-方差模型。文献中常见的做法是将养老基金的资产配置和一般基金的资产配置视为同类问题,仅在约束条件上根据养老基金具体的投资条例进行调整。例如,周寻(2010)基于均值-方差模型,选取了银行存款、国债、金融债、企业债作为养老金配置的底层资产,在中国养老金投资条例的约束下构建了二次规划模型,模拟得到最优资产配置比例,随后加入"基础设施建设"作为养老金可投资的第六项底层资产,得到增加底层资产后可提高投资收益率并降低投资风险这一结论。史鹏、柏满迎(2005)则考虑了养老基金每期收款与偿付的具体特征,结合养老金常用的精算方式,将静态均值-方差模型应用到 DC 养老基金的负债管理中,探究在允许无风险借贷条件下养老基金在风险资产和无风险资产之间的分配问题,求出了最优投资组合的一般形式,同时针对投资收益率这一参数未知的可能情况提出了解决方法。当参数未知时,在采用贝叶斯和矩估计两种方法求解资产配置的最优比例后,对两种方式求解的结果进行了比较,进而分析影响最优组合的缘由,研究发现养老基金的风险资产比例与基金经理的风险资产收益、风险厌恶程度以及风险资产收益的波动性负相关。刘富兵、刘海龙(2010)以半方差作为下边风险测度,利用鞅方法在 Heath-Jarrow-Morton(HJM)随机利率框架下求得了最优资产配置的解析解,结论是最优资产配置策略分成债券保值策略、投机策略及一揽子债券卖空策略三部分。

在实证研究方面,Edwin J. Elton(2014)分析了两个阶段目标风险基金的持仓,即基金成立后的第二年、第三年以及最近两年的持仓,发现美国目标风险基金股票、债券、现金等大类资产配置比例恒定,占比的最大变化不超过 1%。然而,在细分资产配置方面,比例变化依然较大。实证得到"目标风险基金的定位就是保持风险恒定"这一结论。该研究同时发现,同一个团队甚至同一个基金经理管理的目标风险基金在子基金的选择上存在重合,差异体现在不同风险等级配置子基金的比例不同。

综上,相较于动态(多阶段)资产配置策略,养老目标风险基金所采用的静态资产配置策略在学术研究上已经相当成熟,但在国内养老基金的实际应用上还较少。

4.2 养老目标风险基金资产配置模型

4.2.1 理论模型基础

4.2.1.1 马科维茨资产组合理论模型

马科维茨资产组合模型构建的基本原理为"一定预期收益目标下最小方差组合的构建"或"一定方差目标下最大预期收益组合的构建"。其中,后者符合目标风险基金的产品特性。

假设风险资产的期望收益率与风险分别以收益率的均值和方差度量,因此资产组合的期望收益率和方差分别表示如下。

$$r_p = w^T \mu, \ \sigma_p^2 = w^T \sum w \tag{4-1}$$

需要求解如下规划问题:

$$\max r_p = w^T \mu$$
$$\text{s.t.} \quad w^T \sum w = \overline{\sigma_p^2}, \ w^T I = 1 \tag{4-2}$$

为求解该规划问题,一般需要先定义拉格朗日函数 $L(w, \lambda_1, \lambda_2)$ 进行求解,最终求得的 w 即为给定方差目标下最大预期收益目标组合的配置比例。

4.2.1.2 考虑精算要求的资产配置模型

正如上一节所述,实际模型考虑到 DC 型基金静态优化投资策略的各种限制条件。本节主要概述史鹏、柏满迎(2005)为定额给付养老金计划的资产负债管理设计的模型。该模型在考虑基金的收益率的同时,综合考虑了基金的精算债务水平和负债现金流的分布。该模型的参数定义、构建流程与计算结果如下。

首先,定义基金经理的目标函数为

$$Q = E\left(\frac{S_{t+1}}{F_t} \middle| T=t\right) - \frac{1}{\lambda} Var\left(\frac{S_{t+1}}{F_t} \middle| T=t\right) \tag{4-3}$$

其中,S_t 是在第 t 期、即 $(t-1, t)$ 时期末定额给付养老金计划后的盈余;F_t 是时刻 t 养老基金总资产的期末价值;λ 表示风险偏好,越大表示基金经理可接受的风险就越高,其倒数相应意味着他们对风险发生的惩罚越小;T 指工作年限总时间。

和马科维茨资产组合相同,该模型风险资产的期望收益率与风险分别以收益率的均值和方差度量,表示为 μ 和 σ。无风险资产的期望收益表示为 R_0。

其次,在定额给付养老金计划中,假设对基金的新投入和定额给付金支出均在期初发生,并且对养老金的精算评估方法采用个体精算成本法,因此存在:

$$F(t+1) = [1+i(t+1)] * [F(t) + C(t) - B(t)] \tag{4-4}$$

$$AL(t+1) = (1+i_v) * [AL(t) + NC(t) - B(t)] \tag{4-5}$$

其中,$C(t)$ 是在 $(t,t+1)$ 时期内对养老基金的新投入;$B(t)$ 是在 $(t,t+1)$ 时期内对该养老金计划参与者的定额给付金支出,这一变量由参与者的工资水平和工作年限决定;$AL(t)$ 是在 $(t,t+1)$ 时期末养老基金的精算债务;$NC(t)$ 是 $(t,t+1)$ 时期内养老基金的正常成本,$i(t)$ 是在 $(t,t+1)$ 时期内养老基金的投资收益率。

另外,i_v 是评估养老金时的精算评估利率,该利率以资本市场的长期收益率为基础,由精算师预先设定并定期调整,在短期内通常不变。为简化分析,此处将 i_v 视为常数。

最后,当精算假设与实际情况一致时,一定存在养老金计划补充精算债务为零的情况,这时可得到第 t 期盈余 $S(t)$、基金总资产市场价值 $F(t)$ 和精算债务 $AL(t)$ 三者之间的关系:

$$S(t) = F(t) - AL(t) \tag{4-6}$$

联立式 (4-4)、(4-5)、(4-6) 并利用均值方差模型的思想可解得风险资产的最优配置比例分别为

$$w(t+1) = \frac{\lambda}{2a_1(t)} * \frac{\mu - R_0}{\sigma^2} \tag{4-7}$$

其中,$a_1(t)$ 表示第 $t+1$ 期期初和第 t 期期末养老基金总资产的市场价值之比,体现了基金总资产的累积速度,具体定义方式为

$$a_1(t) = \frac{F(t) + C(t) - B(t)}{F(t)} \tag{4-8}$$

若 μ 和 σ 未知,则可以采用历史数据进行矩估计,化简得到的最优解为

$$w(t+1) = \frac{1}{a_1(t)} * \frac{\hat{\mu} - R_0}{\lambda \hat{\sigma}^2} \tag{4-9}$$

4.2.2 被动型基金产品模型

通常,市场上存在跟踪标普目标风险指数的 ETF 产品,本书将这类 ETF 产品视为采用目标风险策略的被动型基金产品,以区分 4.2.3 节由基金公司设计的主动型产品。

综合标普公司(Standard & Poor's, S&P)网站的指数列示进行研究后发现,目标风险基金大类包含了 3 种更具体的策略,分别为风险控制策略、目标风险策略、风险平价策略。这三种策略之间存在迭代和改进的关系。

(1) 风险控制策略朴素地运用了马科维茨资产组合理论的思想,只对股、现金或者股、债两种资产进行配置,但这种方法存在很多缺陷;

(2) 为了应对市场极端的单边下行风险,目标风险策略出现,在风险控制策略的模型基础上改变了风险度量方式;

(3) 为了应对某一项资产的极端损失风险,风险平价策略应运而生,通过调整资产组合中各大类资产的比重,使得它们对整个资产组合的风险贡献度相等。在标普公司的指数编制过程中,风险控制策略、风险平价策略又被统称为波动率控制策略(managed volatilily)。

由于风险平价策略属于自下而上的资产配置思路,更常用在对冲基金的策略设计上。养老基金与对冲基金对风险的态度存在差异,因此考虑到讨论主体,下文仅讨论狭义上的风险控制策略[①]和狭义上的目标风险策略[②]这两种常规方法的构建。

为了防止概念混淆,后文"目标风险基金"均指 Target Risk Fund 或 Lifestyle Fund,可通过不同策略来实现;后文"目标风险策略"均指狭义的 Target Risk Strategy。

4.2.2.1 标普风险控制指数模型及产品

标普风险控制指数属于体系化指数,包含了六大类、上百个子指数,囊括发达国家市场指数、新兴国家市场指数、大宗商品指数、主题类指数、动态再平衡风险控制指数和风险控制二代指数。本章将选取发达国家市场风险控制指数下的"标普 500 风险控制指数"进行拆解分析。

风险控制系列指数由现金资产与标的指数两部分组成,一般可将现

---

① 据标普目标风险指数官网资料整理,https://asia.spindices.com/index-family/managed-volatility/risk-control。

② 据标普目标风险指数官网资料整理,https://asia.spindices.com/index-family/multi-asset/target-risk。

金资产视为无风险资产；可将标的指数视为风险资产，在实务中常用标普 500 指数。该策略有 5 个参数，分别为目标波动率、估算得到的历史波动率、最大杠杆率、现金融资成本、再平衡频率。该策略通过调整杠杆率使实际波动率接近于目标波动率，调整方式具体分成以下 5 个步骤。

（1）每日风险控制指数预先设定的最大波动率 $\sigma_{p\,\max}^2$，并维持不变。特别规定 $\sigma_{p\,\max}^2$ 范围从 5% 开始，最高可至标的指数的长期波动率水平。在 S&P 风险控制指数的实际编制中，有 5%、10%、12%、15% 这几档。

（2）历史波动率一般用标普 500 自然对数收益率的标准差来估算，具体可选用简单加权平均或指数加权平均，其中指数加权平均会赋予临近日期更高权重而在实际编制过程中也更常用（见图 4-1）。

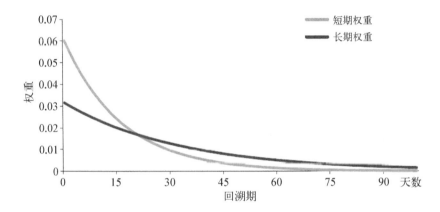

图 4-1　计算指数波动率的权重示意图

数据来源：S&P Dow Jones Indices LLC。

（3）当上述估算得到的历史波动率小于预设最大波动率水平时，可以采用杠杆方式，借入现金购买标的资产，从而调高资产池中标的指数的比重，使得总资产的波动率等于最大风险水平。指数具体的权重分配方法遵循了马科维茨资产组合模型，表示为

$$w^T \sum w = \sigma_{p\,\max}^2 \tag{4-10}$$

而该策略对单一指数的最高杠杆有规定，如日平衡 5% 指数杠杆不得超过 150%（见图 4-2），当历史波动率降低到 12% 时，该策略可借款获得 125% 的权益资产从而维持波动率恒定，其中 125% 通过 15% 除以 12% 计算得到。

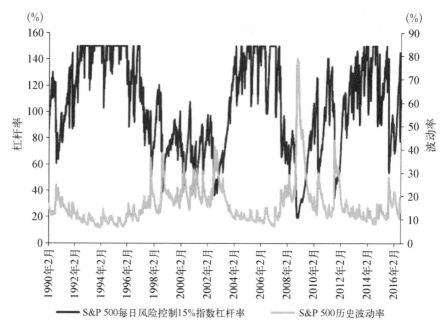

图 4-2　标普 500 每日风险控制（15%）指数的实际杠杆率

数据来源：S&P Dow Jones Indices LLC。

（4）现金收益率及现金融资成本通常用 LIBOR 衡量，部分指数还会使用 3 个月美国国债收益率或 3 个月德国国债收益率衡量。

（5）再平衡频率通常分成 3 种：每日调整、每月调整或动态调整。每日调整和每月调整均采用当期计算、当期换仓的模式。以日平衡 5% 指数为例，这个策略的观察日（或称为计算日）与换仓日相差 3 天。而动态调整综合了每日调整和每月调整的操作方式，每日计算历史波动率，但只要估算得到的该波动率处于预先设定的阈值内，即可推迟到每月末调仓，从而控制了换手率。一般"标普 500 风险控制指数"只采用每日动态调整方式，仅"波动率控制在 12%"这档除每日调整方式之外也采用每月动态调整方式。这种再平衡频率的特殊安排也启示了本书后续对该参数的探讨。

近年来，标普公司也更新升级了风险控制（Risk Control）指数，将策略组合中的现金资产换成了流动性较好的债券资产，无风险资产的波动率也从 0 调整为微小的正向波动率，从而使得目标波动率等更容易实现。标普公司将其命名为 Risk Control 2.0。DeltaShares 设计了跟踪 Risk Control 2.0 策略的 ETF 基金[①]（见表 4-1）。

---

① 参考国泰君安：《创新产品系列研究之九：目标风险基金——定位精准的一站式资产配置产品》。

表 4-1 DeltaShares ETF 产品对应的标普标的

指 数 名 称	产 品 名 称	基金代码
S&P 400 Managed Risk 2.0 Index	DeltaShares S&P 400 Managed Risk ETF	DMRM
S&P 500 Managed Risk 2.0 Index	DeltaShares S&P 500 Managed Risk ETF	DMRL
S&P 600 Managed Risk 2.0 Index	DeltaShares S&P 600 Managed Risk ETF	DMRS

数据来源：S&P Dow Jones Indices LLC。

4.2.2.2 标普目标风险系列指数模型及产品

标普公司于 2008 年 9 月 25 日推出了标普目标风险系列指数,为投资者提供了在不同风险约束下市场整体走势的衡量基准。

标普公司每年会估计一个市值加权的市场组合,代表全球范围内大部分可交易的权益与债券资产,这属于无风险约束条件下的市场组合。而目标风险指数系列中一共包含了 4 组分别对应不同风险水平的指数,分别为保守型指数、稳健型指数、成长型指数以及进取型指数,命名方式的差异也体现了预设风险约束条件的不同。目标风险指数的目标就是在不同风险约束条件下,使模拟组合相对于市场组合的 β 值最大。

在风险度量与约束条件设定方面,标普目标风险系列指数的风险控制方式是要求预期下行风险小于最大可容忍概率。具体编制方法如下。

$$\text{Max} \beta = \frac{Cov(R_p, R_m)}{Var(R_m)} \quad (4\text{-}11)$$

$$\text{s.t.} \sum_{j=1}^{N} w_i = 1, L_i \leqslant w_i \leqslant U_i, i = 1, 2, \cdots, n$$

$$p > \int_{-\infty}^{r} \varphi(x), \varphi(x) \sim N(0, w' \sum w)$$

进一步化简式(4-11),可得

$$\begin{aligned}
\text{Max} \beta &= \frac{Cov(w_1 R_1 + w_2 R_2 + \cdots + w_n R_n, R_m)}{Var(R_m)} \\
&= w_1 \frac{Cov(R_1, R_m)}{Var(R_m)} + w_2 \frac{Cov(R_2, R_m)}{Var(R_m)} + \cdots w_n \frac{Cov(R_n, R_m)}{Var(R_m)}
\end{aligned}$$

$$(4\text{-}12)$$

其中，标普目标风险指数可投资的底层资产为指数 ETF，而作为基础资产的 ETF 必须跟踪能够代表一大类资产的基准。例如，跟踪大市值股票资产的 ETF 是 iShares S&P 500 Index Fund，跟踪小市值股票资产的 ETF 是 iShares S&P SmallCap 600 Index Fund。这样选择底层资产是考虑了目标风险指数未来的可投资性。

表 4-2　不同风险水平的目标风险指数参数设定（2011—2012）

再平衡日	固定参数	保守型	稳健型	成长型	进取型
2011-01-31	Risk Threshold(r)	−21%	−25%	−30%	−33%
	Max Shortfall Risk(p)	18%	22%	26%	30%
2012-01-31	Risk Threshold(r)	−20%	−24%	−28%	−31%
	Max Shortfall Risk(p)	17%	20%	23%	26%

数据来源：S&P Dow Jones Indices LLC。

目标风险策略可预先根据投资者风险偏好假设固定参数为 r 和 p。r 为投资组合的最大可容忍跌幅，如果该投资组合收益率低于预设的 r，则可认为发生了极端损失；p 为假设收益率符合正态分布时，收益率低于 r 的最大可容忍概率。这实际上是下行风险测度在实务模型中的运用。表 4-2 给出了 2011 年和 2012 年标普公司不同风险水平指数的预先设定参数。

在目标风险策略中，需要根据实际情况计算的参数为 σ 和 Σ。其一，$\varphi(x)$ 服从均值为 0、标准差为 σ 的正态分布。σ^2 为资产组合的年化历史波动率的估算值，同样采用指数加权平均的计算方式，赋予近期数据更大的权重而得到的加权协方差矩阵即为 σ^2 的估算值。其二，Σ 为不同类别资产和市场组合月度收益率的滚动协方差矩阵，样本周期为 30 个月。

此外，L_i 和 U_i 分别为各类资产权重的下限和上限。在标普目标风险指数的编制过程中，对于每一类资产的配置权重，标普公司通过公开资料调查了资产管理规模排名前十的基金经理，再将对应类别资产占各自投资组合权重的最小值和最大值分别作为模拟组合的下限和上限。

根据上述编制过程不难发现，由于对正态分布而言，有 $N(0, \sigma) = \sigma * N(0, 1)$ 成立，因此假设当只有风险资产与无风险资产存在时，最低可容忍收益 r 与最大可容忍概率 p 能够确定唯一的目标波动率 σ。因此，风险控制指数和目标风险指数的根本逻辑是一致的，不妨认为目标风险指数是风险控制指数的扩展应用。但本书认为，相比风险控制指数的易懂性与易操作性，目标风险控制指数还存在资产收益率正态分布、下边风险度量等与实际不符或在实务中难以处理的问题，较难操作，并较难为非专业的养老金投资者所理解。

此后，标普公司根据实际应用情况调整了目标风险指数编制方式（见表 4-3、表 4-4），使得编制方式趋于简易可懂。例如，在 2015 年后，标普公司将预先设定的参数更改为固定股债比例。此后，标普公司继续修正了可选债券资产、可选股票资产，以更好反应全球可投资资产的总体情况。值得关注的是，标普公司之后同样更新了再平衡频率，2017 年由"年度调整"调高频率至"半年调整"，再次启示再平衡频率或是影响策略构建有效性的关键指标。

表 4-3　不同风险水平的目标风险指数参数设定（2015）

再平衡日	固定参数	保守型	稳健型	成长型	进取型
2015-01-31	Equity	30%	40%	60%	80%
	Fixed Income	70%	60%	40%	20%

数据来源：S&P Dow Jones Indices LLC。

表 4-4　2015 年 1 月 1 日之后目标风险指数编制变动变更表

指数	生效期	变更前	变更后
再平衡频率	2017-10-31	每年调整，调仓日为 10 月最后一个工作日	半年调整，调仓日为 4 月和 10 月的最后一个工作日
权益资产	2017-10-31	1. U.S. LargeCap 2. U.S. MidCap 3. U.S. SmallCap 4. Asia Pacific 5. Europe	1. U.S. LargeCap 2. U.S. MidCap 3. U.S. SmallCap 4. Developed Ex-U.S.
债券资产	2017-10-31	1. Broad Market 2. U.S. Treasuries 3. U.S. Investment Grade Corporates 4. IAB	1. Broad Market 2. International Aggregate Bonds (IAB)

续 表

指数	生效期	变 更 前	变 更 后
债券资产	2016-01-29	1. Broad Market 2. U.S. Treasuries 3. U.S. Investment Grade Corporates	1. Broad Market 2. U.S. Treasuries 3. U.S. Investment Grade Corporates 4. IAB

数据来源：S&P Dow Jones Indices LLC。

和风险控制指数类似，目标风险指数也有相应 ETF 产品。BlackRock 子公司、全球最大的 ETF 提供商 iShares 在 2008 年 11 月 4 日就推出 4 只跟踪标普目标风险指数的 ETF（见表 4-5）。iShares ETF 以自己旗下的其他标的基金实行基金组合，投资目标设定为在扣除管理费用之后得到与对应目标风险指数相同的表现，并以年化差异为最终评价标准。

表 4-5 iShares ETF 产品对应的标普标的

指 数 名 称	产 品 名 称	基金代码
标普目标风险保守指数	iShares S&P Conservative Allocation Index Fund	AOK
标普目标风险稳健指数	iShares S&P Moderate Allocation Index Fund	AOM
标普目标风险成长指数	iShares S&P Growth Allocation Index Fund	AOR
标普目标风险进取指数	iShares S&P Aggressive Allocation Index Fund	AOA

数据来源：S&P Dow Jones Indices LLC。

4.2.3 主动型基金产品模型

成熟市场上规模较大的目标风险基金主要出自 Fidelity、Vanguard、J. P. Morgan、Principal、John Hancock、BlackRock、T. Rowe Price 等基金管理机构。各基金募集书显示，主动型目标风险基金均根据风险偏好设定目标权益资产仓位，属于固定资产配置比例的策略。

4.2.3.1 初始风险衡量与权益资产比例确定

主动型目标风险基金的风险衡量与资产配置步骤是被动型目标风险策略的延伸。主要分成如下两部分。

第一，以历史波动率 σ 衡量风险，并以呈阶梯状的折扣率定义不同的风险水平,例如按照风险偏好程度的递减分成 $\sigma*\alpha_1$、$\sigma*\alpha_2$、$\sigma*\alpha_3$、$\sigma*\alpha_4$ 四档(其中 $\alpha_i > \alpha_{i+1}$),确定之后就不会更改。划分不同等级的风险水平能尽量满足不同收入情况、年龄阶段的投资者差异化的风险偏好。例如,30—35岁范围的投资者可以为了高收益忍受较高的风险,而 50—55 岁范围的投资者希望获得稳定收益率。由于风险偏好程度很难直观传达,基金公司会在基金募集书上详细说明养老目标风险基金的投资者类型、投资年限等信息,从而方便投资者自行选择(见表 4-6)。

表 4-6 先锋 Life Strategy 系列风险衡量

基金要素	收入型	保守增长型	稳健增长型	积极增长型
投资者类型	保守型	稳健型	积极配置型	进取型
投资者特征	在乎当期收入,通过有限的权益配置获取有限的潜在收益	在乎当期收入,希望通过较少的权益风险暴露获得一些增值收益	关心收益长期增值,可承受一定波动,以期获取较高增长收益	关心长期收益,希望通过较高的权益风险敞口博取更高潜在收益
投资期限	3—5 年	5 年以上	5 年以上	5 年以上
风险等级	中低	中等	中等	中高
权益比例	20%	40%	60%	80%

数据来源:基金募集说明书。

第二,将定义的波动率作为大类资产配置的约束条件,以最大化收益率为基金管理目标,从而确定资产配置比例并预设波动阈值。在基金的实际运作过程中,以先锋 Life Strategy 系列为例,其在确定大类资产配置比例之后,又在各大类分类中再细分成国内指数基金和国际指数基金,以更好实现全球资产配置。具体配置方式分成两步:首先,先锋基金在大类资产中采用波动率最小化优化方法,采用 1970 年起至今的数据进行优化,得到国内股票资产占比 20%—30% 时为大类资产最优配置比例的结论。其次,用类似方式进一步确定股票型基金国内和国际的配置比例为 3∶2,债券型基金国内和国际的配置比例为 7∶3(见表 4-7)。

但这个方法对历史数据有一定依赖,基金管理者会继续结合市场实际占比和投资者的本国投资倾向进行调整。例如,在先锋 Life Strategy 系列的实际配置中,英国股票实际配置比例约为 8%,而调查结果显示本国投资

表 4-7 先锋 Life Strategy 系列子基金权重

子基金名称	收入型	保守增长	稳健增长	积极增长
Vanguard Total Bond Market II Index Fund	56%	42%	28%	14%
Vanguard Total International Bond Index Fund	24%	18%	12%	6%
Vanguard Total Stock Market Index Fund	12%	24%	36%	48%
Vanguard Total International Stock Index Fund	8%	16%	24%	32%

数据来源：基金募集说明书。

者希望英国股票的配置比例为 48%。在把这两项数据和基于历史数据得出的组合波动率共同纳入考虑范围后，先锋基金最终决定将本国权益资产的配置比确定为 35%（见图 4-3），这一做法既考虑了投资者实际偏好，也没有导致波动率大幅偏离最优配置。

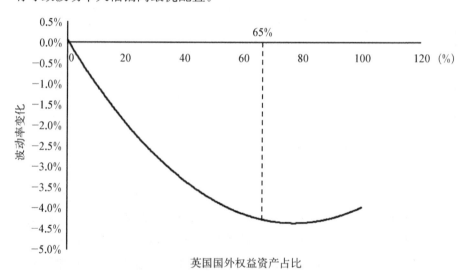

图 4-3 国外股票资产对组合波动率的影响

数据来源：Vanguard。

4.2.3.2 底层资产选择与再平衡调整

基金公司可将选择范围扩展至全球范围所有可投资的资产，也可选择公司内部基金作为底层资产，以降低建仓调研成本、提升基金管理效率，但在一定程度上也会受制于指数抽样风险[①]。

---

① 指数抽样风险（index sampling risk）指被选为基础资产的证券可能偏离目标指数。

在基金运行过程中，由于随着市场涨跌，即期波动率会调整，基金公司还需要根据当前市场情况不断优化资金配置比例。

第一种，选择外部资产作为底层资产。典型案例是 NEST 提供的 5 只目标风险基金，他们均以外部资产为底层资产，子基金来自 BlackRock、HSBC 等资产管理公司。以 NEST 管理的三只目标风险基金 Higher-Risk、Lower-Risk 和 Pre-Retirement 作为案例，其资产配置情况简述如下。

（1）Higher-Risk Fund 能控制长期 17% 的波动率。投资者可以选择该基金，但其退休前 10 年会自动转入目标日期基金。底层资产来自 UBS、BlackRock、Legal & General、HSBC 的 4 只基金。

（2）Lower-Risk Fund 能控制长期 0.5% 的波动率。全部投资于货币基金，有无法跑赢通胀的风险。底层资产来自 BlackRock 货币基金。

（3）Pre-Retirement Fund 能控制长期 4% 的波动率。投资者资金的 75% 用于年金投资，持仓显示分别为金边债券和投资级债券；25% 作为活期存款，投资于货币基金。这样配置的作用是保证投资者在刚退休的短期内有部分资金可随取随用，而另一部分长线资金则用于资产增值。底层资产来自 BR、SSgA、Royal London 的 3 只基金。

第二种，选择内部资产作为底层资产。先锋 Life Strategy 系列的底层资产均为先锋本公司旗下的 4 只指数基金。

（1）Vanguard Total Bond Market Ⅱ 指数基金跟踪 Bloomberg Barclays U.S. Aggregate Float Adjusted Index，投资于指数中包含的代表性债券样本。该指数代表了美国大部分公共性、投资级、应税固定收益证券，包括政府债、公司债和国际美元计价债券，以及抵押贷款支持证券和资产支持证券。所有证券距离到期日都超过 1 年。该指数基金维持美元加权平均期限与指数的平均期限一致，通常为 5 至 10 年。

（2）Vanguard Total International Bond 指数基金跟踪 Bloomberg Barclays Global Aggregate ex-USD Float Adjusted RIC Capped Index（USD Hedged），该指数为全球投资级固定利率债务市场提供了广泛的衡量指标，所包括资产均以非美元计价，包括政府债、公司债和证券化的非美国投资级固定收益投资，剩余期限超过 1 年。该基金维持美元加权平均期限与指数的平均期限一致，通常为 5 至 10 年。为减少外币投资风险，该基金会尽量对冲外汇风险。

（3）Vanguard Total Stock Market 指数基金跟踪 CRSP US Total Market Index，该指数可基本代表美国市场的全部可投资股票。该基金通过对指数进行抽样再进行投资，这意味着它在关键特征方面接近完整指数

（4）Vanguard Total International Stock 指数基金跟踪 FTSE Global All Cap ex US Index，该指数是一项浮动调整市值加权指数，旨在衡量位于美国以外的公司的股票表现，包括位于 46 个国家的约 5 902 家公司股票，其中，日本、英国、加拿大、法国、德国和中国公司的权重最高。

4.2.4 模型优缺点比较

本章从理论模型出发，概述了养老目标风险策略在学术与实践中的常用模型。理论层面，本章讨论了马科维茨资产组合模型以及综合了均值-方差思想和精算要求的资产配置模型。实践层面，本章讨论了标普公司狭义的风险控制模型和狭义的目标风险模型。各模型比较如下。

第一，马科维茨资产组合模型是理论和实践所有模型的母模型。

第二，基于综合考虑精算要求的资产配置模型能够较好地将养老基金的特性与资产配置结合，但参数 $a_1(t)$ 同时涉及$(t, t+1)$时期内对养老基金的新增投入和对养老金计划参与者的定额给付金支付，更适合企业年金小规模差异化基金管理产品策略开发。由于基金产品的不同具有较强异质性，很难用全市场的数据实施基金产品策略。

第三，标普公司风险控制指数是马科维茨风险组合理论在现实情况下的应用，是实践中的较为基础且构建逻辑清晰的模型。

第四，标普公司目标风险指数编制方式有承上启下的作用。说其"承上"，是指该指数拥有和风险控制指数相同的内在逻辑，但处理方式更优。优点体现为三方面：① 该策略不局限于单一类别的资产，能够同时从多类资产中获得收益并分散风险；② 用基于尾部概率的下行风险来进行风险度量，使得风险定义更符合"避免极端损失出现"的风险控制需求；③ 选择以 ETF 作为底层资产标的，这样便于基金公司设立新的 ETF 产品来跟踪指数（蒋英琨、吴天宇，2012）。说其"启下"，是指该类策略经过指数编制的简化表达，运用固定权益比例直观展示该基金的风险风格，是基金管理公司主动型基金产品模型的基础。

通过比较上述四大资产配置模型，本章发现目标风险策略是同样效用下，对风险刻画更为详尽、对资产选择更为完善的一类策略。但该策略同样存在明显缺点，选择其三列举如下：① 标普目标风险指数的基础资产是 ETF，指数的波动将会受制于 ETF 净值的波动；② 标普目标风险指数确定各类别资产权重的上下限的方法是调查各大型基金公司，虽然结合了实际样本，但也导致指数配置的权重容易受到极端值影响；③ 标普目标风险指数的优化过程的基础假设是收益率正态分布，显然不满足现实情况，因此标准普尔公司随后推出了标普矩阵目标风险指数。

在实践过程中，马科维茨资产组合模型的思想内核没有改变，但风险控制指数和目标风险指数始终在根据市场演变情况进行优化。除了风险特征表述的简易性、底层资产选择的全面性这两大优化趋势，同样值得关注的优化趋势是两大策略再平衡频率的调整——风险控制策略在12%这一档存在每日调整方式和每月动态调整方式双重调整模式，目标风险策略从年度调整变为半年度调整。

4.3 我国养老目标风险基金资产配置策略

综合第4.2节所述的各类模型及其优缺点，同时考虑到中国养老目标风险基金市场发展阶段仍较为初期，本章将选取风险控制策略和目标风险策略的基础形态作为后续模型构建的基础。在增设"中国市场政策对资产配置比例的上下限要求"作为约束条件后，本章将用不同的风险度量方式，分别构建两类养老目标风险基金资产配置策略。

同时，参考标普指数编制近年来的修改方式，本章将进一步针对每类策略分别调整再平衡频率，讨论调仓频率对基金绩效的影响；在风险控制策略中，分为每日风险控制策略、每周风险控制策略、每月风险控制策略；在目标风险策略中，分为每日再平衡、每周再平衡、每月再平衡的目标风险策略。更进一步，考虑到每月调整策略的调仓频次较低，本章将择时因素的影响纳入讨论，将每月调整策略更细分为月末调整和月中调整。

由此，本章将分别求解上述8种策略的最优资产配置比例，利用历史数据进行回测，并用各类收益指标比较每种策略的优劣，以综合判断成熟资本市场的养老目标风险基金策略模型在中国市场的有效性及改进方向。

表 4-8　本章策略的核心变量摘要

序号	策略类型	目标波动率设定	策略含义	对应投资者类型
1	风险控制策略	$\sigma_{p\,\max}^2 = 5\%$	低波动	保守型
2	风险控制策略	$\sigma_{p\,\max}^2 = 10\%$	较低波动	稳健型
3	风险控制策略	$\sigma_{p\,\max}^2 = 12\%$	较高波动	积极型

续 表

序号	策略类型	目标波动率设定	策略含义	对应投资者类型
4	风险控制策略	$\sigma_{p\,max}^2 = 15\%$	高波动	进取型
5	目标风险策略	$(r,p) = (-20\%, 17\%)$	低波动	保守型
6	目标风险策略	$(r,p) = (-24\%, 20\%)$	较低波动	稳健型
7	目标风险策略	$(r,p) = (-28\%, 23\%)$	较高波动	积极型
8	目标风险策略	$(r,p) = (-31\%, 26\%)$	高波动	进取型

备注：针对这8个策略，另外调整再平衡频率参数，分别为日平衡、周平衡、月平衡。

4.3.1 数据

4.3.1.1 资产选择

全球范围内可投资的资产范围甚广，除常见的股票类资产、债券类资产，还有商品、衍生品、房地产信托基金以及包括高速公路与机场建设在内的基础建设项目（周寻，2010）等。本章选取资产类别的思路参考了标普公司的做法，采用股票类资产、债券类资产以构建资产组合。但限于中国资本市场发展特征，与标普公司的差异之处有如下两点。

第一，底层资产形式。S&P风险控制指数的底层资产均选用了指数和现金资产，而S&P目标风险指数、基金管理公司的主动型目标风险产品的底层资产均选用各类资产对应的ETF，而本章将统一选取指数作为替代。做此选择的考虑包括两个因素：首先，根据第4.2节的分析，将ETF作为底层资产在再平衡日会受到基金净值波动的影响；其次，我国债券类及权益类ETF覆盖面尚不广泛，样本对市场可投资资产的代表性不足，尤其在长期回溯时不适合作为底层资产。

第二，底层资产范围。S&P目标风险指数立足于美国资本市场，2017年后共计选取了包括4类权益资产、2类债券资产在内的6类金融资产（见表4-4），而中国养老金管理市场受制于企业年金的资产负债结构，存在特殊性，具体体现为：在负债端，企业年金需要根据委托人要求，定期支付固定现金流，对资产端的风险收益比提出更高要求；而在资产端，企业年金主要通过股票、债券等不同资产类型之间的配置与选择实现资产增值，但由于我国资本市场发展缓慢、缺少配套的金融衍生工具对冲风险，因此近年低收益的银行存款和债券仍可占据资产配置的75%（冯丽英，2019）。

表 4-9　策略选取的资产及描述

指数选取	指数代码	对应资产类别
中证 800	000906.SH	市场组合
沪深 300	000300.SH	国内大市值股票资产
中证 500	000905.SH	国内中小市值股票资产
中证全债	H11001.CSI	国内债券资产
标普 500	SPX.GI	海外大市值股票资产
纳斯达克综指	IXIC.GI	海外新兴经济股票资产

数据来源：iFind。

因此本章将以中国资本市场为出发点（见表 4-9），采用沪深 300 指数、中证 500 指数代表股票类资产，采用中证全债代表债券类资产，采用标普 500、纳斯达克综指代表海外股票类资产。基于目标风险策略对市场组合假设的特殊要求，本章拟用中证 800 指数代表市场组合。

4.3.1.2　数据样本描述

本章对 2005 年 1 月 3 日—2019 年 9 月 30 日各指数的日收益率情况进行了统计描述（见表 4-10）。

表 4-10　策略选取的资产日收益率样本统计描述

	中证 800	沪深 300	中证 500	中证全债	标普 500	纳斯达克
平均值	0.05%	0.05%	0.06%	0.02%	0.03%	0.04%
标准差	1.76%	1.73%	1.98%	0.11%	1.17%	1.27%
最小值	−9.17%	−9.24%	−8.95%	−1.12%	−9.03%	−9.14%
1/4 分位	−0.73%	−0.74%	−0.81%	−0.02%	−0.39%	−0.49%
1/2 分位	0.11%	0.08%	0.21%	0.02%	0.07%	0.09%
3/4 分位	0.95%	0.89%	1.15%	0.06%	0.54%	0.66%
最大值	9.45%	9.34%	9.87%	1.58%	11.58%	11.81%
偏　　度	−0.45	−0.36	−0.69	1.53	−0.13	−0.11
峰　　度	3.52	3.63	3.02	31.27	11.99	7.61

数据来源：iFind。

比较各资产日收益率的均值与标准差，可以发现股票指数的收益率和波动率均高于债券指数，这揭示了不同资产差异化的收益与风险特征。同时，尽管同为股票指数，但沪深300代表的中国大市值股票资产的日收益率和波动率均高于标普500代表的美国大市值股票资产，代表不同市场的不同投资风格。

比较各资产的最小值、分位数、最大值，可以发现债券指数的日涨跌幅度在±1%范围内，而股票指数的日涨跌幅度在±10%左右。值得注意的是，美国对股票交易无涨跌停板限制，股指的日最大涨幅比沪深300和中证500高2个百分点，而最大跌幅控制在9%左右，与中国市场股指情况接近。

在选取的各类资产中只有中证全债的偏度为正，意味着历史上出现债券资产日收益率为正的情况比日收益率为负的情况多、出现股票资产日收益率为负的情况比日收益率为正的情况多，且中国股票资产发生负收益的可能性比美国股票资产更大。同时，各类资产的峰度均大于3，意味着存在极端值，尤其是中国债券资产和美国股票资产的极端值更突出。

从各类资产日收益率相关系数矩阵可以发现，中证全债与国内外股票指数均呈现较弱的负相关关系（见表4-11）。一国国内股票指数之间的正相关性较强，但与国外股票指数的正相关性较弱，例如，沪深300和中证500的相关性系数达到了0.9以上，和标普500或纳斯达克综指的相关性系数约为0.09。进一步区分股票市值大小发现，以沪深300、中证500为代表的国内股票指数和美国大市值股票的相关性系数（0.102、0.069）高于美国小市值股票（0.069、0.062）。

表4-11 策略选取的资产日收益率相关系数矩阵

	中证800	沪深300	中证500	中证全债	标普500	纳斯达克
中证800	1.000					
沪深300	0.991	1.000				
中证500	0.941	0.888	1.000			
中证全债	−0.024	−0.022	−0.026	1.000		
标普500	0.095	0.102	0.069	−0.003	1.000	
纳斯达克综指	0.088	0.095	0.062	−0.008	0.954	1.000

数据来源：iFind。

4.3.2 策略构建

养老目标风险基金的本质是风险约束下的静态资产配置,并根据指数加权的历史波动率与目标风险的偏离程度进行调仓。

风险控制策略构建主要分成两步:第一,以式(4-1)和(4-2)为基础,求解股债配置比。这一步骤涉及关键参数的选择与设定;同时需要说明的是,与"给定收益率求解资产配置比例使风险最小"的常规求解方式相比,该求解方式属于带有二次约束的线性优化问题。第二,根据持仓重新计算历史波动率,并在再平衡日重新进行调仓。基于这些特殊要求,本章将尝试使用基于拉格朗日定理并引入随机数种子,在 R 语言中运用 L-BFGS-B 算法逼近最优化的配置策略。

目标风险策略构建的步骤基本和风险控制策略相同,而因为风险测度方式的不同,和风险控制策略略有差异的地方在于最优资产配置比的计算方式。在不考虑国内投资者风险偏好的前提下,目标风险策略的模拟需要以式(4-11)和(4-12)为基础进行求解,并通过程序优化得到各类资产的最优配置比。

在完成策略构建后,本章将选取合适的收益评价指标综合分析各策略在中国市场的运营绩效。

4.3.2.1 关键参数设定

风险控制策略有五个关键变量,分别为目标波动率、最大杠杆水平、现金融资成本、历史波动率估算值、再平衡频率。其中,前三个变量的设定较为简单,本节将对后两个变量的计算方式分别进行阐述。

目标波动率是基金募资书中必须写明的预设变量,参考标普风险控制指数,将其设定为 5%、10%、12%、15% 四档。最大杠杆水平比例参考标普指数编制情况,设定值的计算方式为最大风险约束水平的 10 倍,因此目标波动率初始设定完成后,最大杠杆水平也将被确定。现金融资成本参考 2019 年 9 月 30 日 1 年期国债收益率,假设该变量值为 2.55%。

历史波动率估算值与再平衡频率是两大重要的指标。历史波动率估算值将弃用简单加权平均法而采用指数加权平均法计算。具体计算方式设定如下。

$$RVar_{S,t} = \sqrt{\frac{252}{n} * Var_{S,t}} \qquad (4\text{-}13)$$

$$Var_{S,t} = \begin{cases} \lambda_S * Var_{S,t-1} + (1-\lambda_S) * \left[\ln\left(\frac{UInd_t}{UInd_{t-n}}\right)\right]^2, & t > T_0 \\ \sum_{i=m+1}^{T_0} \frac{\alpha_{S,i,m}}{WeightingFactor_S} * \left[\ln\left(\frac{UInd_t}{UInd_{t-n}}\right)\right]^2, & t = T_0 \end{cases}$$

(4-14)

其中，T_0 是风险控制指数开始运行的时间，n 是计算波动率的时间跨度。另外需要预设的参数是 N、λ_S。N 为自设的时间跨度，此处假设为 6 个月，由此可得到风险控制指数开始运行 T_0 前的第 N 个交易日 m；λ_S 是指数加权平均的衰减指数，本章参考标普风险控制日平衡 5% 指数的设定，假设为 0.9，由此可得到一个简化表达的参数 $\alpha_{S,i,m} = (1-\lambda_S) * \lambda_S^{N+m-i}$。

再平衡频率设定为日平衡、周平衡、月平衡三种，本章将其作为关键变量分情况讨论。

而在目标风险策略中，由于该策略未设置杠杆融资，因此关键变量减少为 4 个。该策略通过多条指数权重的调整来最大化 β 值，从而达到最优资产配置效果。

除上述各关键变量外，本节也特别规定了约束条件的设定方式。考虑到养老目标风险基金并非简单的 FOF，其买方特定为职工养老金，因此基金策略的构建还需要满足特定的资产配置要求。根据国务院 2015 年 8 月颁发的《基本养老保险基金投资管理办法》规定①：按照公允价值，银行存款不得低于基金净值的 5%，包括金融债、企业债在内的债券类资产不得高于 135%，包括股票、股票基金等在内的股票类资产不得高于 30%，且国家重大项目及重点企业股权不得高于 20%。因此，考虑到养老基金对安全性、流动性的要求，以及我国资本市场的发展现状，同时参考周寻（2010）对养老基金投资模拟分析时设定的约束条件，本章对各类资产配置比例的设定条件为：银行存款（现金资产）的投资比例不低于 5%，债券类资产的投资比例不做限制，股票类资产的投资比例不超过 50%（禁止卖空）。

本章采用评价基金绩效的常见指标对策略进行评价，包括累计收益率、年化收益率、年化波动率、夏普比率、最大回撤，具体计算方式见表 4-12。

表 4-12　本章运用的基金绩效评价指标

评价指标名称	评价指标计算方式
累计收益率	$R_t = \dfrac{P_t}{P_{t-1}} - 1$
年化收益率	$R_t = \left(\dfrac{P_t}{P_{t-1}}\right)^{1/n} - 1$

---

① 国务院：《基本养老保险基金投资管理办法》，http://www.gov.cn/zhengce/content/2015-08/23/content_10115.htm

续 表

评价指标名称	评价指标计算方式
年化波动率(针对日调整)	$\sigma_t = \sigma_{daily} * \sqrt{250}$
年化波动率(针对周调整)	$\sigma_t = \sigma_{weekly} * \sqrt{50}$
年化波动率(针对月调整)	$\sigma_t = \sigma_{monthly} * \sqrt{12}$
夏普比率	$Sharpe\ Ratio_t = \dfrac{R_p - r_f}{\sigma}$
最大回撤	$Draw\ Down_t = \max\left(\dfrac{D_i - D_j}{D_i}\right)$

数据来源：作者整理。

4.3.2.2 方程求解思路

风险控制指数需要基于式(4-1)和(4-2)求解，而目标风险指数需要基于式(4-11)和(4-12)求解。但以上两个方程组均无法明确写出解析解，只能采用数值逼近。数值逼近最常用的方法为牛顿法，但牛顿法在本次实证中存在的最大难点是必须求解出黑塞(Hessian)矩阵的逆。BFGS算法本质是拟牛顿法，在该算法中，可通过迭代近似得到该黑塞矩阵的逆。L-BFGS-B算法又解决了BFGS算法需要大规模内存空间的问题。而本研究拥有基于5项资产10年内合计3 469个日收益率、771个周收益率、177个月收益率数据，在R语言实证中，使用L-BFGS-B算法具有合理性。

4.3.3 风险控制策略回测结果及分析

风险控制策略的具体设计如下：预设资产组合的最大年化波动率 $\sigma_{p\ \max}^2$ 为5%、10%、12%、15%四档，并在运行周期内维持不变；每一档的持仓起点均设置为2005年1月5日，此时根据最大年化波动率求解最优资产配置比例；持仓周期根据标普500风险控制指数的常见再平衡频率设定，分别分成一日、一周和一月，之后相应在每日或每周或每月进行调仓，调仓的要求是使得资产配置比例与历史波动率的乘积能重新回到预设的最大年化波动率。

4.3.3.1 每日风险控制策略回测

当调仓频率为每日时，风险控制策略回测净值曲线和各资产的仓位配置比例分别见图4-4(a)(b)(c)(d)和图4-5。该策略的收益评价指标总结见表4-13。

表 4-13　每日风险控制策略绩效评价

	5%	10%	12%	15%	中证 800
累计收益	472.89%	445.61%	440.85%	452.37%	300.84%
年化收益	12.56%	12.19%	12.12%	12.28%	9.87%
年化波动率	16.49%	16.49%	16.54%	16.51%	27.73%
夏普比率	0.6072	0.5847	0.5787	0.5898	0.2640
最大回撤	7.12%	7.12%	7.12%	7.12%	9.17%

数据来源：iFind。

以 $\sigma_{p\,\max}^2 = 5\%$ 的每日风险控制策略为例：2005 年 1 月 5 日—2019 年 9 月 30 日的回测期间，其累计收益为 472.89%、年化收益为 12.56%、夏普比率为 0.6072；同期中证 800 累计收益为 300.84%、年化收益为 9.87%、夏普比率为 0.2640。每日风险控制策略体现出良好的风险收益特征。

从各类资产的仓位分布上看，不论 $\sigma_{p\,\max}^2$ 的初始设定，基于 A 股市场每日历史数据优化得到的仓位配置比例大同小异。$\sigma_{p\,\max}^2 = 5\%$ 与 $\sigma_{p\,\max}^2 = 15\%$ 相比，分配给各类资产的比例仅相差 1—2 个百分点。这导致了在不使用杠杆的情况下，不同目标风险波动率设定下的每日风险控制指数的收益与风险接近，如图 4-4(a)(b)(c)(d)。

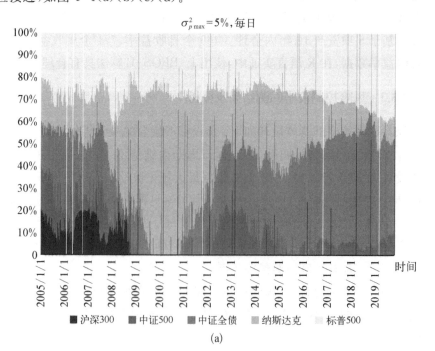

(a)

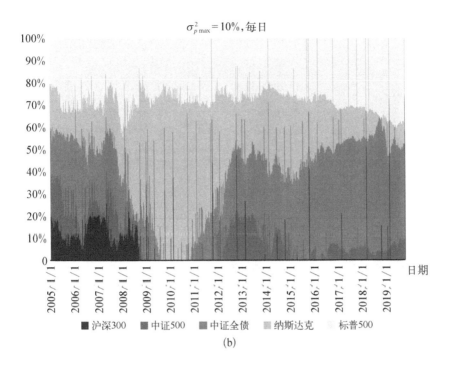

(b)

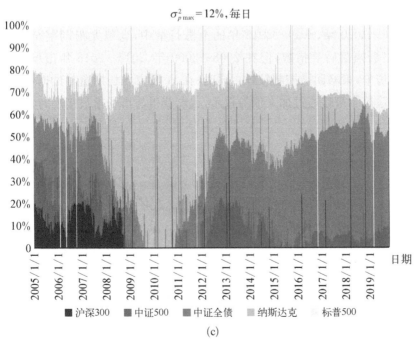

(c)

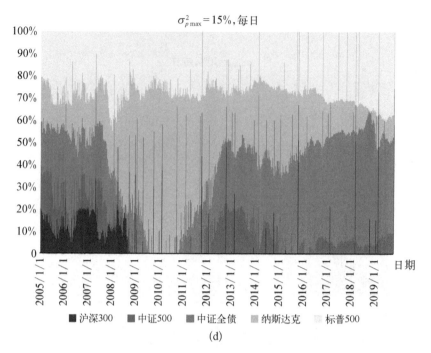

图 4-4　每日风险控制策略仓位变动情况

数据来源：iFind。

如图 4-5 所示，从市场行情对策略有效性的影响来看，在 2007—2008 年、2009—2010 年、2014—2015 年的上涨行情中，仓位大幅调整至海外资产，策略涨幅落后于指数；但在 2008—2009 年、2015—2016 年市场急速转跌的行情中，策略回撤控制较好。同时，在 A 股市场长期盘整的时间段内，每日风险控制策略通过加大债券权重，也能获得与市场指数接近的收益。

图 4-5　目标风险波动率为 5% 的每日风险控制策略净值走势

数据来源：iFind。

4.3.3.2 每周风险控制策略回测

当调仓频率为每周时,风险控制策略回测净值曲线和各资产的仓位配置比例分别见图 4-6(a)(b)(c)(d)和图 4-7。该策略的收益评价指标总结见表 4-14。

表 4-14 每周风险控制策略绩效评价

	5%	10%	12%	15%	中证 800
累计收益	358.61%	380.53%	370.57%	371.97%	302.53%
年化收益	10.88%	11.23%	11.07%	11.09%	9.90%
年化波动率	15.25%	15.33%	15.28%	15.27%	26.39%
夏普比率	0.546 0	0.566 1	0.557 6	0.559 5	0.278 6
最大回撤	12.11%	12.11%	12.11%	12.10%	14.96%

数据来源: iFind。

以 $\sigma_{p\,\max}^2 = 5\%$ 的每周风险控制策略为例:2005 年 1 月 5 日—2019 年 9 月 30 日的回测期间,其累计收益为 358.61%、年化收益为 10.88%、夏普比率为 0.546 0;同期中证 800 累计收益为 302.53%、年化收益为 9.90%、夏普比率为 0.278 6。每周风险控制策略体现出良好的风险收益特征。

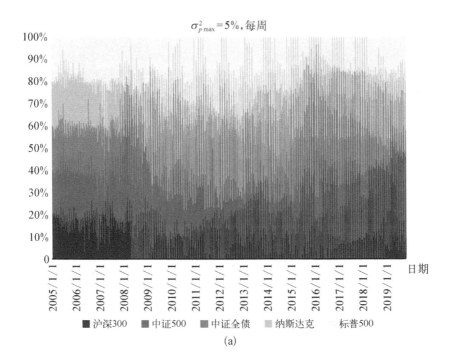

(a)

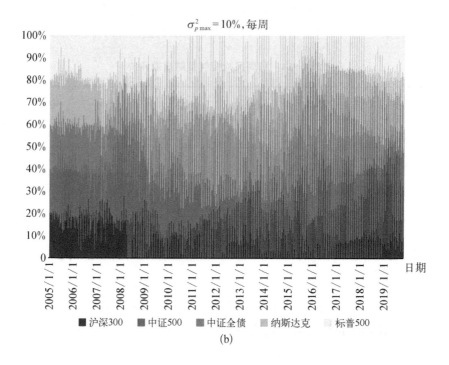

(b)

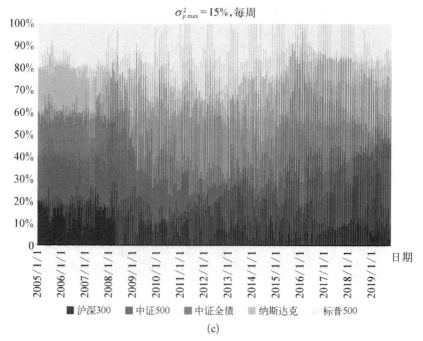

(c)

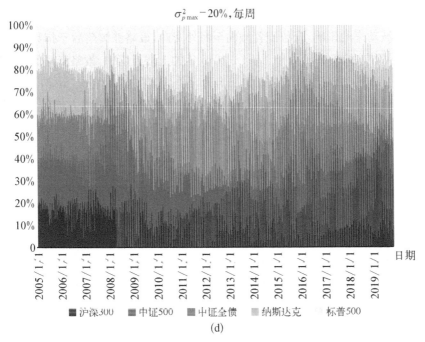

图 4-6 每周风险控制策略仓位变动情况

数据来源：iFind。

从各类资产的仓位分布上看，不论 $\sigma_{p\,\max}^2$ 的初始设定，基于 A 股市场每周历史数据优化得到的仓位配置比例大同小异。$\sigma_{p\,\max}^2=5\%$ 与 $\sigma_{p\,\max}^2=15\%$ 相比，分配给各类资产的比例同样仅相差 1—2 个百分点。这导致了在不使用杠杆的情况下，不同目标风险波动率设定下的每周风险控制指数的收益与风险接近，如图 4-6(a)(b)(c)(d)。

如图 4-7 所示，从市场行情对策略有效性的影响来看，在 2005—2009

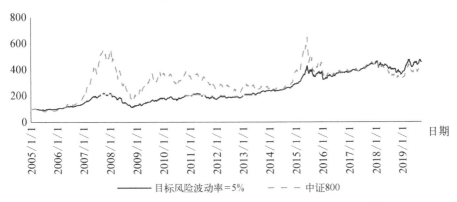

图 4-7 目标风险波动率为 5%的每周风险控制策略净值走势

数据来源：iFind。

年,各资产的仓位比例基本稳定;在2009—2010年底部反弹行情中,受到前一年高波动率的影响,仓位配置倾向至海外资产,策略涨幅落后于指数。整体来看,尽管在2007—2008年、2014—2015年的上涨行情中,策略涨幅落后于指数,但在2008—2009年、2015—2016年市场急速转跌的行情中,策略回撤控制较好。但和日调整的风险控制策略相比,周调整策略在收益方面较为逊色。另外,与日调整的风险控制策略相同,在A股市场长期盘整的时间段内,每周风险控制策略通过加大债券权重,也能获得与市场指数接近的收益。

4.3.3.3 每月风险控制策略回测

本节参照标普公司对标普500月调整12%风险控制指数的特殊设定,尝试将调仓频率设定为每月,观察该参数设定内中国资本市场数据的实证结果。

考虑到月度时间跨度大、存在调仓时机选择的可能,本节将每月调仓分为每月末再平衡和每月中再平衡。本节定义月末调仓为在第 t 月月末将截至 t 期的样本模拟求解得到的最优配置比例作为第 $t+1$ 月的仓位比例,定义月中调仓为在第 t 月月中将截至 $t-1$ 期的样本模拟求解得到的最优配置比例作为第 $t+1$ 月的仓位比例。

首先,在每月末再平衡的调仓设定下,风险控制策略回测净值曲线和各资产的仓位配置比例分别见图4-8(a)(b)(c)(d)和图4-9。该策略的收益评价指标总结见表4-15。

表4-15 每月风险控制策略(月末再平衡)绩效评价

	5%	10%	12%	15%	中证800
累计收益	21.39%	21.24%	20.47%	21.64%	285.86%
年化收益	1.32%	1.31%	1.27%	1.34%	9.59%
年化波动率	4.39%	4.39%	4.39%	4.39%	30.27%
夏普比率	−0.2794	−0.2817	−0.2916	−0.2764	0.2325
最大回撤	6.37%	6.37%	6.37%	6.37%	26.05%

数据来源:iFind。

以 $\sigma_{p\,\max}^2 = 5\%$ 的每月风险控制策略为例:该策略在持有期间(2005年1月5日—2019年9月30日)的累计收益为21.39%、年化收益为1.32%,年化收益率低于预设的无风险收益率,因此夏普比率为负数;同期中证800累计收益为285.86%、年化收益为9.59%、夏普比率为0.2325。每月风险控制策略的风险收益特征相比市场组合并不存在优势。

改变 $\sigma^2_{p\max}=10\%$、12%、15% 的参数设定后,同样发现 $\sigma^2_{p\max}$ 的初始设定不显著影响各类资产配置比例,对策略绩效也并无显著影响,如图 4-8(a)(b)(c)(d)。

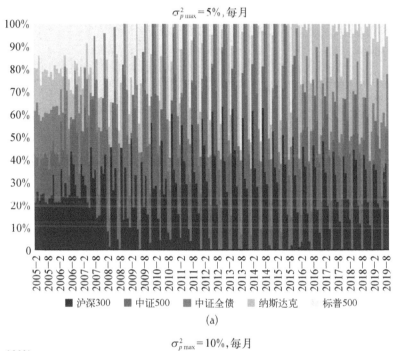

(a)

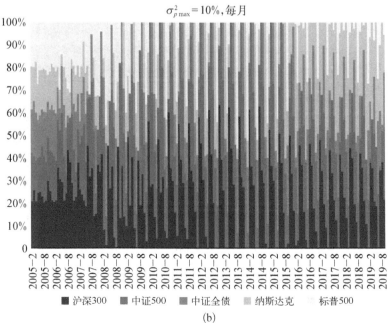

(b)

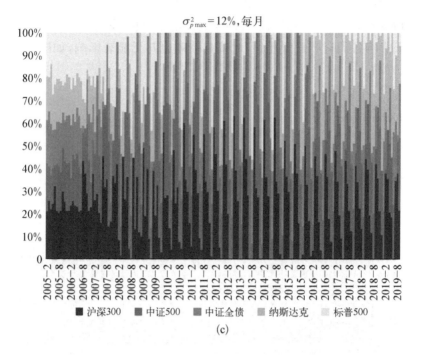

(c)

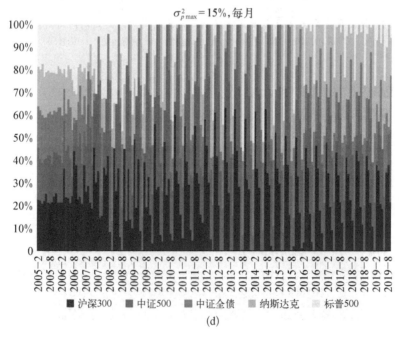

(d)

图 4-8 每月风险控制策略(月末再平衡)仓位变动情况

数据来源：iFind。

如图 4-9 所示,从市场行情对策略有效性的影响来看,在 2007—2008 年、2009—2010 年、2014—2015 年的上涨行情中,由于每月风险控制策略控制了波动率,因此未分享到上涨行情带来的普遍收益,策略涨幅落后于指数;但在 2008—2009 年、2015—2016 年市场急速转跌的行情中,策略回撤控制较好,尤其是在 2015 年后的资本市场盘整期,利用历史月度收益率数据进行月度调仓的风险控制策略风险控制效果更好。

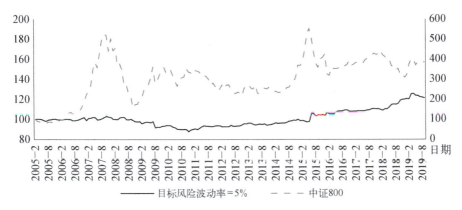

图 4-9 目标风险波动率为 5% 的每月风险控制策略(月末再平衡)净值走势

数据来源:iFind。

其次,在每月中再平衡的调仓设定下,风险控制策略回测净值曲线与各资产的仓位配置比例与每月末再平衡的输出结果非常接近,风险收益特征相比市场组合同样不存在优势。

而与每月末再平衡相比,每月中再平衡的风险收益特征相对更优。以 $\sigma_{p\,max}^2=5\%$ 的每月风险控制策略为例:该策略在持有期间(2005 年 1 月 5 日—2019 年 9 月 30 日)的累计收益为 22.32%,略高于月末再平衡;年化波动率为 3.91%、最大回撤为 3.58%,均略低于月末再平衡(见表 4-16)。

表 4-16 每月风险控制策略(月中再平衡)绩效评价

目标波动率	5%	10%	12%	15%	中证 800
累计收益	22.32%	21.99%	22.80%	22.23%	285.86%
年化收益	1.38%	1.36%	1.40%	1.37%	9.59%
年化波动率	3.91%	3.91%	3.90%	3.92%	30.27%

续表

目标波动率	5%	10%	12%	15%	中证800
夏普比率	−0.300 1	0.305 1	−0.294 3	−0.300 6	0.232 5
最大回撤	3.58%	3.58%	3.58%	3.58%	26.05%

数据来源：iFind。

4.3.3.4 风险控制策略小结

本节首先设置了新的风险控制策略母模型。其与成熟资本市场的母模型的主要差异是，根据中国养老金投资的要求，不允许策略进行杠杆融资，为了能更灵活地实现投资组合波动率的调整，在国内股票资产、国内债券资产的基础上新增海外股票资产配置。

基于新的风险控制策略母模型，本节继续修改了目标风险波动率和再平衡频率两大参数，并用中国资本市场数据进行实证，实证结果汇总见表4-17，四个主要结论如下。

表4-17 风险控制策略绩效评价小结

目标波动率	调仓频率	累计收益	年化收益	年化波动率	夏普比率	最大回撤
5%	日调整	472.89%	12.56%	16.49%	0.607 2	7.12%
	周调整	358.61%	10.88%	15.25%	0.546 0	12.11%
	月末调整	21.39%	1.32%	4.39%	−0.279 4	6.37%
	月中调整	22.32%	1.38%	3.91%	−0.300 1	3.58%
10%	日调整	445.61%	12.19%	16.49%	0.584 7	7.12%
	周调整	380.53%	11.23%	15.33%	0.566 1	12.11%
	月末调整	21.99%	1.36%	3.91%	−0.305 1	3.58%
	月中调整	21.24%	1.31%	4.39%	−0.281 7	6.37%
12%	日调整	440.85%	12.12%	16.54%	0.578 7	7.12%
	周调整	370.57%	11.07%	15.28%	0.557 6	12.11%
	月末调整	22.80%	1.40%	3.90%	−0.294 3	3.58%
	月中调整	20.47%	1.27%	4.39%	−0.291 6	6.37%

续 表

目标波动率	调仓频率	累计收益	年化收益	年化波动率	夏普比率	最大回撤
15%	日调整	452.37%	12.28%	16.51%	0.5898	7.12%
	周调整	371.97%	11.09%	15.27%	0.5595	12.10%
	月末调整	22.23%	1.37%	3.92%	−0.3006	3.58%
	月中调整	21.64%	1.34%	4.39%	−0.2764	6.37%
中证800		275.70%	9.39%	27.73%	0.2467	9.17%

数据来源：iFind。

（1）基于中国资本市场历史数据，不论日调整、周调整还是月调整，风险控制策略均控制了以标准差衡量的风险，策略收益率标准差均低于中证800收益率标准差。

（2）比较不同调仓频率的风险控制策略后发现，每日风险控制策略的夏普比率更高、风险收益特征更好，这启示着中国在运用这类策略时，再平衡频率应倾向于每日调整资产仓位，这与成熟资本市场更常用每日风险控制策略的做法一致。

（3）不论再平衡时机定位于月末还是月中，每月风险控制策略的风险收益特征均不如市场组合；但相比之下，月中再平衡策略的风险收益特征略好于月末再平衡策略。这表明在再平衡频率相同时，时机选择对风险控制策略有效性的影响很小，这一结论与业内普遍认知以及海外实证结果均一致。

（4）当再平衡频率相同且不设置杠杆融资时，目标风险波动率的差异不显著影响风险控制策略的仓位配置。结合 S&P 风险控制指数的编制方法分析得到，杠杆是策略再平衡的主要方式，能够据此在风险目标范围内扩大收益，而目标风险波动率决定了杠杆的上限。笔者认为，在后续研究中，有必要单独讨论杠杆对风险控制策略资产配置策略及回测结果的具体影响。

4.3.4 目标风险策略回测结果及分析

如前文所述，风险控制策略和目标风险策略的不同在于风险测度。本节将参考每日风险控制策略母模型，改变风险测度方式进行策略回测。

目标风险策略的具体设计如下：预设资产组合的最大可忍受损失（表

示为 r)和最大可容忍概率(表示为 p)的取值组合分别为(-20%,17%),(-24%,20%),(-28%,23%),(-31%,26%)四档,并维持不变。每一档的持仓起点均设置为 2005 年 1 月 5 日,此时根据该风险测度求解最优资产配置比例,持仓期根据常见再平衡频率设定为一年,调仓的要求是根据再平衡日计算得到的历史波动率。

从第 4.2 节标普公司目标风险指数编制方法更新趋势来看,该策略的调仓日期在缩短。但为了方便和上一节所述的风险控制策略比较,本节将在再平衡频率上仍选用日度、周度和月度数据,分别进行每日、每周、每月调整的目标风险策略回测。

4.3.4.1 每日调整的目标风险策略回测

当目标风险策略的调仓频率为每日时,本节对 (r,p) 分别取值为(-20%,17%),(-24%,20%),(-28%,23%),(-31%,26%)。为了避免叙述冗杂,本节仅列示较有代表性的两个取值对应的回测结果与仓位调整情况,分别列示为图 4-10(a)(b)和图 4-11。该策略的收益评价指标总结见表 4-18。

表 4-18 每日调整的目标风险策略绩效评价

(r,p)	(-20%,17%)	(-24%,20%)	(-28%,23%)	(-31%,26%)	中证 800
累计收益	75.06%	146.88%	386.39%	255.99%	279.27%
年化收益	3.87%	6.32%	11.32%	8.99%	9.46%
年化波动率	31.40%	28.90%	32.33%	32.46%	27.73%
夏普比率	0.042 0	0.130 4	0.271 3	0.198 4	0.249 2
最大回撤	19.21%	19.73%	18.96%	24.41%	9.17%

数据来源:iFind。

以 $(r,p)=(-20\%,17\%)$ 的策略为例,该策略在持有期间(2005 年 1 月 5 日—2019 年 9 月 30 日)的累计收益为 75.06%、年化收益为 3.87%、年化波动率为 31.40%、夏普比率为 0.042 0;同期中证 800 累计收益为 279.27%、年化收益为 9.46%、年化波动率为 27.73%、夏普比率为 0.249 2。不论从收益结果还是风险结果来看,每日调整的目标风险策略并非最优策略。随着风险容忍度提升,策略的风险收益比略有好转,当 $(r,p)=(-28\%,23\%)$ 时,策略的年化收益为 11.32%、夏普比率提升为 0.271 3,相较中证 800 指数有微弱优势。

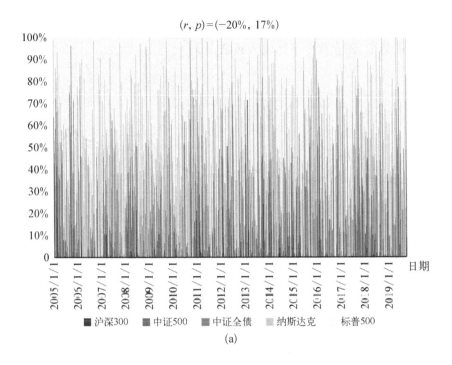

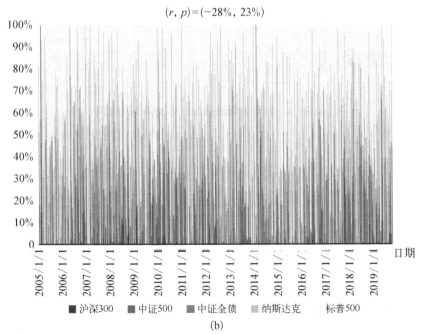

图 4-10　每日调整的目标风险策略仓位变动情况

数据来源：iFind。

利用中国股票资产、中国债券资产、海外股票资产历史日收益率数据得到的仓位分配情况和成熟资本市场情况不同,仓位配置比例并非恒定或小幅波动的数值,调仓指令下达较为频繁。

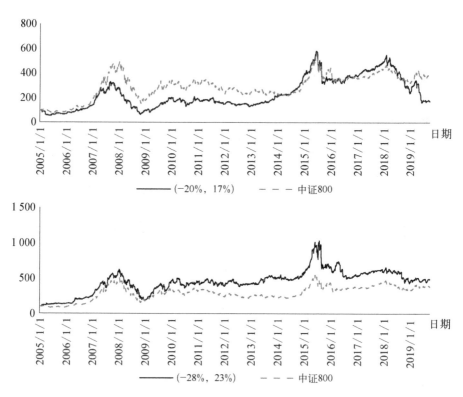

图 4-11　每日调整的目标风险策略净值走势

数据来源：iFind。

从市场行情对策略有效性的影响来看,在 2007—2008 年、2009—2010 年、2014—2015 年的上涨行情中,当 (r,p) 取值分别为 $(-20\%,17\%)$、$(-24\%,20\%)$、$(-28\%,23\%)$ 时,均放大了资产波动风险,在后续急速转跌的行情中策略净值下滑也较为明显。但每日调整的目标风险策略在 2010—2014 年、2017—2018 年盘整期回测的表现较好,能够获得超额收益。

4.3.4.2　每周调整的目标风险策略回测

当调仓频率为每周时,本节延续上文,同样对 (r,p) 分别取值为 $(-20\%,17\%)$、$(-24\%,20\%)$、$(-28\%,23\%)$、$(-31\%,26\%)$。较有代表性的两个取值对应的回测结果与仓位调整情况分别列示为图 4-12(a) (b) 和图 4-13。该策略的收益评价指标总结见表 4-19。

表 4-19 每周调整的目标风险策略绩效评价

(r,p)	$(-20\%,17\%)$	$(-24\%,20\%)$	$(-28\%,23\%)$	$(-31\%,26\%)$	中证 800
累计收益	415.62%	348.30%	251.79%	−9.63%	305.60%
年化收益	11.76%	10.71%	8.90%	−0.68%	9.96%
年化波动率	23.78%	24.34%	25.39%	27.52%	26.41%
夏普比率	0.387 4	0.335 1	0.250 2	−0.117 5	0.280 5
最大回撤	18.17%	20.22%	22.17%	22.59%	14.96%

数据来源：iFind。

以 $(r,p)=(-20\%,17\%)$ 的策略为例，该策略在持有期间(2005年1月5日—2019年9月30日)的累计收益为415.62%、年化收益为11.76%、年化波动率为23.78%、夏普比率为0.387 4；同期中证800累计收益为305.60%、年化收益为9.96%、年化波动率为26.41%、夏普比率为0.280 5。若仅比较夏普比率，该策略具有较好的风险收益特征，但最大回撤较大。

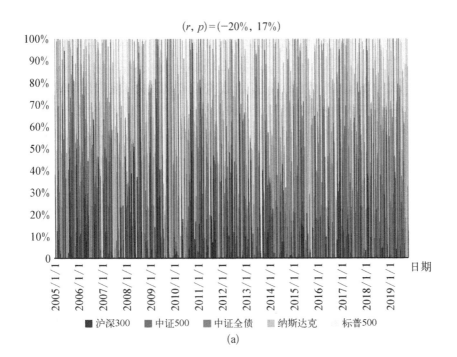

(a)

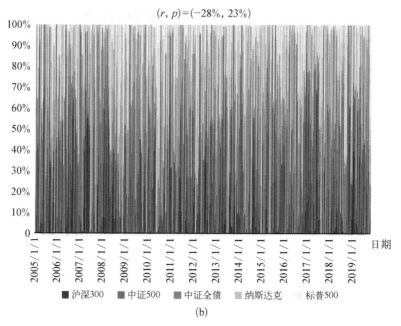

(b)

图 4-12　每周调整的目标风险策略仓位变动情况

数据来源：iFind。

随着 (r,p) 取值的扩大，策略风险收益表现逐渐恶化，表现为夏普比率降低、最大回撤增加。当 (r,p) 取值至 $(-28\%,23\%)$ 时，夏普比率下滑至 0.250 2，最大回撤提升至 22.17%。

从市场行情对策略有效性的影响来看，在 2007—2008 年、2009—2010 年、2014—2015 年的上涨行情中，(r,p) 取值分别为 $(-20\%,17\%)$、$(-24\%,20\%)$、$(-28\%,23\%)$ 时，每周调整的目标风险策略同样均放大了资产波动风险，在后续急速转跌的行情中策略净值下滑也较为明显。同样，每周调整的目标风险策略在 2010—2014 年、2017—2018 年盘整期回测表现较好，能够获得超额收益。

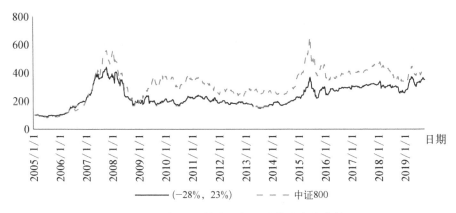

图 4-13 每周调整的目标风险策略净值走势

数据来源：iFind。

4.3.4.3 每月调整的目标风险策略回测

当调仓频率为每月时,同样考虑月度择时的可能,并分情况讨论。本节将每月调仓分为每月末再平衡和每月中再平衡,定义与第 4.3.3.3 节所述一致。

首先,对于每月末再平衡目标风险策略,当(r,p)取值分别为$(-20\%,17\%)$,$(-24\%,20\%)$,$(-28\%,23\%)$,$(-31\%,26\%)$时,两个代表性取值的回测结果和仓位调整的配置比例分别列示于图 4-14 和图 4-15。该策略的收益评价指标总结见表 4-20。

表 4-20 每月调整的目标风险策略(月末再平衡)绩效评价

(r,p)	$(-20\%,17\%)$	$(-24\%,20\%)$	$(-28\%,23\%)$	$(-31\%,26\%)$	中证 800
累计收益	9.07%	13.19%	1.64%	−17.11%	329.73%
年化收益	0.60%	0.86%	0.11%	−1.29%	10.58%
年化波动率	4.71%	6.69%	5.45%	4.84%	30.28%
夏普比率	−0.414 0	−0.253 0	−0.447 0	−0.792 7	0.265 1
最大回撤	3.88%	11.07%	8.49%	6.72%	26.05%

数据来源：iFind。

以$(r,p)=(-20\%,17\%)$的策略为例,该策略在持有期间(2005年1月5日—2019年9月30日)的累计收益为9.07%、年化收益为0.60%、年化波动率为4.71%,由于年化收益率低于预设的无风险收益率,因此夏普比率为负数;同期中证800累计收益为329.73%、年化收益为10.58%、年化波动率为30.28%、夏普比率为0.2651。从风险结果看,每月调整的目标风险策略能够有效控制风险,但从夏普比率角度,该策略由于收益率较低而并非最优策略。

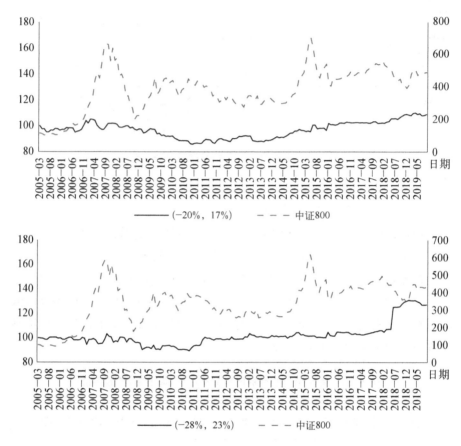

图4-14 每月调整的目标风险策略(月末再平衡)净值走势

数据来源:iFind。

备注:每月调整的目标风险策略净值走势对应为左轴,中证800走势对应为右轴。

和每日调整的目标风险策略结果类似,利用中国股票资产、中国债券资产、海外股票资产历史月收益率数据得到的仓位配置比例的特征和海外不同,股票配置比例并没有呈现出恒定或小幅波动的数值。

从市场行情对策略有效性的影响来看,相比于每日调整的目标风险策略,用月度收益率数据得到的策略能有效避免资产波动。在2007—2008年、2009—2010年、2014—2015年的上涨行情中,策略规避了资产波动风险但同样损失了较多收益,仅做到保本稳健运行。在2010—2019年的市场中,该策略表现较为稳健。

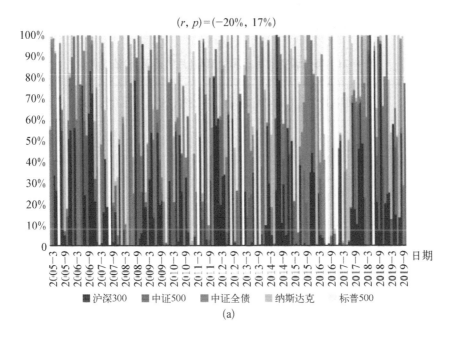

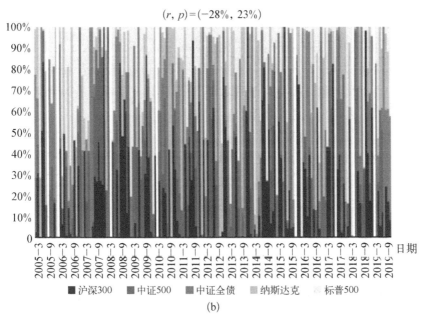

图 4-15　每月调整的目标风险策略（月末再平衡）仓位变动情况

数据来源：iFind。

其次，和不同择时方式下的每月风险控制策略类似，每月中再平衡目标风险策略回测结果和仓位调整的配置比例与每月末再平衡的输出结果无明显差异。有关该策略下的收益评价指标，则总结如表 4-21 所示。

表 4-21　每月调整的目标风险策略(月中再平衡)绩效评价

(r, p)	$(-20\%, 17\%)$	$(-24\%, 20\%)$	$(-28\%, 23\%)$	$(-31\%, 26\%)$	中证 800
累计收益	−3.31%	5.04%	27.11%	28.59%	329.73%
年化收益	−0.23%	0.34%	1.67%	1.75%	10.58%
年化波动率	5.46%	6.84%	6.81%	4.73%	30.28%
夏普比率	−0.509 7	−0.322 9	−0.129 6	−0.169 4	0.265 1
最大回撤	8.42%	11.81%	5.62%	4.13%	26.05%

数据来源：iFind。

与每月末再平衡的目标风险策略相比，每月中再平衡策略的风险收益特征优劣并无统一结论，受初始参数设置的影响较大。当 (r, p) 取值为 $(-20\%, 17\%)$ 和 $(-24\%, 20\%)$ 时，投资者表现为风险厌恶，月中再平衡策略的累计收益低于月末再平衡，年化波动率与最大回撤均大于月末再平衡；当 (r, p) 取值为 $(-28\%, 23\%)$ 和 $(-31\%, 26\%)$ 时，投资者表现为风险偏好，月中再平衡的累计收益高于月末再平衡，年化波动率与最大回撤均低于月末再平衡，表现出较好的风险收益特征。

4.3.4.4　目标风险策略小结

本节在风险控制策略母模型的基础上修改了风险度量方式，设置了新的目标风险母模型。其与成熟资本市场的母模型的主要差异是，考虑到底层资产过度繁杂会影响资产配置比例优化迭代的难度，因此本节在资产选择上暂时未考虑海外债券资产的配置，仅以海外股票资产作为所有海外资产的替代。

基于新的风险控制策略母模型，本节继续修改目标风险波动率和再平衡频率两大参数，实证结果汇总见表 4-22，四个主要结论如下。

（1）整体来看，目标风险策略在 A 股并不有效，但若在日调整、周调整、每月调整之间选择，周调整的风险控制效果更好。每日调整的目标策略的收益结果和风险结果均欠佳，每月调整的目标策略能较好控制波动风险但同时牺牲了收益，从而夏普比率低于指数。

表 4-22 目标风险策略绩效评价小结

(r,p)	调仓频率	累计收益	年化收益	年化波动率	夏普比率	最大回撤
(−20%,17%)	日调整	75.06%	3.87%	31.40%	0.042 0	19.2%
	周调整	415.62%	11.76%	23.78%	0.387 4	18.2%
	月末调整	9.07%	0.60%	4.71%	−0.414 0	3.9%
	月中调整	−3.31%	−0.23%	5.46%	−0.509 7	8.4%
(−24%,20%)	日调整	146.88%	6.32%	28.90%	0.130 4	19.7%
	周调整	348.30%	10.71%	24.34%	0.335 1	20.2%
	月末调整	13.19%	0.86%	6.69%	−0.253 0	11.1%
	月中调整	5.04%	0.34%	6.84%	−0.322 9	11.8%
(−28%,23%)	日调整	386.39%	11.32%	32.33%	0.271 3	19.0%
	周调整	251.79%	8.90%	25.39%	0.250 2	22.2%
	月末调整	1.64%	0.11%	5.45%	−0.447 0	8.5%
	月中调整	27.11%	1.67%	6.81%	−0.129 6	5.6%
(−31%,26%)	日调整	255.99%	8.99%	32.46%	0.198 4	24.4%
	周调整	−9.63%	−0.68%	27.52%	−0.117 5	22.6%
	月末调整	−17.11%	−1.29%	4.84%	−0.792 7	6.7%
	月中调整	28.59%	1.75%	4.73%	−0.169 4	4.1%
中证 800		279.27%	9.46%	27.73%	0.249 2	9.2%

数据来源：iFind。

（2）不论再平衡时机定位于月末还是月中，每月风险控制策略的风险收益特征均不如市场组合。月中再平衡策略与月末再平衡策略的风险收益特征相比较，受到初始参数影响较大，在本节讨论的情形中，参数预设表明低风险偏好时，月末再平衡更优；参数预设表明高风险偏好时，月中再平衡更优。

（3）利用中国股票资产、中国债券资产、海外股票资产历史日收益率数据得到的仓位分配情况和成熟资本市场情况不同。仓位配置比例并非恒定或小幅波动的数值,调仓指令下达同样较为频繁。

（4）进一步将目标风险策略和前文所述的风险控制策略进行比较,本义发现,在使用中国股票资产、中国债券资产、海外股票资产进行以控制风险为目标的配置时,如果要使用风险控制策略,则应选择短周期调整;如果要使用目标风险策略,则应选择长周期调整。于是,此处引申出一个值得讨论的现象,即两种策略原理相同,差异仅存在于风险测度,但在实务中,风险控制策略常用的调仓时间比目标风险策略更短。笔者认为,风险控制策略由于以最大波动率为仓位调整目标,在调仓过程中为了达到预设目标不免较为死板。例如,在现实情况中,波动率在可接受的范围内微幅波动不会对收益产生明显影响,此时调仓需要损失交易成本但收益弹性空间小,极易得不偿失。因此,在预设最大波动率的目标下,需要通过衡量成本收益比来确定可容忍的误差范围。而目标风险策略已经通过下行风险测度方式引入"阈值"概念,即预设了对下行风险发生概率的可容忍度,这为调仓周期的延长提供了可能。

4.4 本章小结

影响养老基金投资收益的重要因素是资产配置,本章此为出发点,研究其中一类生命周期基金产品——养老目标风险基金的产品模型设计。

首先,本章研究并还原了国外养老目标风险基金产品资产配置的数理模型。其中最主要的两大模型是风险控制模型和目标风险模型,两者本质相同但风险测度方式存在差异。

接着,在还原得到成熟资本市场模型后,结合中国资本市场环境和养老基金投资要求改进了母模型,并在此基础上构建养老目标风险基金的交易策略,再运用历史数据进行回测检验,从而分析交易策略的绩效。在回测检验的过程中,基于对成熟资本市场模型近年改进趋势的总结,本章重点讨论了再平衡频率这一参数变动的影响,将风险控制模型和目标风险模型都划分成每日调整、每周调整和每月调整这三大类分别探讨。同时,考虑到月度调整时间跨度大,在分析月度调整的策略时另外加入了择时因素分情况讨论。由此形成了8种不同的策略。

最后,通过实证得到数据,并做出汇总(见表4-23),四点主要结论如下:

表 4-23 本章策略绩效评价汇总

策略类别	预设参数	调仓频率	累计收益	年化收益	年化波动率	夏普比率	最大回撤
风险控制	5%	日调整	472.89%	12.56%	16.49%	0.607 2	7.12%
		周调整	358.61%	10.88%	15.25%	0.546 0	12.11%
		月末调整	21.39%	1.32%	4.39%	−0.279 4	6.37%
		月中调整	22.32%	1.38%	3.91%	−0.300 1	3.58%
	10%	日调整	445.61%	12.19%	16.49%	0.584 7	7.12%
		周调整	380.53%	11.23%	15.33%	0.566 1	12.11%
		月末调整	21.99%	1.36%	3.91%	−0.305 1	3.58%
		月中调整	21.24%	1.31%	4.39%	−0.281 7	6.37%
	12%	日调整	440.85%	12.12%	16.54%	0.578 7	7.12%
		周调整	370.57%	11.07%	15.28%	0.557 6	12.11%
		月末调整	22.80%	1.40%	3.90%	−0.294 3	3.58%
		月中调整	20.47%	1.27%	4.39%	−0.291 6	6.37%
	15%	日调整	452.37%	12.28%	16.51%	0.589 8	7.12%
		周调整	371.97%	11.09%	15.27%	0.559 5	12.10%
		月末调整	22.23%	1.37%	3.92%	−0.300 6	3.58%
		月中调整	21.64%	1.34%	4.39%	−0.276 4	6.37%
目标风险	(−20%, 17%)	日调整	75.06%	3.87%	31.40%	0.042 0	19.2%
		周调整	415.62%	11.76%	23.78%	0.387 4	18.2%
		月末调整	9.07%	0.60%	4.71%	−0.414 0	3.9%
		月中调整	−3.31%	−0.23%	5.46%	−0.509 7	8.4%
	(−24%, 20%)	日调整	146.88%	6.32%	28.90%	0.130 4	19.7%
		周调整	348.30%	10.71%	24.34%	0.335 1	20.2%
		月末调整	13.19%	0.86%	6.69%	−0.253 0	11.1%
		月中调整	5.04%	0.34%	6.84%	−0.322 9	11.8%

续　表

策略类别	预设参数	调仓频率	累计收益	年化收益	年化波动率	夏普比率	最大回撤
目标风险	(−28%, 23%)	日调整	386.39%	11.32%	32.33%	0.2713	19.0%
		周调整	251.79%	8.90%	25.39%	0.2502	22.2%
		月末调整	1.64%	0.11%	5.45%	−0.4470	8.5%
		月中调整	27.11%	1.67%	6.81%	−0.1296	5.6%
	(−31%, 26%)	日调整	255.99%	8.99%	32.46%	0.1984	24.4%
		周调整	−9.63%	−0.68%	27.52%	−0.1175	22.6%
		月末调整	−17.11%	−1.29%	4.84%	−0.7927	6.7%
		月中调整	28.59%	1.75%	4.73%	−0.1694	4.1%
benchmark	中证800		275.70%	9.39%	27.73%	0.2467	9.17%

数据来源：iFind。

(1) 在控制风险的效果上：基于 A 股市场历史数据，不论每日调仓、每周调仓还是每月调仓，风险控制策略均控制了以标准差衡量的风险；目标风险策略仅每周调仓能较好控制波动风险。结合实际情况来看，截至 2020 年 12 月 30 日，在已发行的目标风险基金中，一年持有期稳健型（权益比例不超过 30%）、三年持有期平衡型产品（权益比例不超过 60%）这两种产品在数量上占主导地位；从运行绩效看，目前各目标风险基金均取得累计正收益，并在 2020 年上半年极端市场条件下表现出良好的风险控制特征，回撤较少。

(2) 在衡量收益或风险收益特征上：通过绩效对比认为风险控制策略比目标风险策略有效。在风险控制策略中，每日风险控制策略的夏普比率更高、风险收益特征更好，这启示着中国在运用这类策略时，再平衡频率应倾向于每日调整资产仓位，这与成熟资本市场更常用每日风险控制策略的做法一致。

(3) 在各类资产的仓位配置比例上：首先，对风险控制策略而言，当再平衡频率相同且不设置杠杆融资时，目标风险波动率的差异不显著影响风险控制策略的仓位配置。结合 S&P 风险控制指数的编制方法分析得到，杠杆是策略再平衡的主要方式，能够据此在风险目标范围内扩大收益，而目标风险波动率决定了杠杆的上限。其次,对目标风险策略而言,和成熟资本市场情况不同的是仓位配置比例并非恒定或小幅波动的数值、调仓指令下达较为频繁。

(4) 在长时间跨度中考虑择时的影响上:不论是风险控制策略还是目标风险策略,当再平衡频率相同时,时机选择对风险控制策略有效性的影响很小。但相比之下,对风险控制策略而言,月中再平衡策略的风险收益特征略好于月末再平衡策略;对目标风险策略而言,参数预设表明低风险偏好时,月末再平衡更优;参数预设表明高风险偏好时,月中再平衡更优。

5 养老目标风险基金风险平价策略研究

从第 3 章问卷调查的结果可以看到,被调查者偏好回报较高的确定性收益产品,高收益养老产品的最大回撤不高于 10%,女性对收益回撤的容忍度更低。因此,如何在不同的经济周期中平稳地控制风险,以达到资产规模稳步扩大的目的,一直是投资者关注和研究的重点。然而,现实往往是残酷的,从稍远一些的 2008 年、2015 年股灾,到近一些的 2020 年初的新冠疫情,我国资本市场都在比较短的时间内发生剧烈波动,"股灾"级别的系统性风险使得绝大多数依靠分散投资来控制风险的策略都迅速失效,大量的个人投资者和部分机构投资者都损失惨重,人们迫切地需要一种新的稳定投资策略。

经济处在周期运动之中,在不同的阶段、不同的资产类别,收益表现不同。风险平价策略通过调整资产组合中各大类资产的比重,使它们对整个资产组合的风险贡献度相等。这样,在某一特定的经济环境下,当一种资产发生较大亏损时,就会有另外一种资产有相当的收益来进行弥补。由于各种资产的风险贡献度是相当的,因此,整个组合的净值波动被很好地控制,可以获得较小的回撤和较好的收益风险比(夏普比率)。

由于债券的风险远小于股票和商品资产,为了达到等风险贡献的效果,风险平价模型计算出的配置比例中,债券通常占很大比例,这就会导致投资组合整体收益不足。为此,实际操作中往往会考虑加杠杆。同时,结合我国市场的实际情况,本书尝试对传统的风险平价策略进行优化,试图找出更适合我国资本市场的风险平价策略。

5.1 文献综述

风险平价理论最早是在国外研究并应用的。其理论最早于 2005 年由磐安(PanAgora)基金的钱恩平(Edward Qian)博士提出(Qian, 2005)。法国兴业银行的 Thierry Roncalli 博士也对风险平价的重要概念——风险贡献度进行了深入的研究和阐述。两位研究者都强调利用风险(使各资产的风险权重相等)去配置资产。Maillard 等(2010)同样从风险贡献度的角度考虑各项资产,认为总风险即为各资产所贡献的风险之和。Bruder(2012)从理论上研究了风险平价的配置方法,尝试从经济效用的角度进行解释,认为风险平价组合在任何经济状况下都是风险中性的。在 Meucci(2009)的研究基础上,Lohre(2012)证明了风险平价组合与最大化分散风险的投资组合类似,充分表明相比传统投资理念,风险平价策略分散风险的效果更为出色。Asness(2012)将杠杆引入了风险平价模型。

5.1.1 风险平价有效性

国内外人部分的研究都表明,风险平价模型相比其他模型可获得更好的风险收益特征。Anderson 等(2012)以美国股票市场、债券市场 1926—2010 年的数据为基础进行实证分析,得出加杠杆的风险平价模型比不加杠杆的模型、等权重模型、60/40 模型能取得更高的夏普比率的结论。鲍兵(2014)分别利用中国市场不同行业的股票指数数据及股票、债券指数数据构建组合,通过将风险平价模型和其他对照模型,比如均值方差模型、动量模型等进行比较,发现风险平价模型的收益率和夏普比率相比其他对照模型更优,并且其交易成本也更低。徐美萍和于力(2017)根据不同行业的 10 只股票的日收益率数据,分别利用风险预算方法和风险平价策略构建投资组合。其中,风险预算方法构建了高收益高风险以及低收益低风险两种组合,并把它们与切点组合进行比较,得出结论:从投资绩效、风险、投资结构以及交易成本的角度来看,风险平价及风险预算策略构建的组合均好于切点组合。蔡文捷(2017)利用国内外十几年的数据,将分层构建的方式应用到了风险平价策略,对于相似的资产选择其中最优者,而后在性质不同的资产之间进行风险平价配置,得出了风险平价策略可以使组合净值稳步上升的结论。周亮和万磊(2018)利用 2013—2017 年的周度收益率数据分别构建了"股票-债券""股票市值风格"以及"行业风格"风险平价组合,回测后发现风险平价策略构建的组合收益率介于等权重组合以及最小方差组合之间,而且其风险收益比高于最小方差组合并与等权重组合持平,研究发现,风险平价策略在我国资本市场上具有实际运用价值。

但是也有一部分研究表明,风险平价模型未必一定会产生较好的效果,而是与选择的资产或时间区间等因素有关。Chaves 等(2011)通过实证研究认为风险平价模型能否持续优于等权重模型在一定程度上和选择的资产有关,这种依赖性实际上跟资产之间的相关性有关。Thierry 等(2012)在实证分析中通过构造极端情况得出结论:当资产相关性较高时,风险平价策略表现不佳。另外,时间区间的选择也会影响风险平价模型的效果。Shengjiao Zhu(2015)利用 ETF 的数据回测对比了风险平价模型和等权重模型,发现在一定的时间区间里,风险平价模型的表现优于等权重模型(更高的夏普比率)。另外,还有研究表明风险平价策略在股票行业间未必适用。刘建桥(2017)利用了 2011 年 4 月 17 日—2017 年 4 月 20 日的沪深 300 指数、中债综合指数、纳斯达克指数以及黄金指数的历史行情数据计算各个资产的最优权重,并以该权重对 2016 年 4 月 20 日—2017 年 4 月 20 日的数据进行回测,发现风险平价策略的收益及夏普比率均明显低于等权重组合。这其实是策略设置上的问题,回测期太短而且没有及时滚动调整最优权重,并不能说明风险平价策略无效。沈心怡(2018)利用 Wind 一级行业指数对 2006 年 1 月 1 日—2017 年 12 月 31 日的数据进行实证研究,发现风险平价策略的效果近似于等权重组合,不如最小方差法。这是因为股票在不同行业之间相关性较大,不适合用风险平价策略。

5.1.2 增加风险平价模型收益

对于如何增加风险平价模型的收益,已有的研究一般指出加杠杆和引入相对动量的方法。高见和尹小兵(2016)利用中国股票市场及债券市场 2002—2015 年的数据,分别构建不加杠杆的风险平价组合以及加杠杆的风险平价组合,进行实证研究。结果发现,加杠杆的风险平价策略相比不加杠杆的风险平价策略在相当的夏普比率情况下,可以获得更高的收益以及略高的最大回撤,但其最大回撤依然明显优于 60/40 策略。甄超(2017)分别利用指数和 ETF 产品为 FOF 构建风险平价组合,并通过对债券采取质押加杠杆的方式使整个 FOF 组合中债券投资金额所占的比例下降,得到了更高的收益,并且他认为 1.5 倍杠杆最好。张丽(2018)在风险平价策略中引入了杠杆机制,发现随着杠杆倍数的增加,策略的年化收益有了显著的提升,而且最大回撤依然优于其他策略,如最小方差策略、等权重策略等。张研(2017)针对风险平价策略收益率不高的问题,通过引入相对动量的概念对风险平价模型进行改进,在调仓时优先配置动量排在前面的资产,使得改进后的投资组合收益率上升。

此外,还有一些研究提出了其他增强收益的方式。徐振伟(2017)对比了风险平价及其他风险配置方法,认为风险平价可以取得很好的风险控制效果但是牺牲了部分收益。他提出了一些改进策略,包括用不同的风险衡量工具构建风险平价组合,比如加杠杆、融合 BL 模型设计的积极风险平价等。李芹芹(2017)在传统风险平价模型的基础上对其进行优化,加入了自己对市场的预测,即通过对未来所处的经济周期阶段的预测来动态调整对不同资产的风险预算,在经济复苏时增加股票和商品的配置,相反地,在经济处于衰退阶段时减少股票商品的配置而增加债券的配置。经过实证研究,优化后的风险平价模型相比传统的风险平价模型明显提高了年化收益率,但是年化波动率和最大回撤率并没有较大的变化。吴东渐(2018)以中证全债指数、沪深 300 指数以及中证 500 指数进行实证研究,在风险平价模型的基础上引入了股票的估值,即在股票市场价值低估时增加持仓,股票市场价值高估时减少持仓。结果表明,引入股票估值的风险平价模型相比常规风险平价模型收益更高,但同时风险控制较好,保持了与常规风险平价模型相当的最大回撤,从而拥有更高的收益风险比(夏普比率)。周正峰(2018)构建了基于集成方法的 FOF 风险平价模型,即利用集成方法筛选出每一个持仓周期的基金标的,并利用风险平价策略计算基金的持有比重,经过实证检验发现该方法可以为风险平价模型带来更高的收益。谭华清(2018)认为风险平价模型是基于风险的配置模型,与回报有关的信息没有得到充分利用。他提出了以风险平价为配置基准,以贝叶斯在险价值(value at risk,VaR)回报预测为主观观点的 BL 模型,并以 1952—2016 年美国股票和债券数据进行实证分析,发现该模型很好地增强了组合回报,同时也较好地控制了风险,从而获得了较好的收益风险比。张鸿捷(2018)将风险平价的资产权重加权调整改为风险预算模型,即将各资产对组合相等的风险贡献调整为自己所需的比重,其结果较好,明显增加了收益,同时最大回撤也很合理。

5.1.3 风险平价模型的风险测度

常规的风险平价模型以标准差作为风险的测度,这存在一定的缺陷:由于标准差形容的是标的资产收益率的波动情况,包括下行风险和上行风险,因此可能会出现某项资产在某个阶段主要是上行波动却被模型识别为高风险的情况发生,但是该项资产其实收益颇丰,从而由于风险衡量方式上的缺陷,模型无法实现较高的收益。为了弥补这一缺陷,已有的研究采用了 VaR、最大回撤等其他指标作为风险的测度。赵建林(2018)利用 VaR 值作为风险的度量指标,并利用风险平价策略构建投资组合。他利用了债券、股票、商品指数在 2012—2017 年的数据进行实证研究,得出的结论是基于 VaR 的风险平价策略实现的年化收益不及传统的等权重组合,但是在风险控制上更具优势。周亮(2018)分别利用风险度量指标如标准差、VaR 值、

GARCH 波动率以及 β 系数等构建风险平价组合,并利用了 2007 年 1 月—2018 年 6 月我国资本市场上债券、股票和商品期货的指数行情序列做实证研究。研究发现,在我国利用风险平价策略进行大类资产配置是有效的,其中 VaR 是这些风险度量指标中最有效的,β 系数是最无效的。王玉国(2018)构建了基于最大回撤的风险平价模型,利用蒙特卡洛方法模拟预期最大回撤,并选取了沪深 300、标普 500 以及中债企债指数、伦敦现货黄金作为投资标的。结果发现,由于大宗商品表现波动较大,相比于等权重组合,风险平价策略在夏普比率上有明显改善,但收益改善不明显。加入卖空机制后,组合收益率及夏普比率都有较好的改善。

此外,还有研究基于风险因子的风险平价模型。王秀国、张秦波和刘涛(2016)采用了因子分析的方法,引入了 β 系数、换手率等 15 个风险因子,利用 2011 年 1 月—2015 年 12 月的沪深 300 成分股的月度收益率数据,构建了基于风险因子的风险平价组合。相比于等权重策略以及基于资产的风险平价策略,该组合取得了更高的夏普比率。方仁杰(2018)以经济增长因子(GDP 季度同比增长率)、通货膨胀因子(CPI 当月同比)、流动性因子(7 天回购利率的 6 个月移动平均)为风险因子,并参考桥水基金(Bridgewater Associates)的全天候策略基金(All Weather strategy fund)对经济环境的划分(根据经济增长情况和通胀将经济环境分为四个状态),构建了基于风险因子的风险平价策略,其年化收益率高于传统的风险平价策略,但是夏普比率和最大回撤略低于传统风险平价策略。

另外,林逸帆(2017)认为在根据历史数据计算风险指标时可能受到过去异常值的影响,但是这些异常值在未来并不会重复发生(概率很低),因此完全利用过去的历史数据计算出的风险指标可能无法在下一个时期依然稳定(过去不能代表未来),从而据此计算出的权重有失偏颇。因此,他引入了收益率分布的模拟以及聚类方法,削弱历史数据的极端值对未来风险刻画的影响。经过实证研究发现,该策略相比一般的风险平价策略在互有涨跌的市场中能获得更高的收益风险比。

5.1.4 述评

现有的研究主要集中在以下三个方面。

第一,风险平价模型的有效性。大多数的研究认为是有效的,但是一部分研究认为风险平价模型有效与否与所选择的资产以及选择的时间区间有关。原因在于当资产之间相关程度高时会同涨同跌,不存在一种资产的下跌由另一种资产的上涨来弥补的现象,这样风险平价模型会失效。另外,如果在某些特定的时间区间,各类资产呈现同样的走势,风险平价模型也无法起到减少波动的作用。综合起来看,如果拉长时间周期,而不是局部的时间区间,对于相关性弱的资产,风险平价模型可以达到较好的效果。此外,还有一些研究认为在单一资产市场上应用风险平价模型是无效的,这是因为单一资产往往呈现高度相关的走势,如股票市场。

第二,如何增加风险平价模型的收益。较为普遍的方法是对债券类资产加杠杆和引入动量效应,也可以采用引入股票估值、采用集成方法筛选基金、根据对经济周期的预测调整风险预算等。

第三,如何用更有效的方式衡量风险,比如 VaR、最大回撤,此外还有基于风险因子的风险平价。研究表明,VaR 及最大回撤这些用于衡量下行风险的指标可以更好地衡量风险,使得风险平价模型可获得更高的收益并维持稳定的风险收益特征(较低的夏普比率)。

5.2 养老目标风险基金风险平价模型

5.2.1 宏观经济周期与大类资产配置

5.2.1.1 美林投资时钟

美林投资时钟是 2004 年由美林证券提出的,将大类资产配置及股票市场行业轮动与经济周期相联系的一种资产配置策略。通过利用美国市场超过三十年的数据,美林证券发现了在不同的经济周期中的资产收益率相对表现的相似性。

美林投资时钟以两个简单的经济指标——GDP 产出缺口以及 CPI,分别代表经济增长及通货膨胀水平。将经济周期分为了四个阶段。

(1) 复苏期(recovery),经济增长加快,通胀下降。此时的最佳投资品为股票,最好投资于周期型、成长型行业,比如航运。

(2) 过热期(overheat),经济增长加快,通胀上升。此时的最佳投资品为大宗商品。股票投资的最佳行业是周期型、价值型行业,如一些采矿业股票。此时进入加息通道,债券表现不佳。

(3) 滞胀期(stagflation),经济增长减速,通胀依然高企。此时的最佳投资策略是持有现金。最好投资于防御型、价值型行业的股票,比如公用事业、医药(需求弹性较小)。

(4) 衰退期(reflation),经济增长减速,通胀下降。此时有可能进入降息周期,因此债券是最佳投资产品。应选择防御型、增长型行业的股票,如食品行业。

在美林证券的研究中,一个完整的经济周期的运行是这样的:首先经济处于衰退的状态,企业盈利不佳,经济总需求不足,企业无力扩大生产。这个阶段股票和商品均难以有所表现。此时政府开始刺激经济,降低利率从而使债券走牛。所以在衰退阶段,债券是最好的配置手段。随着刺激政策逐渐出台,总需求好转,企业盈利上升,股票市场开始有所表现,这个时候进入复苏阶段,应以股票为主。随着经济复苏如火如荼,企业盈利状态向好,开始扩大生产,同时雇用更多工人。工人获得了更多的工资,又会由于财富效应增加商品的购买,从而进一步促使企业扩大生产。在总需求旺盛的推动下,物价开始上涨,工业品价格也上涨,从而经济进入过热阶段,这时大宗商品会有较好的表现,资产配置应以大宗商品为主。但同时该阶段政府会采取紧缩型政策,提高利率以防止经济过热,这会带来债券的熊市,因此该阶段应回避债券投资。由于利率提高,企业不再扩大生产,经济增速下降,同时由于工业品价格过高导致通胀较高,经济进入滞胀阶段,股票、大宗商品及债券均表现不佳,应持有现金(见表5-1)。

表5-1 美林投资时钟的最优资产配置

阶段	经济增长	通货膨胀	最优资产配置	股票最佳行业	收益率曲线斜率
衰退	↓	↓	债券	防御成长型	向下(债券牛市)
复苏	↑	↓	股票	周期成长性	
过热	↑	↑	大宗商品	周期价值型	向上(债券熊市)
滞胀	↓	↑	现金	防御价值型	

资料来源:美林证券。

5.2.1.2 美林投资时钟在中国的具体情况

逆时针转动的经典的美林时钟只是最理想的情况,但事实上有些时候会出现顺时针转动的情况,甚至出现循环往复的情况。因此,在不同的市场,美林投资时钟的具体表现应具体分析。在我国,鹏华基金的研究表示,经济周期不同阶段下,各类资产的收益率的轮动表现与经典的美林时钟并不一致。在过热阶段,股票的收益表现依然强于大宗商品成为表现最好的资产,而不管是衰退阶段还是滞胀阶段,债券都是表现最好的资产。具体表现如图 5-1 所示。

(1) 复苏阶段：股票＞商品＞现金＞债券＞黄金
(2) 过热阶段：股票＞商品＞黄金＞现金＞债券
(3) 滞胀阶段：黄金＞债券＞现金＞商品＞股票
(4) 衰退阶段：债券＞现金＞黄金＞股票＞商品

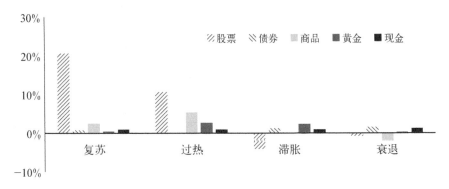

图 5-1 经济周期各阶段各类资产表现

数据来源：鹏华基金。

根据以上的讨论，不管是经典的美林时钟投资模型，或者是其在中国的不同形式，随着经济形势的变化，不同的大类资产都会出现收益率此消彼长的情况。因此，在实际投资中需要进行大类资产的配置，创造一种风险分配的方法，使得不论经济形势如何变化，不同资产之间收益率的相对起伏都不会给资产组合的净值带来巨大的波动。

5.2.2 常规风险平价

风险平价是一种分配风险的方式，它要求在构建资产组合时，将组合的风险平均分配到各资产上，也就是说每一类资产对组合的风险贡献度相同。风险平价策略在 1996 年时首先被桥水基金使用，就是著名的全天候策略基金，它在美国股市调整时表现依旧出色，于是被其他机构广泛学习并推出了类似的产品。2008 年金融危机中，桥水基金的出色表现再次印证了该策略的价值。目前在美国，大多数机构投资者都设立了风险平价型产品，特别是保险及养老类产品。据一项调查显示，2014 年美国使用该策略的投资者占比达 46%。

目前，该策略在我国的应用才刚刚起步。2016 年 7 月，磐安资产管理公司与华夏基金合作，推出了中国市场的第一只风险平价策略的基金产品。《FOF 指引》颁布以来，公募基金发行的 FOF 产品也有多只采用风险平价策略。由于风险平价策略通常具有低风险、回撤小的特点,因此比较适合养老金等保守型资金的投资,在未来预计会有大的发展。

5.2.2.1 常规风险平价模型

风险平价模型的基本思路是假设各资产对组合的风险贡献相等。常规风险平价模型用标准差来描述风险。

假设资产组合中有 n 项资产,资产组合的总风险为

$$\sigma^2 = \omega' \sum \omega = \sqrt{\sum_{i=1}^{n}\omega_i^2\sigma_i^2 + 2\sum_{i=1}^{n}\sum_{j=1}^{n}\omega_i\omega_j\sigma_{ij}} \quad (i \neq j) \quad (5\text{-}1)$$

上式对 ω_i 求偏导,得到资产 i 对组合的边际风险贡献为

$$\mathrm{MRC}_i = \frac{\partial \sigma}{\partial \omega}\bigg|_{\omega=\omega_i} = \frac{\omega_i\sigma_i^2 + \sum_{i=1}^{n}\omega_j\sigma_{ij}}{\sigma} \quad (5\text{-}2)$$

则第 i 个资产对总风险的风险贡献度为

$$RC_i = \omega_i \mathrm{MRC}_i = \frac{\omega_i^2\sigma_i^2 + \sum_{i=1}^{n}\omega_i\omega_j\sigma_{ij}}{\sigma} \quad (5\text{-}3)$$

从而,风险平价模型就是一个最优化问题:

$$\begin{cases} \min & \sum_{i=1}^{n}\sum_{j=1}^{n}(RC_i - RC_j)^2 \\ \text{s.t.} & \sum_{i=1}^{n}\omega_i = 1, \ \omega_i > 0 \end{cases} \quad (5\text{-}4)$$

组合的收益为

$$R^t = \sum_{i=1}^{n}\omega_i^t R_i^t \quad (5\text{-}5)$$

其中,RC_i 表示资产 i 的风险贡献度,ω 表示各资产的权重列向量 ($n\times 1$),ω_i 表示资产 i 的权重,$\sum$ 是这 n 个资产之间的协方差矩阵,R^t 为资产组合在第 t 期的收益,R_i^t 为第 i 项资产在第 t 期的收益。

在某些特定的情况下,风险平价模型和其他模型相同:当各资产之间的相关系数两两相同、波动率也完全相同时,风险平价模型等同于恒定比例模型;当各资产之间的相关系数两两相同、夏普比率也完全相同时,风险平价模型等同于马科维茨的投资组合模型。

5.2.2.2 常规风险平价模型的不足

风险平价策略重在分配风险,以使各类资产对组合的风险贡献度相等,但是对资产的预期收益率关注不够。因此,风险平价模型往往会得到回撤很小、收益也很少的结果。这是因为一般而言债券资产的波动率(用标准差

来表示)远远小于股票资产、大宗商品等其他资产,因此如果要使得各类资产的风险贡献度相等,就要配置较大比例的债券资产。这就导致投资组合收益虽稳定,但较低,比较接近债券的收益情况,因此,未必能满足一些对收益要求较高的投资者的需求。

另外,在常规的风险平价策略中,使用波动率(收益率的标准差)作为风险的度量。在这里,风险被定义为收益的不确定性。这种衡量方式较为简单,但是不符合实际情况,也就是说投资者往往可以欣然接受向上的波动,但是对向下的波动深恶痛绝。例如某项资产在一个时期内上行波动较高从而被认定为高风险,因此对其减少配置使得组合不能充分获得收益。所以,使用标准差作为风险度量的方式未必是一种最好的方法,可能会导致收益不足。

5.2.3 风险平价策略增强收益的两种方法

根据上面的介绍,常规的风险平价策略存在两点不足。第一是因债券占比过大导致产品收益不够,第二是用波动率代表风险有待商榷。针对第一点不足,有两种方法可以起到收益增强的作用。

5.2.3.1 加杠杆

第一种方法,可以通过加杠杆扩大收益率,主要是对债券进行加杠杆,采用对已有债券质押逆回购的方式融资并继续购买债券。通过质押融资加杠杆的方式,使得投放在债券上的资金量所占的比重变少,从而组合中有更大的比例为股票等高风险资产,从而提高了组合的收益率。

假如资产 i 加了 L_i 倍杠杆,那么在模型中,ω_i 将由 $L\omega_i$ 来代替。

组合的总风险变为

$$\sigma^2 = \sqrt{\sum_{i=1}^{n} L_i^2 \omega_i^2 \sigma_i^2 + 2\sum_{i=1}^{n}\sum_{j=1}^{n} L_i \omega_i L_j \omega_j \sigma_{ij}} \quad (i \neq j) \quad (5-6)$$

资产 i 的风险贡献为

$$RC_i = \omega_i MRC_i = \frac{L_i^2 \omega_i^2 \sigma_i^2 + \sum_{i=1}^{n} L_i \omega_i L_j \omega_j \sigma_{ij}}{\sigma} \quad (5-7)$$

同样利用式(5-4)的最优化问题求解各项资产的权重。

得出组合的总收益为

$$R^t = \sum_{i=1}^{n} \omega_i^t L_i R_i^t \quad (5-8)$$

其中,L_i 是第 i 种资产的杠杆倍数(若第 i 种资产是债券,则 $i>1$,否则 $i=$

1)，R^t 为资产组合在第 t 期的收益，R_i^t 为第 i 项资产在第 t 期的收益。

5.2.3.2 引入相对动量

第二种途径是引入相对动量。动量效应也被称为惯性效应，是指某资产在一段时间内表现较好的话，在接下来的一段时间内依然会表现较好（Jegadeesh and Titman，1993）。这可以通过行为金融学中的信息反应不足来解释，即利好出现时，好消息不能立即反应到资产价格中，从而会有一段持续的上涨。动量效应策略又可分为两种：第一种是绝对动量，是指对单个资产的过往的历史数据建立动量信号，从而产生合适交易该资产的信号；第二种是相对动量，是指对不同的资产分别建立动量信号，然后对动量信号的强弱进行排序，从而得到动量最强和相对不强的资产。在风险平价策略中可以引入相对动量，在不同的资产中通过相对动量排序的方法得到动量最强的资产，然后再运用风险平价模型。

首先根据动量的强弱选择 m 个资产：

$$M_1 > M_2 > \cdots > M_m > \cdots > M_n \tag{5-9}$$

利用以下的最优化问题求解各项资产的权重：

$$\begin{cases} \min & \sum_{i=1}^{m} \sum_{j=1}^{m} (RC_i - RC_j)^2 \\ \text{s.t.} & \sum_{i=1}^{m} \omega_i = 1, \; \omega_i > 0 \end{cases} \tag{5-10}$$

得出组合的总收益为

$$R^t = \sum_{i=1}^{m} \omega_i^t R_i^t \tag{5-11}$$

该方法并不会对模型产生影响，只是择优挑选投资标的进行投资。相当于在常规风险平价模型的基础上添加了投资标的的选择程序，首先将各资产的动量指标进行排序，然后选择动量排在前面的若干资产，对这些资产运用风险平价模型即可。

5.2.4 风险平价策略度量下行风险的三种方式

对于波动率衡量风险的不完美性，可以通过选择其他风险衡量工具来改进。除了收益率的标准差外，其他常见的风险衡量方法还有：下半方差、VaR、预期损失（expected shortfall）。不同的风险测度指标会带来资产配置权重的相应变化。

5.2.4.1 用下半方差衡量风险

由于收益率的标准差不仅包括了收益率向下的波动，也包括了投资者所能接受的向上的波动。所以可以在计算标准差时将向上的波动剔除,只得到衡量下行波动风险的下半方差。

$$SV = \frac{1}{k-1} \sum_{i=1}^{k} \{\max[0, (\overline{r_l} - r_i)]\}^2 \quad (5\text{-}12)$$

其中,SV 表示下半方差,k 是观察值的个数,r_i 是每一个观察到的收益率,$\overline{r_l}$ 是收益率的平均值。

利用下半方差衡量风险后,对比标准差的情况,可以建立以下模型。

组合的总风险:

$$SV = \sqrt{\sum_{i=1}^{n} \omega_i^2 SV_i + 2\sum_{i=1}^{n}\sum_{j=1}^{n} \omega_i \omega_j \rho_{ij} \sqrt{SV_i SV_j}} \ (i \neq j)$$

$$(5\text{-}13)$$

资产 i 的风险贡献:

$$RC_i = \frac{\omega_i^2 SV_i + \sum_{i=1}^{n} \omega_i \omega_j \rho_{ij} \sqrt{SV_i SV_j}}{\sqrt{SV}} \quad (5\text{-}14)$$

这里 $\omega_{i,j}$ 表示资产 i 和 j 的权重;ρ_{ij} 指资产 i、j 的相关系数。

同样,利用公式(5-4)的最优化问题计算各项资产的权重,并利用公式(5-5)计算组合的收益。

5.2.4.2 用在险价值来衡量风险

在险价值 VaR 是指在给定的置信水平及正常的市场波动情况下,某一资产或组合在未来特定时间的最大可能损失。加入给定置信水平 $1-\alpha = 95\%$,那么在险价值 $VaR_{95\%}$ 即表示在正常的市场波动下,资产组合在 95% 的置信水平下的最大损失(见图5-2)。其计算公式为

$$P\{E(r_p) \leqslant VaR\} \leqslant \alpha \quad (5\text{-}15)$$

其中,r_p 是组合的收益率,α 是给定的可以忍受的犯错的概率,VaR 通过计算得出,表示可能的最大损失,是一种风险度量方式。

一般而言,VaR 可通过蒙特卡洛模拟法或者历史模拟法得出。得到具体数值之后,参考常规风险平价模型,可得组合的总风险变为

$$VaR = \sqrt{\sum_{i=1}^{n} \omega_i^2 VaR_i^2 + 2\sum_{i=1}^{n}\sum_{j=1}^{n} \omega_i \omega_j \rho_{ij} VaR_i VaR_j} \ (i \neq j)$$

$$(5\text{-}16)$$

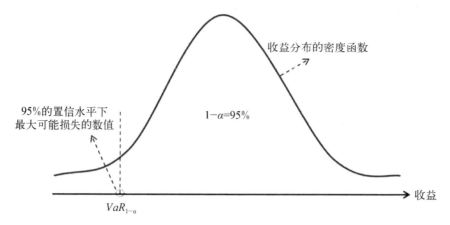

图 5-2 在险价值图解

数据来源：华宝证券(2016)。

资产 i 对组合的风险贡献为

$$RC_i = \frac{\omega_i^2 VaR_i^2 + \sum_{i=1}^{n} \omega_i \omega_j \rho_{ij} VaR_i VaR_j}{VaR} \tag{5-17}$$

同样,利用公式(5-4)的最优化问题计算各项资产的权重,并利用公式(5-5)计算组合的收益。

用在险价值 VaR 衡量风险的优点在于它充分关注了组合可能的损失,可以在一定的置信水平下严格控制风险的尾部损失。但是该方法也是有缺点的,它依然假定资产收益率服从正态分布,但事实上这并不现实。特别对于一些特殊情况,比如收益分布的左尾又薄又长,VaR 并不能很好地反映损失的风险,此时使用预期损失法更加合适。

5.2.4.3 用预期损失来衡量风险

预期损失是在 VaR 基础上定义的,表示损失超过 VaR 时,损失的期望。公式为

$$ES = E[E(r_p) \mid E(r_p) \leqslant VaR_{1-\alpha}] \tag{5-18}$$

在实际应用时,约束条件为:$ES \leqslant$ 目标值。也就是说,先给定一个置信水平 $1-\alpha$,根据收益率分布得出相应的 $VaR_{1-\alpha}$,从而那些超过 $VaR_{1-\alpha}$ 的亏损的期望均值即为 ES(见图 5-3)。风险控制的目的就是使得预期损失不超过某一个特定值。因此,预期损失法相比于在险价值法更加关注极端损失的情况。但是其缺点是求解较为困难。

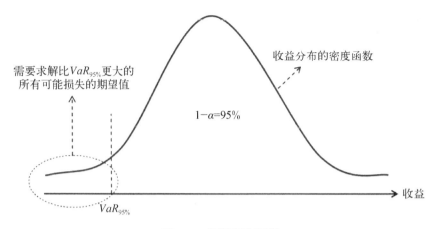

图 5-3 预期损失图解

数据来源：华宝证券(2016)。

由于预期损失在实际求解时较为麻烦，本书在此不再建模。

5.2.5 小结

没有一种资产是只涨不跌的，在经济周期的不同阶段，不同的资产会有或好或坏的表现。风险平价的原理就是使得各类资产对投资组合的风险贡献度相等，那么，当一种资产出现亏损时，就可能会有另一类资产的收益来弥补（如果资产之间相关性低），从而有效控制资产组合的风险。常规的风险平价模型以标准差为衡量风险的指标，并利用条件最优化求解得出各类资产的权重。但是常规的风险平价模型存在收益不高以及标准差不能很好地衡量风险的问题。因此，本节基于收益和风险的角度对常规的风险平价模型进行优化。

收益方面，本节提出了对债券资产加杠杆和引入动量效应两种方法来增厚收益。动量效应是指在过去一段时间内表现较好的资产在未来一定时间内也会延续较为强势的表现，并采用过去一个月的收益为动量指标。

风险方面，本节提出了下半方差、VaR、预期损失三种衡量指标。下半方差只考虑下行波动风险，VaR 和预期损失也是只将损失定义为风险，从而克服了标准差将上行波动也视为风险的问题。

5.3 养老目标风险基金风险平价策略的实证研究

本节将分别从风险和收益的角度对常规风险平价策略进行改进，分别构建 5 种风险平价策略,并利用历史数据进行回测,用年化收益率、夏普比率、最大回撤率等一系列指标评价策略的好坏,进而得到不同策略在回测期内的绩效。目的是通过对绩效结果的对比来判断风险平价策略是否有效,以及如何对风险平价策略做出更好的改进。最后,用近几年的高频数据对策略进行验证,观察策略在近期的运行情况以及是否能在更快的执行频率下保持其效果。

5.3.1 数据

为简便起见,本书的所有风险平价策略都是在三种资产之间建立资产组合,即债券类资产、股票类资产以及大宗商品类资产。由于中国市场缺乏有较长可追溯数据的 ETF,因此选用相关资产类别的指数来作为投资标的。在牵涉动量的策略中,备选股票资产中仅选择出动量最强的一个参与组合构建。因此,本书在构建风险平价组合时,都是基于这三种资产。

5.3.1.1 资产数据的选择

本书分别选择中债综合财富(总值)指数(以下简称"中债综指")、上证综合指数(简称"上证综指")以及 Wind 商品指数作为债券资产、股票资产、大宗商品资产的代表,参与风险平价组合的构建。另外,在股票指数上还有沪深 300、中证 500、标普 500、纳斯达克指数以及香港恒生指数作为备选股票指数,在利用动量效应选择股票指数的时候作为备选。

其中,中债指数是财富指数,包括了利息和价差的收益。沪深 300 是国内大市值股票的代表。中证 500 是国内中小市值股票的代表。标普 500 代表美股;纳斯达克指数也代表美股,但更偏向于新经济股票。我国香港恒生指数代表港股。这些指数可以较好地涵盖中国市场常见的股票类投资标的(见表 5-2)。

表 5-2 模型资产选择

资 产 类 别	描 述
中债综指	代表国内债券类资产
上证综指	代表国内股票类资产的总体
Wind 商品指数	代表国内类商品资产
沪深 300	代表国内大市值股票
中证 500	代表国内中小市值股票

续　表

资产类别	描述
标普500	代表美股
纳斯达克指数	代表美股新经济领域公司
恒生指数	代表港股

数据来源：Wind。

从Wind上下载以上8个指数2005年1月7日—2019年3月8日的周收盘价行情数据，并利用本周收盘价和上周收盘价计算简单周度收益率，每一个指数可获得739个周度收益率数据。其中，对于标普500、纳斯达克指数以及恒生指数，在计算周度收益率时需要考虑美元兑人民币以及港币兑人民币的汇率变化。

5.3.1.2　描述性统计

本书对2005年1月7日—2019年3月8日的各资产指数的周度收益率进行统计分析，结果如表5-3所示。可以看出，股票指数及商品指数的平均周度收益率均高于债券指数。但是债券指数周度收益率的标准差又明显小于股票指数及商品指数。比较几个股票指数可以发现，沪深300、中证500等指数的收益率虽较高，但波动更大（体现为更大的标准差）。另外，可以发现股票指数的周收益率均是负偏度，表明负收益率的情况更加普遍；债券的正偏度表明其大部分时候是正收益；商品指数的偏度接近0，表明其周收益率正负的数量基本相等。而所有指数周度收益率的峰度均大于3，说明这些指数的周度收益率相比于正态分布存在更多极端值。

表5-3　2005年1月7日—2019年3月8日各指数周度收益率统计性描述

	中债综指	上证综指	Wind商品指数	沪深300	中证500	标普500	纳斯达克指数	恒生指数
平均值	0.08%	0.18%	0.13%	0.25%	0.32%	0.11%	0.18%	0.11%
标准差	0.26%	3.47%	2.96%	3.72%	4.37%	2.35%	2.59%	2.91%
最小值	−1.28%	−13.86%	−17.19%	−15.0%	−18.98%	−18.3%	−15.4%	−16.38%
1/4分位	−0.03%	−1.66%	−1.35%	−1.75%	−1.83%	−0.91%	−1.07%	−1.69%
1/2分位	0.07%	0.20%	0.04%	0.20%	0.60%	0.23%	0.37%	0.31%

续 表

	中债综指	上证综指	Wind商品指数	沪深300	中证500	标普500	纳斯达克指数	恒生指数
3/4 分位	0.20%	2.00%	1.59%	2.18%	2.70%	1.34%	1.65%	1.89%
最大值	2.58%	14.95%	16.54%	16.21%	19.62%	11.95%	10.85%	12.22%
偏度	0.94	−0.10	0.03	−0.08	−0.40	−0.65	−0.50	−0.14
峰度	15.85	5.30	7.38	5.10	5.28	10.37	6.57	6.08

数据来源：Wind。

计算这八个指数的相关系数矩阵结果如表 5-4 所示。由此可见,债券指数与商品、股票指数存在负相关关系,但是相关性较弱。股票和商品之间存在着正相关关系,但相关性也弱。股票指数之间均是正相关关系的,但是相关的程度存在差异性：国内指数如上证综指与沪深 300 有极高的正相关关系,相关系数达到了 0.97,相比之下大股票和小股票相关性较弱,比如沪深 300 和中证 500 相关系数为 0.85。国内股票和美国股票的相关性较弱,如上证综指与美国标普 500 指数,相关系数为 0.16；而上证综指与香港恒生指数的相关性较强,达到了 0.41。另外,可以发现国内大盘股票与美股的相关性大于国内小盘股票与美股的相关性,即中证 500 与标普 500 的相关性(0.07)小于沪深 300 与标普 500 的相关性(0.15)。

表 5-4 指数之间的相关系数矩阵

	中债综指	上证综指	Wind商品指数	沪深300	中证500	标普500	纳斯达克指数	恒生指数
中债综指	1.00	−0.08	−0.14	−0.09	−0.07	−0.11	−0.09	−0.08
上证综指	−0.08	1.00	0.26	0.97	0.84	0.16	0.18	0.41
Wind 商品指数	−0.14	0.26	1.00	0.25	0.19	0.25	0.22	0.38
沪深300	−0.09	0.97	0.25	1.00	0.85	0.15	0.17	0.41
中证500	−0.07	0.84	0.19	0.85	1.00	0.07	0.08	0.26
标普500	−0.11	0.16	0.25	0.15	0.07	1.00	0.95	0.59
纳斯达克指数	−0.09	0.18	0.22	0.17	0.08	0.95	1.00	0.59
恒生指数	−0.08	0.41	0.38	0.41	0.26	0.59	0.59	1.00

数据来源：Wind。

5.3.1.3 模型的求解方法

由于风险平价模型是非线性最优化问题,无法求出解析解,因此,需要采用特殊的方法。一种解决此问题的方法是序列二次规划法(SQP),SQP是解决非线性且数据规模不大的优化问题的较好方法,其思路是利用一系列二次规划的子问题不断逼近原问题,从而得出最优解。假如有如下的非线性最优化问题:

$$\min f(x) \qquad (5-19)$$

$$\text{s.t.} \begin{cases} c_i(x) = 0 & i \in E = \{1, 2, \cdots, m_e\} \\ c_i(x) \geqslant 0 & i \in I = \{m_e+1, m_e+2, \cdots, m\} \end{cases} \qquad (5-20)$$

其中,$f(x)$ 为目标函数,$c_i(x)$ 为约束条件。

接下来,首先利用泰勒公式将非线性约束线性化,之后利用拉格朗日法得到二次规划的子问题:

$$\min \nabla f(x)^T d + \frac{1}{2} d^T H_k d \qquad (5-21)$$

$$\text{s.t.} \begin{cases} c_i(x_k) + \nabla c_i(x_k)^T d = 0 & i \in E \\ c_i(x_k) + \nabla c_i(x_k)^T d \geqslant 0 & i \in I \end{cases} \qquad (5-22)$$

假设 x_k 为迭代点,d_k 为搜索方向,a_k 为步长,那么下一个迭代点为 $x_{k+1} = x_k + a_k d_k$,重复以上步骤直到符合规定的精确度,即得到最优化问题的解。

在实证中,可直接通过 MATLAB 中的 fmincon 函数(也是利用了 SQP 算法)进行最优化求解。

5.3.2 风险平价策略回测

本节构建了基于风险平价模型的交易策略。简单来讲,交易策略可分为三步:

第一步,计算配置比(权重),根据过去一段时间的收益率序列计算风险平价模型所需的一系列指标,并代入相应的风险平价模型计算各个资产的权重;

第二步,根据第一步中得到的权重调整投资组合,并持仓一段时间;

第三步,重新计算配置比。

将等权重策略作为对照组,分别构建了"常规 RP"策略、"常规 RP+杠杆"策略、"常规 RP+杠杆+动量"策略、"下半方差 RP+杠杆"策略、"下半方差 RP+杠杆+动量"策略,并与中债综指做对比,旨在观察风险平价策略能否相比债券增加收益,但同时保持较高风险收益比,以及能否通过杠杆和动量效应增加收益。

5.3.2.1 策略关键变量及评价指标

交易策略中有几个关键的变量,分别是回溯期时长、持仓期时长、杠杆倍数及融资利率、交易成本、动量指标。

回溯期时长是指在计算配置比是所利用的历史数据的区间长度。回溯期过短计算出的统计指标会不具有统计学意义,过长则不能体现近期的真实情况。本书在以下的策略中采用过去一年作为回溯期。

持仓期时长是策略第二步的时间间隔,即两次调仓的间隔。大类资产配置不会过于频繁地调仓,因此对于用标准差衡量风险的风险平价策略,调仓期设定为一个季度(13周)。但是对于以下半方差衡量风险的风险平价策略来说,由于下半方差值较小,在计算各资产权重时下半方差的变动容易导致权重较大的变动,如果调仓期过长,会出现回撤过大的情况,因此对于以下半方差衡量风险的风险平级策略来说,调仓期设定为1个月(4周)。

杠杆倍数是指采用加杠杆的风险平价策略时,对债券资产加的杠杆倍数。根据资管新规,公募基金产品杠杆最大不能超过140%,所以本书接下来的策略中债券的杠杆比为1.4。另外,假设融资成本为3.5%,将无风险利率设定为2.55%。

交易成本指对买方征收的0.1%交易成本率。

动量指标是指在引入动量效应的风险平价策略中,用何种指标来代表不同股票指数的动量。本书采用的动量指标是过去一个月的月收益率。

对策略绩效的评价指标有收益类指标、风险指标以及风险调整后的收益指标。本书主要采用累计收益率、夏普比率、年化收益率、最大回撤率、年化波动率以及收益回撤比作为评价指标(见表5-5)。

表5-5 策略评价指标

指标名	指标计算	指标解释
累计收益率	$N(T)/N(0)$	$N(T)=$策略运行结束资产净值 $N(0)=$策略运行初始资产净值
年化收益率	$(N(T)/N(0)^{\frac{1}{N}})-1$	$N(T)=$策略运行结束资产净值 $N(0)=$策略运行初始资产净值 $N=$策略运行年数

续　表

指标名	指　标　计　算	指　标　解　释
年化波动率	$\sigma_w \times \sqrt{52}$	$\sigma_w=$资产组合周度波动率
夏普比率	$SR=(R_P-R_F)/\sigma_P$	$R_P=$资产组合年化收益率 $R_F=$无风险利率 $\sigma_P=$资产组合年化波动率
最大回撤率	$\max_{\tau\in(t,T)}\dfrac{\max(N(t)-N(\tau))}{\max(N(t))}$	$\max(N(t))=$某一期间内资产最大净值 $\max(N(t)-N(\tau))=$某一期间内资产净值的最大损失
收益回撤比	AR/MDD	$AR=$年化收益率 $MDD=$最大回撤

资料来源：作者整理。

5.3.2.2 等权重策略

作为对照组策略，等权重策略是指在持仓期初，总是保持债券、大宗商品、股票的持仓比重各为 1/3。当某种资产价格上涨时，其所占的比例就会超过 1/3，下次调仓就会减少这种资产，而资产价格下跌时，比例不足 1/3，下次调仓就会增持，从而保持每次持仓期开始各资产均占组合的 1/3，并且达到了低买高卖的目的。具体策略设计为：投资起点是 2006 年 1 月 1 日（第一次调仓），持仓期为一个季度，之后每季度调仓一次，每次调仓时保持债券、股票、商品各 1/3 的仓位比例。

策略回测结果净值见图 5-4。2006 年 1 月 1 日—2019 年 3 月 8 日，策

图 5-4　等权重策略回测净值走势

数据来源：Wind。

略的累计收益为109.2%,年化收益5.74%,年化波动率12.58%,夏普比率0.25,最大回撤41.06%,收益回撤比0.14。

5.3.2.3 常规RP策略

常规风险平价(PR)策略是在常规风险平价模型的基础上建立起来的,其风险衡量指标为标准差。该策略使用了中债综指、上证综指以及Wind商品指数为投资标的,以过去一年的周度收益率序列计算各指数之间的协方差以及各自的标准差,并代入常规风险平价模型计算各资产的权重,从而获得组合的净值走势。具体设计如下。

(1) 在投资起点日开始建仓(第一次调仓),以调仓日前51个周收益率序列计算标准差及协方差,并带入常规风险平价模型计算权重。

(2) 之后每13周调一次仓,重复以上操作。总计调仓53次。

策略回测结果净值见图5-5。2006年1月1日—2019年3月8日策略的累计收益为78.2%,年化收益4.47%,年化波动率2.82%,夏普比率0.68,最大回撤3.52%,收益回撤比1.27。

图5-5 常规RP回测净值走势

数据来源:Wind。

从回测结果来看,风险平价策略使得组合净值呈现稳定向上的走势。这是因为风险平价策略对不同资产权重的动态调整使得组合规避了某一种资产的下跌。从图5-6可以看出在回测期内三种资产权重的变化。在整个回测期,债券资产的平均仓位为85.9%,股票资产的平均仓位为6.4%,商品资产的平均仓位为7.7%。可见整个组合以债券资产为主。

2006年下半年开始,商品期货市场开始暴跌,相应的指数收益率的波动率增加,从而模型减少了对商品资产的配置权重,组合得以躲过商品市场

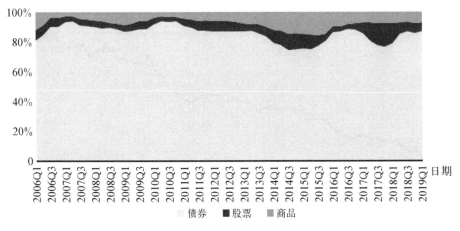

图 5-6 常规 RP 策略回测期内仓位变化情况

数据来源：Wind。

的暴跌。相应地，从 2014 年开始，股票波动率减小，开始步入稳步上涨的牛市，模型增加了对股票的配置，使得组合的净值加快上升。2015 年下半年股灾开始，股票市场波动加大，组合对股票市场减少配置，从而较少受到股灾的影响。

5.3.2.4 常规 RP+杠杆策略

常规 RP+杠杆策略是在常规 RP 策略的基础上，对债券指数加杠杆。本书选择的杠杆倍数为 $L=1.4$ 倍，融资成本为 3.5%。策略思路同常规 RP，投资标的为中债综指、上证综指以及 Wind 商品指数，以过去一年的周度收益率序列计算各指数之间的协方差以及各自的标准差，并代入第三章的加杠杆风险平价模型计算各资产的权重，从而获得组合的净值走势。具体设计如下。

(1) 在投资起点日（第一次调仓），以调仓日前 51 个周收益率序列计算标准差及协方差，并带入加杠杆风险平价模型计算权重。

(2) 之后每 13 周调一次仓，重复以上操作。总计调仓 53 次。

策略回测结果净值见图 5-7。2006 年 1 月 1 日—2019 年 3 月 8 日策略的累计收益为 108.6%，年化收益 5.72%，年化波动率 3.65%，夏普比率 0.87，最大回撤 5.25%，收益回撤比 1.09。

如图 5-8 所示，对债券加杠杆之后回测期债券的权重普遍超过了 100%，总组合的仓位比自然也超过了 100%。在整个回测期内，组合的仓位在 127%—137%，平均为 132.7%（满足资管新规对仓位不超过 140% 的要求）。可以看出，相比未加杠杆的常规 PR 策略，该策略对股票资产和商

图 5-7　常规 RP+杠杆策略回测净值走势

数据来源：Wind。

品资产的配置更多。在整个回测期内，债券资产的平均仓位为 114.4%，在 95%~127% 变动；股票资产的平均仓位为 8.3%，在 3.7%~20.1% 变动；商品资产的平均仓位为 10%，在 3.6%~19.9% 变动。而各时期的仓位变化情况和不加杠杆的风险平价策略一致。

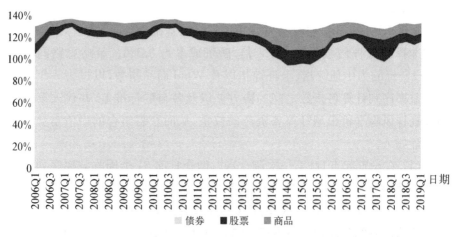

图 5-8　常规 RP+杠杆策略回测期内仓位变化情况

数据来源：Wind。

5.3.2.5　常规 RP+杠杆+动量策略

常规 RP+杠杆+动量策略是在常规风险平价的基础上，对债券资产加杠杆，同时通过动量效应选择最强的股票指数作为股票资产的配置目标。该策略的基本思路是根据各股票指数过去一个月的收益率选择动量最强的指数,并将此指数作为选择的股票资产,连同债券指数及商品指数作为三种投资标的,之后部分与"常规RP+杠杆"策略相同。具体设计如下。

在投资起点日(第一次调仓):

(1) 选择动量强的股票指数:对沪深300、中证500、标普500、纳斯达克指数、香港恒生指数过去一个月的收益率进行排序,收益最高的指数即动量最强。选择该指数作为配置的股票资产。

(2) 计算各资产权重:以中债综指、被选择股票指数(动量最强指数)、Wind商品指数过去一年(51周)的周度收益率计算标准差及协方差数据,并考虑到债券指数1.4倍的杠杆,代入加杠杆的风险平价模型,计算得到各资产的权重。

(3) 以后每一个季度(13周)调一次仓,重复以上操作。

策略回测结果净值见图5-9。2006年1月1日—2019年3月8日策略的累计收益为107.6%,年化收益5.68%,年化波动率3.89%,夏普比率0.80,最大回撤6.37%,收益回撤比0.89。

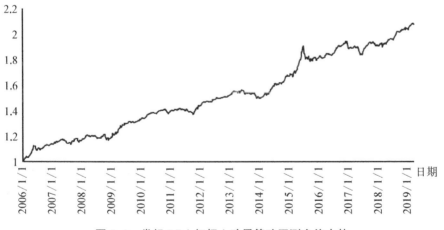

图5-9 常规RP+杠杆+动量策略回测净值走势

数据来源:Wind。

引入动量效应之后策略的年化收益略微降低(从5.72%降至5.68%),波动率升高(从3.65%升至3.89%),从而夏普比率降低(从0.87降至0.80)。引入动量效应不仅没有增加收益反而减少了收益,这是因为将过去一个月收益率作为动量指标具有局限性:持仓时间过长(一个季度),可能超过了动量效应持续的时间窗口,从而形成反转效应,造成收益减少。也就是说,一个季度的持仓期对于以过去一个月收益作为动量指标的策略来说并不太合适。

如图 5-10 所示，回测期内，债券资产的平均仓位为 113.5%，股票资产的平均仓位为 8.9%，商品资产的平均资产为 10%。三种资产的仓位动态与不引入动量效应时略有差别，呈现出更为剧烈的波动，这是因为每次在计算资产的标准差和协方差时可能会牵涉不同的股票类资产。

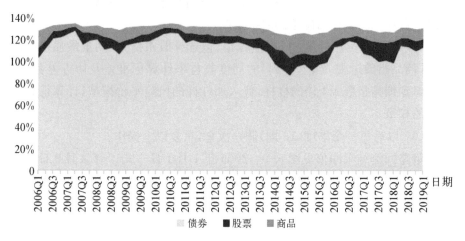

图 5-10　常规 RP＋杠杆＋动量策略回测期内仓位变化情况

数据来源：Wind。

表 5-6 列出了每个持仓期根据动量指标选择的股票指数。可以看出，动量指标在一些情况下能捕捉到上涨最快的指数并在持仓期内获益颇丰，比如 2007Q1 和 2007Q2。但是在一些情况下行情在持仓期内发生反转，导致前期收益被侵蚀，比如 2008Q1。在另外一些情况下，前期动量最强的指数在持仓后迅速反转，导致组合收益情况不佳，比如 2015Q3，当时 A 股已经进入股灾，但是策略还是配置了中证 500 指数长达一个季度。因此，可以看出持仓期过长是导致常规 RP＋杠杆＋动量策略不如常规 RP＋杠杆策略的主要原因。

表 5-6　每个持仓期选择的股票指数

持仓期	选择指数	持仓期	选择指数	持仓期	选择指数
2006Q1	沪深 300	2006Q4	中证 500	2007Q3	恒生指数
2006Q2	中证 500	2007Q1	沪深 300	2007Q4	恒生指数
2006Q3	中证 500	2007Q2	中证 500	2008Q1	中证 500

续 表

持仓期	选择指数	持仓期	选择指数	持仓期	选择指数
2008Q2	纳斯达克指数	2012Q1	标普500	2015Q4	纳斯达克指数
2008Q3	纳斯达克指数	2012Q2	纳斯达克指数	2016Q1	沪深300
2008Q4	标普500	2012Q3	纳斯达克指数	2016Q2	恒生指数
2009Q1	中证500	2012Q4	恒生指数	2016Q3	中证500
2009Q2	中证500	2013Q1	沪深300	2016Q4	恒生指数
2009Q3	沪深300	2013Q2	标普500	2017Q1	标普500
2009Q4	恒生指数	2013Q3	纳斯达克指数	2017Q2	中证500
2010Q1	纳斯达克指数	2013Q4	恒生指数	2017Q3	沪深300
2010Q2	纳斯达克指数	2014Q1	纳斯达克指数	2017Q4	中证500
2010Q3	恒生指数	2014Q2	标普500	2018Q1	标普500
2010Q4	纳斯达克指数	2014Q3	纳斯达克指数	2018Q2	中证500
2011Q1	标普500	2014Q4	中证500	2018Q3	纳斯达克指数
2011Q2	中证500	2015Q1	沪深300	2018Q4	纳斯达克指数
2011Q3	沪深300	2015Q2	中证500	2019Q1	恒生指数
2011Q4	纳斯达克指数	2015Q3	中证500		

数据来源：Wind。

5.3.2.6 下半方差RP+杠杆策略

下半方差RP+杠杆策略是以下半方差来衡量风险构建的风险平价策略。这里同样采用了对债券指数加杠杆的方法来增厚收益。该策略的思想类似于常规RP+杠杆策略，区别仅在于用下半方差代替了标准差。具体策略设计如下。

(1) 在初始投资起点日(第一次调仓)，以过去1年(51周)的周度收益率序列，计算各指数的下半方差以及彼此之间的相关系数；并考虑债券资产所加1.4倍的杠杆以及3.5%的资金成本，将计算得出的数据代入下半方差+杠杆风险平价模型，计算各个资产的权重。

(2) 之后每过一个月(4周),重复以上操作进行调仓。

策略回测结果净值见图 5-11。2006 年 1 月 1 日—2019 年 3 月 8 日策略的累计收益为 178.4%,年化收益 8.05%,年化波动率 6.85%,夏普比率 0.80,最大回撤 11.28%,收益回撤比 0.71。

图 5-11　下半方差 RP+杠杆策略回测净值走势

数据来源:Wind。

相较于前三种策略,该策略的收益得到了明显的改善,主要在于抓住了 2014 年底及 2015 年初股票市场牛市的机会,对股票配置了较大权重。这是因为下半方差过滤了上行的波动,认为只有下行波动才是风险。因此股市走牛时,下行波动较少就意味着风险低,模型便会配置更多的股票资产,使得组合充分享受了股票市场价格上涨的红利。比如 2014 年 12 月,该策略配置股票指数的比重达 76.6%,而在接下来一个月股票指数上涨超过 10%,使得组合净值向上跳跃。而在行情反转暴跌时,计算出的下半方差较大,从而配置该资产的权重较小。比如 2015 年 6 月、7 月 A 股大跌,策略配置股票指数的占比仅为 1.6% 和 0.8%,有效地躲过了市场暴跌。在整个回测期,债券资产的平均权重为 101%,股票资产的平均权重为 13%,商品资产的平均权重为 15%,可见股票和商品的权重大于常规风险平价策略(见图 5-12)。

考虑到下半方差相比方差数值更小、变动更大,会出现配置较多股票或者商品的现象,各资产占比的波动很大。因此,策略将调仓期设定为一个月(4 周),减少因为权重波动过大而带来的净值的过大波动。另外,一个月的持仓期又会减少在持仓期的不确定性,增加机动性,避免了在常规 RP+杠杆+动量策略中持仓期过长所遭遇的窘境。

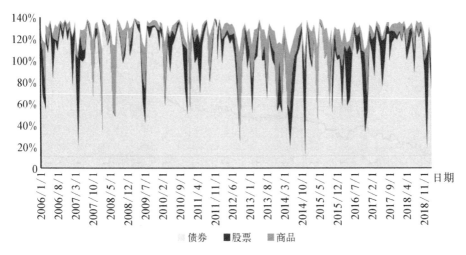

图 5-12　下半方差 RP+杠杆策略回测期内仓位变化情况

数据来源：Wind。

5.3.2.7　下半方差 RP+杠杆+动量策略

下半方差 RP+杠杆+动量策略是在下半方差 RP+杠杆策略的基础上对股票指数引入动量效应。具体做法是在其策略执行之前通过动量效应筛选出最强的股票指数，然后进一步利用风险平价模型构建组合。动量效应的指标为过去一个月的收益率，即选出过去一个月收益率最高的股票指数作为投资标的。具体策略设计如下。

在投资起点日（第一次调仓）：

（1）选择动量强的股票指数：对沪深 300、中证 500、标普 500、纳斯达克指数、香港恒生指数过去一个月的收益率进行排序，收益最高的指数即动量最强。选择该指数作为配置的股票资产。

（2）计算各资产权重：以中债综指、被选择股票指数（动量最强指数）、Wind 商品指数过去一年（51 周）的周度收益率计算下半方差及相关系数数据，并考虑到债券指数 1.4 倍的杠杆以及 3.5% 的资金成本，代入加杠杆的下半方差风险平价模型，计算得到各资产的权重。

（3）以后每一个月（4 周）调一次仓，重复以上操作。

策略回测结果净值见图 5-13。2006 年 1 月 1 日—2019 年 3 月 8 日策略的累计收益为 214.0%，年化收益 9.03%，年化波动率 7.86%，夏普比率 0.82，最大回撤 14.86%，收益回撤比 0.61。

引入动量效应之后，策略的收益率显著上升（从 8.05% 升至 9.03%），波动率略微增加（从 6.85% 升至 7.86%），从而夏普比率提高（从 0.80 升至

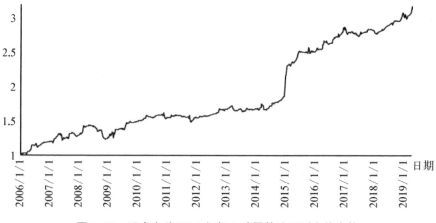

图 5-13　下半方差 RP＋杠杆＋动量策略回测净值走势

数据来源：Wind。

0.82)。在整个回测期内,债券资产的平均仓位为 99%,股票资产的平均仓位为 15%,商品资产的平均仓位为 15%(见图 5-14)。可见股票的仓位占比高于未引入动量之前的情况。这是因为引入动量效应后可以优选股票资产,获得具有更快上涨动能的股票指数,又由于持仓时间短(一个月),所以有足够的容错空间和机动性,从而能够在较好地增加收益的同时不会被行情反转所损伤。

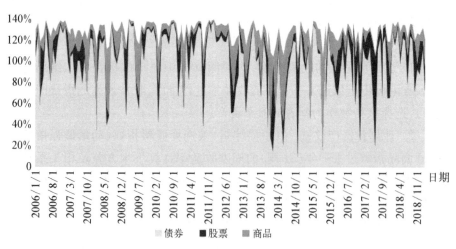

图 5-14　下半方差 RP＋杠杆＋动量策略回测期内仓位变化情况

数据来源：Wind。

表 5-7 显示了在每个持仓期根据动量指标选择的股票指数的具体情况。可以发现,相比一个季度持仓期,一个月的持仓期可以更好地捕捉正在

以最快速度上涨的股票指数。比如 2018 年 A 股从 2 月份开始进入持续的单边下跌,而根据动量指标选择指数的结果,2018 年配置的对象主要是美股,这很好地规避了 A 股市场的下跌风险,从而在年化收益上可以高出一个百分点,并获得更高的夏普比率。

表 5-7 每个持仓期选择的股票指数

持仓期	选择指数	持仓期	选择指数	持仓期	选择指数
2006/1/6	沪深 300	2007/7/20	恒生指数	2009/1/30	中证 500
2006/2/3	中证 500	2007/8/17	沪深 300	2009/2/27	中证 500
2006/3/3	沪深 300	2007/9/14	中证 500	2009/3/27	沪深 300
2006/3/31	纳斯达克指数	2007/10/12	恒生指数	2009/4/24	恒生指数
2006/4/28	中证 500	2007/11/9	恒生指数	2009/5/22	恒生指数
2006/5/26	中证 500	2007/12/7	标普 500	2009/6/19	恒生指数
2006/6/23	中证 500	2008/1/4	中证 500	2009/7/17	沪深 300
2006/7/21	中证 500	2008/2/1	中证 500	2009/8/14	恒生指数
2006/8/18	恒生指数	2008/2/29	标普 500	2009/9/11	纳斯达克指数
2006/9/15	中证 500	2008/3/28	标普 500	2009/10/9	纳斯达克指数
2006/10/13	纳斯达克指数	2008/4/25	恒生指数	2009/11/6	中证 500
2006/11/10	沪深 300	2008/5/23	中证 500	2009/12/4	中证 500
2006/12/8	沪深 300	2008/6/20	纳斯达克指数	2010/1/1	纳斯达克指数
2007/1/5	沪深 300	2008/7/18	中证 500	2010/1/29	中证 500
2007/2/2	中证 500	2008/8/15	纳斯达克指数	2010/2/26	纳斯达克指数
2007/3/2	中证 500	2008/9/12	标普 500	2010/3/26	恒生指数
2007/3/30	中证 500	2008/10/10	沪深 300	2010/4/23	中证 500
2007/4/27	中证 500	2008/11/7	纳斯达克指数	2010/5/21	标普 500
2007/5/25	中证 500	2008/12/5	中证 500	2010/6/18	中证 500
2007/6/22	沪深 300	2009/1/2	中证 500	2010/7/16	恒生指数

续　表

持仓期	选择指数	持仓期	选择指数	持仓期	选择指数
2010/8/13	中证500	2012/5/18	沪深300	2014/2/21	中证500
2010/9/10	中证500	2012/6/15	标普500	2014/3/21	标普500
2010/10/8	恒生指数	2012/7/13	恒生指数	2014/4/18	恒生指数
2010/11/5	沪深300	2012/8/10	标普500	2014/5/16	标普500
2010/12/3	中证500	2012/9/7	纳斯达克指数	2014/6/13	纳斯达克指数
2010/12/31	标普500	2012/10/5	恒生指数	2014/7/11	中证500
2011/1/28	恒生指数	2012/11/2	恒生指数	2014/8/8	沪深300
2011/2/25	中证500	2012/11/30	恒生指数	2014/9/5	中证500
2011/3/25	中证500	2012/12/28	沪深300	2014/10/3	中证500
2011/4/22	恒生指数	2013/1/25	中证500	2014/10/31	纳斯达克指数
2011/5/20	纳斯达克指数	2013/2/22	沪深300	2014/11/28	沪深300
2011/6/17	恒生指数	2013/3/22	标普500	2014/12/26	沪深300
2011/7/15	纳斯达克指数	2013/4/19	标普500	2015/1/23	沪深300
2011/8/12	中证500	2013/5/17	中证500	2015/2/20	纳斯达克指数
2011/9/9	纳斯达克指数	2013/6/14	中证500	2015/3/20	中证500
2011/10/7	纳斯达克指数	2013/7/12	纳斯达克指数	2015/4/17	中证500
2011/11/4	恒生指数	2013/8/9	恒生指数	2015/5/15	沪深300
2011/12/2	中证500	2013/9/6	中证500	2015/6/12	中证500
2011/12/30	标普500	2013/10/4	恒生指数	2015/7/10	标普500
2012/1/27	恒生指数	2013/11/1	纳斯达克指数	2015/8/7	中证500
2012/2/24	中证500	2013/11/29	恒生指数	2015/9/4	标普500
2012/3/23	中证500	2013/12/27	纳斯达克指数	2015/10/2	恒生指数
2012/4/20	沪深300	2014/1/24	纳斯达克指数	2015/10/30	中证500

续 表

持仓期	选择指数	持仓期	选择指数	持仓期	选择指数
2015/11/27	中证 500	2017/1/20	恒生指数	2018/3/16	中证 500
2015/12/25	沪深 300	2017/2/17	沪深 300	2018/4/13	中证 500
2016/1/22	标普 500	2017/3/17	标普 500	2018/5/11	纳斯达克指数
2016/2/19	标普 500	2017/4/14	恒生指数	2018/6/8	纳斯达克指数
2016/3/18	恒生指数	2017/5/12	纳斯达克指数	2018/7/6	纳斯达克指数
2016/4/15	中证 500	2017/6/9	恒生指数	2018/8/3	标普 500
2016/5/13	标普 500	2017/7/7	中证 500	2018/8/31	纳斯达克指数
2016/6/10	纳斯达克指数	2017/8/4	恒生指数	2018/9/28	沪深 300
2016/7/8	中证 500	2017/9/1	中证 500	2018/10/26	标普 500
2016/8/5	纳斯达克指数	2017/9/29	中证 500	2018/11/23	中证 500
2016/9/2	恒生指数	2017/10/27	纳斯达克指数	2018/12/21	恒生指数
2016/9/30	恒生指数	2017/11/24	沪深 300	2019/1/18	恒生指数
2016/10/28	中证 500	2017/12/22	标普 500	2019/2/15	沪深 300
2016/11/25	标普 500	2018/1/19	恒生指数		
2016/12/23	标普 500	2018/2/16	纳斯达克指数		

数据来源：Wind。

5.3.3 策略实证结果分析

如表 5-8 所示，对比各风险平价策略及指数的绩效指标可以得出以下结论。

表 5-8 各策略及指数的绩效对比

	总收益率	年化收益率	年化波动率	夏普比率	最大回撤	收益回撤比
等权重策略	109.2%	5.74%	12.58%	0.25	41.06%	0.14
常规 RP	78.2%	4.47%	2.82%	0.68	3.52%	1.27

续 表

	总收益率	年化收益率	年化波动率	夏普比率	最大回撤	收益回撤比
加杠杆 RP	108.6%	5.72%	3.65%	0.87	5.25%	1.09
加杠杆＋动量 RP	107.6%	5.68%	3.89%	0.80	6.37%	0.89
加杠杆＋下半方差 RP	178.4%	8.05%	6.85%	0.80	11.28%	0.71
加杠杆＋动量＋下半方差 RP	214.0%	9.03%	7.86%	0.82	14.86%	0.61
中债综指	67.73%	4.06%	1.91%	0.79	3.39%	1.20
上证综指	154.76%	7.46%	25.05%	0.20	70.70%	0.11
wind 商品指数	8.20%	0.61%	21.31%	−0.09	63.90%	0.01
沪深 300	296.08%	11.17%	26.83%	0.32	70.60%	0.16
中证 500	509.87%	14.92%	31.53%	0.39	70.64%	0.21
标普 500	87.95%	6.24%	16.94%	0.22	56.26%	0.11
纳斯达克指数	188.28%	9.77%	18.68%	0.39	51.98%	0.19
恒生指数	67.68%	5.05%	20.96%	0.12	58.79%	0.09

数据来源：Wind。

（1）风险平价策略在风险控制上有明显优势,夏普比例较高,而收益也较为稳健。五个风险平价策略的夏普比率均在 0.68 以上,明显高于各股票指数以及商品指数；而且最大回撤控制较好,最为激进的策略最大回撤也不超过 15%。

（2）常规 RP 年化收益率 4.47%,高于债券指数（中债综指）的 4.06%；而夏普比率为 0.68 略低于债券指数 0.79。这说明风险平价策略不仅保持了债券风险低、收益稳定的特点,还因股票和商品增加了收益。

（3）策略增加收益之后,策略的风险也提高了,但是夏普比率依然保持在较高水平。

（4）在合理持仓期前提下,引入动量效应可以增加收益。但是持仓期过长的情况下,动量持续的效应会减弱,甚至产生反转效应,从而无法达到增加收益的目的。在持仓期为一个季度的情况下,以过去一个月收益率为动量指标进行选股不能获得更高的收益(加杠杆＋动量 RP 年化收益率为 5.68%,低于加杠杆 RP 的 5.72%)。但是持仓期为一个月的情况下,动量效应会持续,策略可以获得更高的收益(加杠杆＋动量＋下半方差 RP 策略年化收益率为 9.03%,高于"加杠杆＋下半方差 RP"的 8.05%)。

(5) 用下半方差衡量风险后,组合的收益得到很大的增强,年化波动率和最大回撤均提高,但是夏普比率依然较高。加杠杆＋动量＋下半方差 RP 策略年化收益率为 9.03%,高于其他所有策略。夏普比率为 0.82,高于债券指数的 0.79。

表 5-9 显示了各个策略在 2006—2018 年的每年收益情况。可以看出等权重策略每年的收益波动非常大,而风险平价策略均较为稳健。其中三个用标准差衡量风险的策略最为稳健,13 年的时间里仅一年是负收益(分别为 −1.2%、−2.2% 以及 −0.2%)。而以下半方差衡量风险的风险平价策略稳健性也较好,两个策略均只有两个年份出现负收益。比较常规风险平价和下半方差风险平价可以发现,下半方差风险平价在有效回避下行风险的基础上,充分保留了向上的波动,因此正收益更多,一年的收益最高可达 31.9%,但是收益最低也仅为 −2.2%。

表 5-9 各策略每年度收益情况

年份	等权重策略	常规 RP	加杠杆 RP	加杠杆＋动量 RP	加杠杆＋下半方差 RP	加杠杆＋动量＋下半方差 RP
2006	80.9%	12.7%	17.7%	16.1%	23.5%	21.8%
2007	59.8%	2.0%	2.5%	4.4%	14.5%	12.2%
2008	−46.1%	2.0%	3.2%	2.8%	0.7%	−3.0%
2009	43.8%	9.2%	13.1%	12.8%	18.2%	16.3%
2010	−6.1%	2.4%	3.2%	4.7%	0.5%	0.9%
2011	−13.1%	1.7%	2.2%	3.2%	−2.0%	0.9%
2012	2.4%	3.4%	4.5%	6.6%	7.9%	9.5%
2013	−3.9%	−1.2%	−2.2%	−0.2%	−2.2%	−1.8%
2014	37.0%	11.2%	14.9%	12.0%	29.5%	31.9%

续　表

年份	等权重策略	常规 RP	加杠杆 RP	加杠杆＋动量 RP	加杠杆＋下半方差 RP	加杠杆＋动量＋下半方差 RP
2015	15.4%	5.5%	7.3%	9.2%	9.4%	10.8%
2016	−8.8%	3.3%	4.2%	3.2%	4.0%	6.0%
2017	4.5%	1.4%	1.6%	1.2%	3.8%	5.9%
2018	−12.5%	4.7%	6.3%	7.4%	6.5%	7.1%

数据来源：Wind。

5.3.4　高频数据实证研究

通过表 5-9 可以发现，有一些年份的策略收益在 0% 附近，这对于真实的投资世界而言并不是一件好事。原因在于，所采取的数据频率较低，时间跨度长，一年内可能无法体现出策略的效力。因此，接下来将利用更加高频的收益率序列（日度收益率）进行实证研究，来检验风险平价策略的有效性。

5.3.4.1　数　据

实证研究的具体步骤和 5.3.2 一样，只是选择的数据和变量设置有一些区别。

（1）和前文选择同样的指数（中债综指、上证综指、Wind 商品指数、沪深 300、中证 500、标普 500、纳斯达克指数、香港恒生指数）作为投资标的。并利用 2015 年 10 月 9 日—2019 年 3 月 14 日的行情数据计算出日收益率，每个指数可以得到 913 个日收益率数据。其中，在计算美股及港股的收益率时同样考虑美元兑人民币以及港币兑人民币的汇率变动。

（2）回溯期时长设定为 60 天，持仓期时长设定为 20 天，杠杆倍数、融资利率、交易成本以及动量指标均同前文。

结合之前实证的结论，仅选择最完备的策略进行下一阶段的研究。即仅对常规 RP＋杠杆＋动量策略以及下半方差 RP＋杠杆＋动量策略进行高频数据的实证研究。

5.3.4.2　高频数据稳健性检验

交易策略的实现同前文，但回溯期改为前 60 天，持仓期改为 20 天。策略的绩效如表 5-10 所示。

表 5-10 策略高频数据实证结果

	总收益率	年化收益率	年化波动率	夏普比率	最大回撤	收益回撤比
加杠杆+动量 RP	23.52%	6.38%	2.49%	1.54	4.12%	1.5
加杠杆+动量+下半方差 RP	26.48%	7.12%	4.65%	0.98	4.84%	1.5

数据来源：Wind。

通过高频数据的实证结果可以发现，常规风险平价策略以及下半方差风险平价策略均取得了较好的收益风险特征。不同于前文的结果，由于持仓期只有 20 天，常规 RP+杠杆+动量策略取得了较好的收益（6.38% 明显高于 5.72% 和 5.68%，但鉴于区间不同，此比较意义不大）。下半方差风险平价收益率高于常规风险平价，但是年化波动率更高。从夏普比率上来看，常规 RP+杠杆+动量策略达到了 1.54，下半方差 RP+杠杆+动量策略达到了 0.98，均是十分优秀的水平。从净值曲线上来看，下半方差风险平价策略得到的净值曲线弹性更大，但是两者在 3 年内的最大回撤相差不多（常规风险平价为 4.12%，下半方差风险平价为 4.84%）（见图 5-15）。

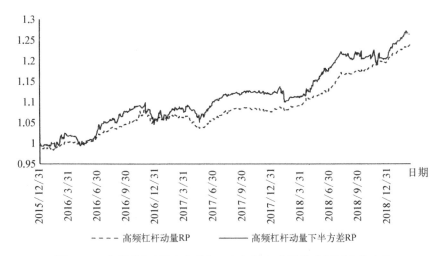

图 5-15　高频常规（下半方差）RP+杠杆+动量策略回测净值走势
数据来源：Wind。

所以，可以认为即使利用高频数据，采用更短的时间窗口，风险平价策略依然是适用的，可以获得稳健的收益，而且基于下半方差的风险平价在获得更高收益方面更有优势。

5.4 本章小结

本章研究了风险平价模型并对其做出改进,在此基础上构建了交易策略,并利用策略进行实证检验以验证相关结论。

常规的风险平价模型的重点在于控制风险,往往收益不高,而且用标准差衡量风险存在局限性。本章分析讨论了风险平价模型,构建了常规风险平价模型,以及加杠杆、引入相对动量、用下半方差表示风险的风险平价模型。在数学模型的基础上构建交易策略,经过历史数据的回测,观察各种风险平价策略的绩效表现,得出以下结论。

(1) 在我国证券市场,风险平价策略是有效的。本书采用了较长时间区间的历史数据(2005年1月7日—2019年3月8日)对风险平价策略进行回测。结果发现,即使是最基本的常规风险平价策略(年化4.47%)也可以获得高于债券4.06%的收益,并且有较小的回撤(3.52%)和较高的夏普比率(0.68)。

(2) 对债券加杠杆以及利用动量效应选股均可以增加风险平价策略的收益,同时策略的风险加大(年化波动率、最大回撤),但是收益风险比变好,策略的夏普比率得到提高。另外,对动量指标的选择以及持仓期有一定的要求,如果以过去一个月的收益率作为动量指标,那么持仓期不能过长。实证结果显示,一个季度的持仓期不能发挥动量效应来增加收益,但是一个月的持仓期可以明显增加收益。

(3) 利用下半方差表示风险可以明显增加策略的收益,但是该策略需要配合更加短的调仓周期。使用下半方差的风险平价策略相比于常规风险平价,年化收益率从5.72%提高到了8.05%,而夏普比率仅仅从0.87降到0.80。但是该策略也会带来较大的回撤,其最大回撤为11.28%,而标准差风险平价策略仅为5.25%。

(4) 利用更高频的数据以及更短的时间窗口执行风险平价策略依然有效,即保持较高的收益和高的收益风险比(虽然风险增加)。利用2015年10月9日—2019年3月14日的日度收益率数据,采用更密集的时间窗口,对常规RP+杠杆+动量策略和下半方差RP+杠杆+动量策略进行了稳健性检验。发现在更短的周期内利用风险平价仍然是有效的,而且以下半方差衡量风险会给策略带来更高的收益。

(5) 风险平价策略对于FOF投资来说是一种很好的选择。如果更看重收益的稳健性,对回撤的容忍度低,可以选择"常规 RP＋加杠杆＋引入动量"的策略组合。如果更看重在控制风险的基础上获得较高收益,可以选择"下半方差衡量风险＋加杠杆＋引入动量"的策略组合。

  总之,风险平价策略凭借着良好的风险控制能力,与 FOF 投资相得益彰,两者相辅相成,未来大有可为。而对于风险平价所忽视的收益方面,本章也进行了研究,结果表明加杠杆、引入动量以及使用下半方差均可以在增加收益的同时保持好的风险收益特征。

6 养老目标日期基金最优下滑轨道研究

人口老龄化是我国长期面临的挑战之一,而养老第一支柱难以满足日趋旺盛的养老需求。虽然我国基本养老保险覆盖率逐年提高,但我国人口基数较大,且基本养老保险的保险替代率较低,第三支柱养老发展迫在眉睫。养老目标基金等海外成熟产品的引入为我国养老保障体系第三支柱的发展提供了契机。《养老目标证券投资基金指引(试行)》(下文简称《指引》)于2018年3月2日正式发布实施,为我国市场引入目标日期及目标风险等基金产品形式提供了制度保障。《指引》是养老投资领域的纲领性文件,其发布标志着我国养老基金产品进入规范化运营阶段,公募基金行业中个人养老投资进入新时代。然而,国内现有目标日期基金的投资策略大多参照国外,下滑轨道为简单的直线型或者阶梯型,模型指标选取及策略动态调整等方面并不完善,产品收益也不尽如人意。如何基于国情采用最优的下滑轨道策略,提升产品的适用性,是目标日期基金发展的重中之重。

本章对养老目标日期基金下滑轨道展开研究。首先,梳理了国内外目标日期基金下滑轨道的研究成果;接着,基于我国资本市场数据及投资者特征构建目标日期基金下滑轨道模型,产品设计参数的引入及风险最小化函数的构建是模型的主要创新点;在此基础上,利用我国2010—2019年40个季度的数据,对目标日期基金下滑轨道策略进行实证研究,并分析了关键参数的敏感性;最后,将人力资本引入模型进行稳健性检验,并探究了下滑轨道的动态调整过程。

6.1 文 献 综 述

6.1.1 养老资产配置的影响因素

个人养老资产的配置受到多种因素的影响,目标日期基金作为一种养老投资产品,在进行大类资产配置及产品选择时需要考虑多方面的因素。

医疗水平的提升及社会保障体系的健全提高了全民预期寿命,长寿风险将成为投资者进行养老储备面临的重要风险之一。财富短缺风险也是个人养老资产配置的风险,严格来说,这类风险也可归类于长寿风险。MacMinn等(2006)和Stallard(2006)认为长寿风险会导致养老储备的匮乏。李志生等(2011)在研究长寿风险时测算了各个年龄层的财富短缺概率,并将其应用于养老资产配置的模型之中。

养老资产配置时间跨度较长,需要考虑时变风险对其产生的影响。Merton(1969)指出收益率在独立同分布资产组成的资产组合中,最优资产配置会随时间而变化。Maurer等(2009)将市场风险和通胀风险引入资产配置模型,提出了养老金计划的最佳供款金额和最优投资策略。韩立岩等(2013)以动态通货膨胀率为最低收益基准,构建养老基金资产配置的动态优化模型,给出资产组合的随机最优控制。殷俊和李媛媛(2013)采用随机利率模型,设立效用最大化目标,探究通货膨胀率对养老资产配置模型的影响。赵瑞(2013)、王春峰等(2015)则研究了资产收益率预测能力提高的情况下,时变性风险对于投资效率的影响。

投资者背景等个人因素带来的风险称为背景风险(Gollier and Pratt, 1996),例如投资者的房产情况、家庭情况、身体健康状况及投资者性别和年龄等因素。Battocchio和Menoncin(2004)在背景风险下以财富效用最大化为投资目标建立连续时间的优化方程,考虑随机通胀、随机工资及随机利率过程并给出相应的封闭解。Goldman和Maestas(2013)指出,健康风险会促使消费者减少对风险资产的投资而增加安全资产的配置比重。魏先华等(2014)及吴卫星等(2014)针对房产对于风险资产配置比例的效应持不同观点。魏先华等(2014)认为住房投资对于股票投资有一定的挤出效应,而吴卫星等(2014)则认为在拥有自住的首套房产之后,居民不动产财富产生的挤出效应不再明显,而会反过来提高股票资产的配置比例。部分文献研究了投资者的收入风险与资产配置的相关性,但并未对对于两者的关系给予明确的结论。针对投资者性别的研究显示,女性持有的风险资产比例往往少于男性(Eckel and Grossman, 2007),这与男性投资者对股市更为乐观的态度相关(Jocabsen *et al.*, 2014)。

税收、社会保障等因素与居民资产配置也有一定的关系。李心愉和段志明(2017)的研究认为税收递延政策是养老金投资的利好消息,会显著扩大养老基金的规模,但并未显著影响基金的投资策略。但从实际情况来看,这一政策的效果不及预期,对投资者吸引力不足(王国军和李慧,2019)。税收对风险资产配置影响的相关研究主要有以下结论：第一，在投资净收益相同的前提下，当必须缴纳所得税或支付补贴时，投资者投资于风险资产的意愿显著降低(Ackermann et al., 2013)；第二，当投资者的所得税边际税率提高时，其对于风险资产的投资意愿会显著增加(王鑫涛，2017)；第三，税收风险分担的性质会降低投资风险，高风险资产应在纳税账户中持有(Turvey，2011)。针对社会福利水平对居民资产配置的影响，国外的研究结果尚未有明确的结论，而我国大部分学者则认为社会福利水平的提高会降低居民的预防性储蓄转而提高对风险资产的配置(周晋和虞斌，2015；韩冰洁，2018)。宗庆庆等(2015)实证分析了基本养老保险的重要作用，指出其为家庭及个人金融资产配置的重要组成部分，对本书的研究具有一定的启发意义。

6.1.2　养老资产配置的基本理论体系

研究表明，养老基金大部分收益来源于大类资产配置，而依靠择时和择股的收益仅占极小一部分。养老资产的保值增值得益于合理的资产配置方案。资产配置理论的发展可大致分为三个阶段，分别形成了①以均值方差模型为代表的投资组合理论；②适用于中长期投资策略的生命周期资产配置理论；③以投资者行为、心理为基础的行为金融资产配置理论[①]。

投资组合理论侧重分析资产收益与方差的权衡。Markowitz(1952)的均值方差模型首次提出以资产回报的方差度量风险；William Sharpe(1964)和John Lintner(1965)的资本资产定价模型则研究了资产回报与所担风险的关系，指出超额收益的来源；Ross(1976)的套利定价模型则引入更多资产定价因素。投资组合理论对资产的风险收益进行量化分析，设定相关约束得到最优资产组合的配置，是金融学理论的重大突破。

生命周期理论广泛应用于中长期资产配置策略，是养老资产配置的理论基础。该模型认为理性人会根据生命周期不同阶段的收入情况，合理地配置资产以实现整个生命周期效用的最大化。

Samuelson(1969)提出了生命周期资产组合模型，研究了消费者在各期的投资或消费与其财富水平的关系，为后续有关生命周期投资模型的求解奠定了研究基础。Merton(1969)以Samuelson的研究为基础，构建了连续时间的生命周期资产配置模型，得到最优组合的投资比例与财富水平和时间因素的关系。

[①] 由于本章的研究不涉及行为金融学，因此省去对第三类资产配置理论的文献综述。

随后,Bodie 等(1992)指出除了金融财富,投资者的财富还包括知识、技能、经验等人力资本形成的财富。模型结果表明,在生命周期初期阶段,金融资产较为匮乏而人力资本占比较高,投资者会提高风险资产投资比例进行财富积累。在这一阶段,较高的投资风险偏好来源于预期充足的人力资本。而随着生命周期的变化,预期剩余的人力资本逐渐减少,累积的金融资产不断增加,两者比例逐步下降,投资者行为趋于保守。Koo(1999)探究了人力资本的可变性在离散模型中对资产配置策略的影响;Viceira(2001)则考虑了劳动收入风险对受雇者和退休者风险资产配置的不同影响。Charupat 等(2002)结合可变年金合约提出了可变年金最优资产配置模型。Cocoo 等(2005)建立资产配置模型探究生命周期内的投资策略。

6.1.3　养老资产配置的方法及策略

养老资产的配置策略与其优化模型的构建直接相关。以目标函数类型为标准对策略进行分类,本章梳理了养老资产配置的三大模型。

效用最大化模型关注终端财富最大化带给投资者的高效用,并以此为投资目标得到资产配置策略。Thomson(1998)首次以期望效用最大化为目标求解最优投资策略。随后,Battocchio 和 Menoncin(2002,2004)考虑了随机通货膨胀率给投资者效用函数带来的变化,并使用随机利率模型对结果进行分析。分析可得,较高的资产收益率或较低的无风险利率将提高风险资产的投资比例,而通胀率也会影响风险资产的配置。此外,Cairns 等(2006)在目标函数中引入消费习惯变量,分析了退休前后投资者生活的水平变化。他认为,投资者所剩受雇时间的长短会影响其资产配置策略,离退休时点较远的投资者更加偏好高风险资产。投资者效用的衡量也是效用最大化模型的关注点之一。为了实现养老资产的增值保值,基金管理者应选择合理的资产配置方案,而目标函数的选择可以有效衡量基金的养老保障效果。郭磊和陈方正(2008)以常数相对风险规避系数(constant relative risk aversion,CRRA)定义投资者的效用函数,模拟退休前后 DC 型年金最优配置策略的变化情况。恒定绝对风险厌恶系数(constant absolute risk aversion,CARA)也被较多地应用于衡量投资者效用的模型中,反映投资者的投资偏好和对风险的态度(Devolder et al.,2003)。王云多(2014)则将精算原则引入模型,以柯布-道格拉斯方程定义效用函数,综合考虑消费能力、年龄及风险偏好等投资者特征对资产配置策略的影响。至此,效用最大化模型的理论逐渐丰富,覆盖参数众多,考虑因素广泛。

风险最小化是第二类优化目标。这类模型首先假定某参数已知或预设期望投资目标,在此前提下最小化基金承担的风险水平以获得资产的最优配置,而所定义的风险水平一般是指基金到期时不及预设目标的亏空风险。年金可按照筹资和给付方式分为待遇确定型(DB)和缴费确定型年金(DC)。DC 型养老基金的投资者定期投入固定金额,自主决定基金运作,承担基金到期时刻的亏空风险。Blake 等(2001)指出 DC 型养老计划可能会给投资者带来远高于大多数养老金计划专业人士承认的风险。基于 DC 型养老计划的特点,基金的优化目标可以被定义为最小化到期收益不及预期投资目标的风险(Haberman and Vigna, 2001)。而在此研究的基础上,Haberman 和 Vigna(2002)进一步完善了原有模型,引入了多种具有相关性的风险资产,最终得出类似的结论。Chang 等(2003)认为投资者偏好上侧偏差而厌恶下侧偏差,在目标函数中同时加入一次和二次偏差的可体现该投资偏好。Ngwira 和 Gerrard(2007)将策略风险定义为年金支付差额与账户余额差额的二次方之和。郭磊和陈方正(2006)将上侧偏差偏好引入模型,通过随机动态规划得到了离散时间下的优化策略。叶燕程和高随祥(2007)分析了企业年金集合管理的特点,以稳定支付与资产负债匹配作为优化目标。张初兵和荣喜民(2012)重点探究了养老金在终端时刻的预期收益与预设目标的方差模型,并以此为目标函数求解常方差弹性模型(constant elasticity of variance,CEV)下的优化策略。何林(2015)将生存者利差引入模型,将优化目标设定为最小化基金实际与预期给付差额的平方。

收益保证模型兼具最大化及最小化两种目标函数,最大化的是投资者的期望效用,最小化的是资产运作的亏空风险,对投资收益做出一定的保证,因此得名。Boulier 等(2001)的研究将收益保证定义为基于终端利率的动态函数。而 Deelstra 等(2004)考虑了基金的委托代理问题,将博弈论的分析框架应用于两者的利益冲突。研究结果显示,投资者可以通过均衡的利润分享机制将部分风险转移给管理者。刘富兵等(2008)探究了在保证最低收益的情况下,我国养老基金的最优资产组合的配置情况。

除此之外,部分学者也对养老基金数理模型的拓展优化及资产配置策略进行了研究。肖建武等(2006)提出了 CEV 模型的解析方法,Xiao 等(2007),Gao(2008,2009)也将 CEV 模型应用于风险资产的收益估计并给出解析解。Ngwira 和 Gerrard(2007)在养老投资模型中假定风险资产服从跳跃扩散过程,并对跳跃效应进行一定程度的修正。刘海龙等(2003,2011)以开放式基金为研究对象,深入探究了基金的最优变现策略,丰富了不用种类基金的研究成果,指出养老金资产配置的研究方向。王晓芳等(2010)研究了目标替代率对企业年金配置策略的影响,采用随机动态规划方法获得了方程的最优解析解,并运用蒙特卡洛(Monte Carlo)技术对结果进行数值模拟分析。

6.1.4　养老目标日期基金的下滑轨道研究

关于养老目标日期基金下滑轨道的研究,学术界还未形成较为清晰的理论框架。国外对目标日期基金的研究集中在对下滑轨道的设计及效用探究。Blake 等(2001)探究高股权配比的静态资产配置策略相比生命周期、设定投资阈值等动态策略能否为投资者提供更好的养老保障。一些学者,如 Schleef 和 Eisinger(2007)、Spitzer 和 Singh(2008)则从效用函数、亏空风险等角度探究生命周期基金与平衡基金之间的不同表现。Pfau 和 Kitces(2009)对最优的下滑轨道框架进行了分析研究。他指出,一般风险厌恶程度的投资者在使用生命周期策略时会获得更高的预期效用,且策略的最终股权配置不应过低,投资者仍可在退休时通过股票投资获得更高的财富水平。Arnott 等(2013)的研究论证了基金经理可以通过主动管理提升基金绩效,同时,传统的下滑轨道投资策略收益并不尽如人意。Westmacott(2016)也提出了相似的观点。他认为,股票投资比例遵循下滑轨道的投资策略所获收益与固定比例股票投资策略所获收益相差无几,下滑轨道的策略只会提高管理费用、增加策略的复杂性。这一结论对下滑轨道的有效性产生了质疑。与传统观点不同,Basu 和 Drew(2009)认为,证券投资比例逐渐增加的激进投资组合可能产生更高的收益。Pfau 和 Kitces(2014)也提出了类似的观点。这为较长时间跨度的产品提供了新的投资思路。但值得注意的是,递增的股票持仓无法与投资者逐年下降的风险承受能力相匹配,不能体现生命周期策略的养老保障属性。

部分学者对目标日期基金核心指标的研究做出了宝贵贡献。Blanchett(2007)分析了不同的赎回比率对目标日期基金表现的影响。结论表明,低赎回比率且存续期较短的基金收益率相差不大,高赎回比率且存续期较长的基金之间的表现存在很大差异。相较于证券投资比例随年龄递减的投资组合,固定证券投资比例的资产组合往往可以承受更高的赎回比率。Forsyth 等(2017)的研究提出,通过设立目标财富来进行投资组合的配置管理,可以获得更好的效果。

而国内针对目标日期基金的研究多为定性研究,主要探讨目标日期基金的运作原理、理论框架和发展意义。本章梳理了部分针对 DC 型年金资产配置的研究成果。叶燕程和高随祥(2007)研究了企业年金的资产配置问题,构建了给付损失最小化的优化模型进行求解。王晓军和姜增明(2017)

则致力于分析长寿风险给养老投资策略带来的影响。他们认为,为应对长寿风险,养老年金需要设置更加激进的资产配置策略。李心愉和段志明(2016)的研究表明,个人所得税递延政策会降低基金对风险资产的投资比例,改善基金的风险状况。石寄华(2018)对目标日期基金的底层资产配置提出了建议,他认为相比指数基金,选择主动型基金更能发挥养老保障的作用。我国文献对中长期投资的 DC 型企业年金策略提供了的解决方案,探究了部分因素对于养老资产配置的影响。

值得注意的是,国内研究并未系统的对目标日期基金的下滑轨道进行设计构建;而国外研究往往针对的都是传统下滑轨道的设计和探索,所选择的资本市场和投资者特征参数并不适用于国内现状。不仅如此,因为养老投资时间跨度较长,中国金融市场发展历史较短,数据的局限性使得针对下滑轨道的实证研究严重匮乏。因此在我国,下滑轨道的设计还有很大的探索空间。

6.2 养老目标日期基金下滑轨道模型

本节对目标日期基金下滑轨道的理论模型进行了深入研究。首先,本节介绍了先锋基金的生命周期模型(Vanguard Life-Cycle Investing Model,VLCM 模型),并对其模型构建思路进行分析。接着,本节以 VLCM 模型为基础,结合精算平衡原则、量化投资理论等内容构建基于我国国情下的目标日期基金下滑轨道理论模型。最后,对模型的求解思路进行分析比较,并给出模型的解析解。

6.2.1 VLCM 模型

先锋基金目前是美国最大的目标日期基金管理人,其产品设计模型对我国下滑轨道的研发具有重要参考意义。接下来介绍 2016 年 9 月先锋基金发布的报告(*Vanguard Life-Cycle Investing Model*:*A Framework for Building Target-date Portfolios*)中阐述的下滑轨道设计理论。

6.2.1.1 基本思路与目标设定

VLCM 模型采用效用最大化的投资策略,该策略多见于市场上现存的目标日期基金。VLCM 模型以期望效用最大化为优化目标,采用常相对风险厌恶系数衡量效用。目标函数见式(6-1)。

$$E(U(W_T)) = E\left(\frac{W_T^{1-\gamma}}{1-\gamma}\right) \qquad (6-1)$$

其中 γ 为基金持有人的风险厌恶程度，T 为退休时点，W_T 为投资者在退休日所有的养老储备资产总额，包括社会基本养老保险、企业确定收益型年金的折现值及第三支柱等养老资产的总额。W_T 满足(6-2)和(6-3)的计算公式：

$$W_T = \sum_{t=0}^{T}\left[Revenue_t I_t \prod_{j=t}^{T}(1+r_j)\right] + OW_T \qquad (6-2)$$

$$OW_T = \sum_{t=R}^{N} \frac{SS_t(1-D_t)}{(1+r_t)^{t-R}} + \sum_{t=R}^{N} \frac{DB_t(1-D_t)}{(1+r_t)^{t-R}} \qquad (6-3)$$

其中，$Revenue_t$、I_t 分别为投资者在第 t 期的收入水平和投资比例，r_j 为目标日期基金在第 j 年的收益情况，R、N 分别为退休时间和最大生命值，SS_t 与 DB_t 分别为基本养老保险与确定收益型年金的在第 t 期的数额，r_t 为折现利率，D_t 为第 t 年死亡率。OW_T 指其他养老产财富。

6.2.1.2 模型参数选择

VLCM 模型的参数主要分为金融市场收益情况、投资者特征和投资限制三大类，其中前两类参数的取值对模型结果影响较大。

金融市场收益情况主要指股权、债权等大类资产的收益率及波动率预测，包括收益率统计模型的选择与参数的确定。

投资者特征是模型设计的关键要素，主要是指投资者与投资相关的个人资料、行为特征及偏好选择，如消费及储蓄习惯、薪酬投入情况、风险偏好及可接受的收益水平等。本章梳理了报告中的投资者特征因素（见表6-1）。

表6-1 投资者特征参数

因素特征	含 义
风险承受力	投资者风险偏好，为效用函数重要参数
国民储蓄率	储蓄存款占个人可支配收入的比例，反映投资者的消费习惯
初始投资年龄	雇员的初始工作时间，一般取平均初始工作年龄
退休年龄	雇员平均退休年龄
初始薪酬	雇员起始工资水平，报告取美国 23—27 岁全职员工工资的中位数
工资增长率	根据美国社会保障管理局公布的历年工资指数进行计算

续 表

因素特征	含 义
初始账户金额	在投资之前雇员基金账户的初始金额,该数值一般取 0
基本养老保险收入	养老体系第一支柱,由政府强制实施,数据来自公开资料
其他养老储备	主要指 DB 计划收入及其他养老收入
其他因素	个性化因素,如投资者性别、其他投资要求等

资料来源:先锋基金。

投资限制一般强制且不可调整,主要是指政策法规与基金合同中规定的投资范围及比例等。

6.2.1.3 模型求解思路

VLCM 模型采取仿真模拟求解最优下滑轨道。先锋基金基于实证数据得到资本市场收益率模型,采用蒙特卡洛方法构造随机的长期资产收益路径。在此基础上,根据不同的仿真路径分别计算各个下滑轨道的终端收益及对应的期望效用,最大化期望效用的投资策略即为最优的下滑轨道。

6.2.2 我国养老目标日期基金下滑轨道模型

6.2.2.1 模型参数选择

目标日期基金设计的海外经验已经较为丰富,这对我国基金的设计与发展具有重要意义。但我国国情特殊,金融市场发展历史短暂,投资者特征也与国外不尽相同,单纯的照搬海外现有产品设计模型显然是不切实际的。

参考先锋基金产品设计所使用的相关参数,本章分析梳理了资本市场因素、投资者特征、投资目标刻画及政策限制四大类要素,用于我国目标日期基金设计的模型构建(见表 6-2)。

表 6-2 模型参数取值

因子类别	因子名称	因 子 意 义	参考取值方式
资本市场因素	资产类别	可投资资产的范围	一般指股票、债券
	无风险利率	合适的折现利率	一般选择一年期国债利率
	资产的风险收益	资产的收益模型	一般为对数正态分布,也可采用几何布朗运动

续 表

因子类别	因子名称	因 子 意 义	参考取值方式
投资者特征	初始投资年龄	投资者起始参与投资的时间	可以设定为某一特定年龄,一般取 25 岁
	退休年龄	参与投资的雇员平均退休年龄	参考延迟退休计划,一般取 65 岁
	预期寿命	估计投资者预期寿命	参考保监会《中国人身保险业经验生命表》
	起始工资水平	投资者平均起始工资	据国家统计数据估计
	工资增长率	投资者的工资变动情况	据国家统计数据估计
	工资投入比例	每期投入资金	据相关规定设定
	起始账户水平	参与计划时账户留存金额	一般设定为 0
	其他养老收入	主要指养老第一支柱	通过政府公开数据获得
投资目标刻画	目标替代率	基金提供的养老资产占退休后总生活成本的比例	根据其他养老收入的替代率确定
	风险投资偏好	投资者的风险承受能力	一般取经验值,也可根据统计数据进行估计
政策限制	投资限制	法律规定的资产投资比例	参考《指引》中的相关规定

资料来源:作者整理。

6.2.2.2 目标函数构建

目标日期基金的模型设计可分为直接、间接两种思路。直接法也称为路径匹配法。这种设计思路假定初始资产固定,基金管理者通过权衡各类资产的风险收益属性,直接在基金存续期内对资产配置进行设定,以达到账户收益最大化的目标。随着投资者生命阶段的变化,预设投资目标与可承受的风险水平也随之变化,管理人需对资产组合进行动态调整,使得基金的风险收益水平与投资者特征相匹配。而间接法则是逆向思维,结果导向型思路。这类结果导向型思路是指通过设定最终投资目标从而逆向递推出投资路径。下文对两种不同模型构建思路所对应的目标函数进行介绍。

(1) 效用最大化目标。效用最大化目标为直接法的目标函数,符合道路驱动的思想。这类函数给定初始投资,通过权衡投资组合的风险收益属性以期达到最大的投资者财富效用。在目标日期基金的产品设计中,模型求出基金账户最终财富所对应的效用值,同时设定若干限制条件,找到使得该效用值最大化所对应的投资组合。投资者的风险厌恶系数是效用模型中的重要参数,拥有相同财富而风险偏好不同的投资者效用也不同。参考 VLCM 的模型设计,本章以幂律函数(恒定相对风险厌恶)为例进行简要介绍。该函数可表示为

$$U(W) = \frac{W^\gamma - 1}{\gamma} \tag{6-4}$$

其中,W 代表投资组合终值,γ 为投资者的风险厌恶系数。

产品的最优下滑轨道可以通过求解式(6-4)来确定。基金管理者通过模拟得到各类资产的风险收益水平,并根据产品的资产配置比例计算出到期时的投资收益及期望效用,在特定的风险承受能力下以效用函数的最大值为目标得到最优投资策略,此时权益资产的配置比例即为最优的下滑轨道。

(2)负债匹配型目标。负债匹配型目标与间接法的思路相符合。在这类思路中,产品的投资目标是使得最终投资所得覆盖一定比例的退休后支出。从精算平衡的角度出发,模型将投资者未来退休所需支出的期望值作为一系列的现金流进行折现,并将其设定为全覆盖水平下的投资目标。相比于较高的收益水平,这类目标函数更加关注基金运作的亏空风险。

目标日期产品旨在为投资者提供一定的养老储备,因此投资者格外关注最终投资所得与预期目标的差值。根据这一产品定位,设计者可利用投资的实际所得与预期目标的关系设定优化目标。将该目标分解至每一投资区间,则最终的投资策略可表述为:每一期投资目标 F_t 与实际投资所得 f_t 的差额的平方和最小。

每一期的投资差额可表示为

$$\Delta_t = F_t - f_t \tag{6-5}$$

针对该投资差额设定相应的惩罚机制,惩罚函数可表示为

$$P_t(f_t) = \Delta_t^2 + \alpha \Delta_t \tag{6-6}$$

$t = 0, 1, 2, \cdots, T-1$

为了体现投资者对亏空风险的关注,目标函数对正、负投资差额设定不同的权重,该权重可以用 α 表示($\alpha \geqslant 0$)。当实际投资值超过设定目标时,

将会减少相应的惩罚数额;当实际投资所得低于投资目标时,则会触发更加严重的惩罚。

目标日期基金投资期限较长,投资者对不同投资期间的投资差额所赋予的权重并不一致。为了反映该投资偏好,最后一期的惩罚函数可以表示为

$$P_T(f_T) = \theta(\Delta_T^2 + \alpha \Delta_T) \tag{6-7}$$

其中,$\theta \geqslant 1$。当$\theta > 1$时,表示相较于过程中的实际所得与投资目标的偏差,投资者对最终投资目标更为关注。当$\theta = 1$时,表示投资者认为过程中偏差与最终偏差无差异。

因此,在T个投资区间内,产品最终总惩罚的现值可表示为

$$S = \sum_{t=1}^{T} \frac{P_t(f_t)}{(1+r_f)^t} \tag{6-8}$$

Pratt(1964)和Owadally(1998)指出,投资者的风险偏好可以通过其效用函数求出。

符合正效用函数的投资者对风险的厌恶程度可以表示为

$$A(x) = -\frac{U(x)''}{U(x)'} \tag{6-9}$$

其中,$U(x)$为正效用函数。

符合负效用函数的投资者对风险的厌恶程度可以表示为

$$A(z) = \frac{D(z)''}{D(z)'} \tag{6-10}$$

其中,$D(z)$为负效用函数。

式(6-11)可表示为负效用函数

$$D(z) = z_t^2 + \alpha z_t \,(\Delta_t = z_t) \tag{6-11}$$

因此投资者的风险厌恶程度为

$$A(z) = \frac{D(z)''}{D(z)'} = \frac{(z_t^2 + \alpha z_t)''}{(z_t^2 + \alpha z_t)'} = \frac{2}{2+\alpha} \tag{6-12}$$

结果仅与α的取值相关,其中α为非负数。α取值越小,$A(z)$的值越接近于1,投资者对风险越为厌恶,从而更多地投资于低风险资产。

(3)目标函数选择。目标日期基金为养老投资型产品,旨在为投资者提供一定的退休养老保障,间接法更为符合产品设计思路。同时,直接法设

定目标函数存在特定缺陷。其一,效用函数形式众多,很难确定最为合适的函数,且不同的函数形式得到的资产配置曲线差异巨大,这就大大降低了求解该目标函数所得到下滑轨道的可靠性和适用性。其次,投资者的风险厌恶水平难以测量,单一个体的风险偏好并不能简单代表大多数投资者的风险承受能力。除此之外,效用最大化目标并不能直接体现投资所得对退休后支出的覆盖情况,在逻辑上无法体现目标日期基金的设计原理。因此,本章选择负债匹配型函数作为模型的目标函数。

6.2.2.3 约束条件设定

得到优化目标函数之后,设定投资所需要遵循的限制条件也是产品设计中的关键步骤。

(1) 财富过程设定。在投资类别中,我们假设共有两大类资产——高风险资产(股票)、低风险资产(债券),且收益率均符合正态分布。记高风险资产在 $[t, t+1]$ 的收益率为 $r_S(t)$,低风险资产在 $[t, t+1]$ 的收益率为 $r_B(t)$。序列 $\{r_S(t)\}$、$\{r_B(t)\}$ 分别为独立同分布,且 $r_S(t)$ 与 $r_B(t)$ 的相关系数为 ρ,ρ 为常数。两者分别符合分布:

$$r_S(t) \sim N(\mu_S, \sigma_S^2) \quad (6\text{-}13)$$

$$r_B(t) \sim N(\mu_B, \sigma_B^2) \quad (6\text{-}14)$$

$$t = 0, 1, 2, \cdots, T-1$$

其中,μ_S、μ_B 分别为股票与债券的期望收益率,σ_S、σ_B 为两者对应的波动率,且 $\mu_S > \mu_B$,$\sigma_S > \sigma_B$。

记投资者每期新投入资产占当期薪酬 $wage_t$ 的比例为 c_t,投资于股票、债券资产的比例分别为 $\omega_{S,t}$、$\omega_{B,t}$,就可以得到整体资产的财富过程:

$$f_{t+1} = (f_t + c_t * wage_t) * (e^{r_S(t)} \omega_{S,t} + e^{r_B(t)} \omega_{B,t}) \quad (6\text{-}15)$$

$$\text{s.t.} \ f_0 = 0$$

$$\omega_{S,t} + \omega_{B,t} = 1 \quad (6\text{-}16)$$

(2) 投资目标设定。投资目标的设定需要以投资者需求及产品定位为依据。目标日期基金主要为投资者提供养老资产储备,为退休后的支出提供资金支持,因此投资目标的计算需要从其生活成本出发,进行合理估算。同时,投资目标的测定也需要考虑我国基本养老金的部分,两者相减之后剩下的部分则作为最终的投资目标。

为保证退休后较为合理的生活水平,假设投资者需要达到的养老金替

代率为 p_0，我国目前基础养老金替代率为 p^*，且 p_0 在短期内不会发生变化。此处列举两种较为可行的投资目标测算方法。

第一种方案为基于预期寿命的估计，需要测算投资者的预期寿命，无法对投资者的退休后支出进行精准估计，精确度不高。假设一个人在 T 岁退休，预期寿命为 N，折现率为 r_f，则最终的投资目标为

$$F(T) = \sum_{t=0}^{N-T} \frac{(p_0 - p^*)}{(1+r_f)^t} \tag{6-17}$$

第二种方案根据养老保险的精算平衡原则，从保险业的生命表出发进行更为精细的估算。假设一个人在 T 岁退休，折现率为 r_f，d_t 为第 t 期的死亡率，则最终的投资目标为

$$F(T) = \sum_{t=T}^{\infty} \frac{(p_0 - p^*) * \prod_{i=T}^{t}(1-d_i)}{(1+r_f)^{t-T}} \tag{6-18}$$

以无风险利率为折现因子，当最终投资目标已知时，$t-1$ 期的投资目标可以通过第 t 期递推而来。而反过来，在确定了某一期的目标之后，通过投资无风险资产，即可以实现后续的投资目标。假设无风险收益率为 r_f，每期新投入资产占当期薪酬 $wage_k$ 的比例为 c_k，在基金存续期内，每一期的投资目标可以表示为

$$F(k) = \frac{F(k+1)}{1+r_f} - c_k * wage_k \tag{6-19}$$

$$k = T-1, T-2, \cdots, 2, 1$$

6.2.2.4 模型表述

根据以上分析，给出模型的优化函数，设定投资的限制条件，则整个随机优化模型可以表述为

$$\min\{\omega_{S,t}, \omega_{B,t}\}_{t=0,1,\cdots,T-1} S \tag{6-20}$$

$$\text{s.t.} \quad S = \sum_{t=1}^{t} \frac{P_t(f_t)}{(1+r_f)^t} \tag{6-8}$$

$$P_t(f_t) = \Delta_t^2 + \alpha \Delta_t \tag{6-6}$$

$$P_T(f_T) = \theta(\Delta_t^2 + \alpha \Delta_t) \tag{6-7}$$

$$\alpha > 0, \theta > 1$$

$$\Delta_t = F_t - f_t \tag{6-5}$$

$$F(T) = \sum_{t=T}^{\infty} \frac{(p_0 - p^*) * \prod_{i=T}^{t}(1-d_i)}{(1+r_f)^{t-T}} \qquad (6-17)$$

$$F(t) = \frac{F(t+1)}{1+r_f} - c_t * wage_t \qquad (6-19)$$

$$f_{t+1} = (f_t + c_t * wage_t)(e^{r_S(t)}\omega_{S,t} + e^{r_B(t)}\omega_{B,t}) \qquad (6-15)$$

$$\text{s.t.} \quad f_0 = 0$$

$$r_S(t) \sim N(\mu_S, \sigma_S^2) \qquad (6-13)$$

$$r_B(t) \sim N(\mu_B, \sigma_B^2) \qquad (6-14)$$

$$\omega_{S,t} + \omega_{B,t} = 1 \qquad (6-16)$$

$$S_1 \leqslant \omega_{S,t} \leqslant S_2 \qquad (6-21)$$

$$B_1 \leqslant \omega_{B,t} \leqslant B_2 \qquad (6-22)$$

$$t = 0, 1, 2, \cdots, T-1$$

模型中的参数及含义如表 6-3 所示。

表 6-3　模型参数符号及含义

参数符号	含　　义	参数符号	含　　义
f_t	第 t 期实际投资所得	p_0	总养老金替代率
F_t	第 t 期预设投资目标	p^*	基础养老金替代率
Δ_t	第 t 期投资差异	d_i	第 i 年估计死亡率
θ	亏空惩罚系数	$\omega_{S,t}$	t 时刻股票配置比例
α	偏差修正系数	$\omega_{B,t}$	t 时刻债券配置比例
c_k	投资者每期投入工资比例	μ_S	股票的期望收益率
$wage_t$	t 时刻薪酬水平	μ_B	债券的期望收益率
$r_S(t)$	股票在 t 时刻的收益率	σ_S	股票的波动率
$r_B(t)$	债券在 t 时刻的收益率	σ_B	债券的波动率
r_f	无风险利率	S_1, S_2	股票投资上下限
T	投资者退休年龄	B_1, B_2	债券投资上下限

资料来源：作者整理。

6.2.2.5 模型求解

确定了优化函数、模型限制及相关假设后,目标日期基金下滑轨道的模型便已构造完成。接下来,首先介绍两种较为流行的随机动态方程求解方法,其次对这两种方法的适用性进行分析,最后求解优化方程并给出模型的解析解。

(1) 求解方法分析。针对多期动态优化模型的求解方法,目前业界已有的方法主要分为两种,分别是随机动态规划法与模拟仿真择优法。

① 随机动态规划法。随机动态规划法是目前业界求解多周期最优策略常用的研究方法,该方法将概率模型运用到动态规划中去,把多维优化问题分解为若干个递归问题逐次求解。该方法的求解步骤如下。

第一步,设定投资目标:根据实际的投资需求设定投资目标。

第二步,优化函数及约束的构建:主要是指优化函数、模型限制及相关假设的构建,这一步也称为模型构建。

第三步,求解方程的解析解:对包括优化函数、模型限制及相关假设的模型用 HJB 方法进行求解,得到带随机项的方程的解析解,即每一投资区间不同资产的投资比例,构成目标日期基金的下滑轨道。

第四步,数值模拟:通过 HJB 方法求解目标收益函数可以得到每一投资区间不同资产的投资比例。但每一时期的投资比例并不是固定的数值,它是依赖于当期实际财富总额及其他一些参数的动态方程。而当期财富总额又依赖于过往资产收益情况,因此通过解方程得到的下滑轨道是一种依赖于随机模拟的资产配置路径。较为常用的模拟方法为蒙特卡洛方法。

第五步,最优下滑轨道的选择:通过上述模拟,收益路径的结果会构成一条备选路径带。要确定最优的下滑轨道,就需要从这条路径带中选取一条路径作为最优路径。取模拟结果的中位数或者平均数是较为常见的最优路径选择方法。

② 模拟仿真择优法。模拟仿真择优法是一种穷举法,这类方法会根据每次仿真得到的结果对原仿真路径不断优化,直至得到最优的仿真结果。该方法首先选取一类下滑轨道作为初始备选路径,对模型假设及资本市场参数进行设定。然后运用蒙特卡洛方法对收益情况进行数值模拟,得到不同的下滑轨道对应的终期财富总额,并计算出对应的期望效用。备选下滑轨道会根据期望效用的结果不断优化,最后便可以得到最合适的下滑轨道。一般情况下,模拟流程如图 6-1 所示。

(2) 求解方法选择。这两种方法具有不同的特征,适用的情况也不

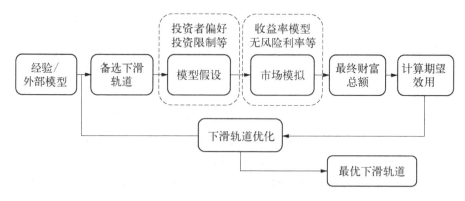

图 6-1 最优下滑轨道模拟流程

资料来源：作者整理。

同。当模型对特定资产的投资比例有限制时，随机动态规划方法不能很好地进行求解。现实生活中对融资融券等操作的限制使得资产的投资比例并不是任意取值的，且投资过程中资产也不能达到任意可分的程度。因此，这种方法求出的最优资产配置在实际操作中往往不能实现。而当对模型设定投资比例等限制时，随机动态规划法很可能无法求得优化方程的解。

模拟仿真择优法可以有效解决随机动态规划方法面临的问题，对设定投资比例限制的优化问题仍可求解。但不容忽视的是，这种方法的理论依据不足，无法给出模型最优解析解的表达式。

上述模型约定投资于股票、债券两大类资产，对股票资产的投资比例设有上下限。但考虑到该投资比例的区间较广，对模型求解的限制不大，且随机动态规划法理论依据较强，因此本章选择该法对方程进行求解。

（3）求解模型解析解。运用 HJB 方法对随机动态优化模型进行分析求解，可以得到模型的解析解：

$$\omega_{S,t}^{*} = -\frac{S_{t+1}\mathrm{E}[(e^{r_S(t)} - e^{r_B(t)})]}{2Q_{t+1}(f_t + c_t)\mathrm{E}[(e^{r_S(t)} - e^{r_B(t)})^2]} - \frac{\mathrm{E}[e^{r_S(t)+r_B(t)}] - \mathrm{E}[e^{2r_B(t)}]}{\mathrm{E}[(e^{r_S(t)} - e^{r_B(t)})^2]}$$

(6-23)

$$t = 0, 1, 2, \cdots\cdots, T-1$$

其中，式(6-23)中的序列 $\{Q_t\}$、$\{S_t\}$ 与 $\{C_t\}$ 满足如下递推方程：

$$Q_t = 1 + \beta Q_{t+1}\gamma \qquad (6-24)$$

$$S_t = -2F_t - \alpha + \beta(2cQ_{t+1}\gamma - S_{t+1}\delta) \quad (6\text{-}25)$$

$$C_t = F_t^2 + \alpha F_t + \beta\left(c^2 Q_{t+1}\gamma - cS_{t+1}\delta - \frac{S_{t+1}^2}{4Q_{t+1}}\varphi + C_{t+1}\right) \quad (6\text{-}26)$$

$$Q_T = \theta \quad (6\text{-}27)$$

$$S_T = -\theta(\alpha + 2F_T) \quad (6\text{-}28)$$

$$C_T = \theta(F_T^2 + \alpha F_T) \quad (6\text{-}29)$$

$$t = 0, 1, 2, \cdots, T-1$$

在上述递推方程中,参数满足如下关系:

$$\gamma = \frac{\mathrm{E}[e^{2r_S(t)}] * \mathrm{E}[e^{2r_B(t)}] - \{\mathrm{E}[e^{r_S(t)+r_B(t)}]\}^2}{\mathrm{E}[(e^{r_S(t)} - e^{r_B(t)})^2]} \quad (6\text{-}30)$$

$$\delta = \frac{\mathrm{E}[e^{r_S(t)+r_B(t)}] * (\mathrm{E}[e^{r_S(t)}] + \mathrm{E}[e^{r_B(t)}]) - \mathrm{E}[e^{2r_S(t)}]\mathrm{E}[e^{r_B(t)}] - \mathrm{E}[e^{2r_B(t)}]\mathrm{E}[e^{r_S(t)}]}{\mathrm{E}[(e^{r_S(t)} - e^{r_B(t)})^2]} \quad (6\text{-}31)$$

$$\varphi = \frac{e^2}{d} \frac{\{\mathrm{E}[e^{r_S(t)+r_B(t)}]\}^2}{\mathrm{E}[(e^{r_S(t)} - e^{r_B(t)})^2]} \quad (6\text{-}32)$$

β 为设定的贴现因子。

在最优股票资产配置的表达式中,Q_t、S_t 为满足特定方程的一系列常数,而 $\mathrm{E}(\cdot)$ 表示期望。$\omega_{S,t}^*$ 的表达式中存在 $f_t + c_t$ 这一项,也就是说,每一时期的投资比例并不是固定的数值,它是依赖于当期实际财富总额及其他的一些参数的动态方程。而当期财富总额又依赖于过往资产收益情况,因此通过解方程得到的下滑轨道是一种依赖于随机模拟的资产配置路径。

系数 α 对模型的影响也可以通过股票的最优配置比例 $\omega_{S,t}^*$ 的表达式看出。我们可以发现 α 的取值只影响序列 $\{Q_t\}$。在其他参数保持不变的情况下,α 的取值越大,Q_t 越大,$\omega_{S,t}^*$ 越大。因此,我们可以用参数 α 来度量投资者的风险偏好:α 取值越高,那么投资者风险偏好越大,对高风险资产即股票的投资比例也越高。该解释也与优化函数的表达式一致,通过增加 α,我们既增加了对低于目标值的偏差的惩罚,也增加了对高于目标值的偏差的回报,促使最优投资组合更多地投资于风险较高的资产。

6.3 我国养老目标日期基金下滑轨道的实证分析

本节对我国目标日期基金最优下滑轨道进行实证研究。首先,计算出模型的相关参数取值,包括模型投资目标的测算及其他相关参数的设定。接着,基于中国数据对下滑轨道进行数值模拟,并对模型中的关键参数进行敏感性分析。除此之外,还进行基于中国市场的下滑轨道实证分析,并引入人力资本参数,研究工资增长率及投入比例对模型的影响。最后,对下滑轨道进行动态调整,对比分析不同调整幅度下基金的表现情况。

6.3.1 模型参数取值

6.3.1.1 投资目标测算

根据养老保险的精算平衡原则,投资目标的精细估算可以从保险业的生命表出发,根据投资者的生存死亡情况对其养老投资目标进行精确计算。本章根据 2016 年公布的第三套生命表[①]对投资目标进行计算。

生命表中给出了不同性别及种类投资者各年龄的死亡率 d_n,考虑到基金产品的养老保障特性,选用养老类业务生命表,根据式(6-17)我们可以得到全覆盖率的养老投资目标(见表 6-5)。

养老金替代率是进行养老资产储备的重要参考指标,反映劳动者退休前后生活水平的差异。根据世界银行的测算结果,考虑到税负与其他支出,劳动者退休后想要保持生活水平,退休后收入应该保持在退休前工资收入的 70% 以上,即养老金替代率需高于 70%。

在我国当前的养老格局下,养老金替代率最高的群体是公务员及事业单位退休人员,达到 80% 以上,在全球都处于领先地位。而城镇基本养老保险的福利水平却不容而乐观,且一直呈现下降趋势,覆盖人群虽广但保障力度却难达预期。根据部分学者的测算,2005 年我国城镇基本养老保险替代率为 57.7%,而 2016 年末这一数据仅为 45%,十年间下降近 13 个百分点,跌破了国际劳工组织规定的最低标准警戒线 55%。随着我国基础养老金面临的财政压力不断增大,老龄化问题在人口结构中日益凸显,第一支柱基本养老保险面临巨大的可持续性挑战,养老金替代率长期下降的趋势难以逆转。北京大学郑伟教授指出[②],我国公共养老替代率在本世纪末将降至 20% 的水平。目标日期基金平均投资期限为 40 年,预计基金到期时第一支柱公共养老替代率下降明显。因此,为了更好地保障劳动者退休后的生活水平,本章假设 2016—2100 年基本养老保险替代率线性递减,在基金于 2059 年到期时将会降至 32.2% 左右。

---

① 国家金融监督管理总局:http://circ.gov.cn/web/site0/tab5213/info4054990.htm。
② 郑伟:《养老保障体系建设应当考虑"非理性"因素》,《保险研究》2017 年第 11 期。

表 6-4 基于经验生命表的投资者退休后支出

	男 性	女 性	平 均
退休后支出	17.33	19.95	18.64

数据来源：国家金融监督管理总局。

考虑到我国基本养老保险等其他养老保障资产，本文假设目标日期基金的替代的水平与基本养老保险互补，基本养老保险预期替代率为 $p^* = 20\%$，目标日期基金的替代率则根据预期灵活调整。投资目标计算结果见表 6-5。

表 6-5 基于经验生命表法的投资目标

总目标覆盖率	基金产品目标覆盖率	男 性	女 性	平 均
70%	37.80%	6.55	7.54	7.04
80%	47.80%	8.28	9.53	8.91
100%	67.80%	11.75	13.52	12.64

数据来源：国家金融监督管理总局。

而确定了最重要的最终投资目标之后，我们可以根据式(6-19)递推出任一周期的投资目标。也就是说，在达到中途目标之后，通过投资无风险资产，就可以实现后续的投资目标。对于无风险收益率的设定，结合产品的封闭期 3 年，模型选择了 3 年的基准存款利率 2.75% 作为前三年无风险收益率的估计。而三年后，投资者可以申请赎回基金份额，因此本章选取央行一年期基准存款利率 1.50% 为折现利率。

6.3.1.2 其他参数的设定

除去投资目标外，目标日期基金还有其他的参数需要估计。总体而言，需要考虑的参数主要包括资产收益、投资者行为、投资比例限制与模型自身参数四大类。参数的取值依据如表 6-6 所示。

(1) 资产收益类参数：通过估算沪深 300 与中债综合全价指数 2002 年 1 月—2019 年 12 月的历史月度数据得到。对于无风险收益率的设定，结合产品的封闭期 3 年，模型选择了 3 年的基准存款利率 2.75% 作为前三年无风险收益率的估计。若产品的封闭期更改，则可选择封闭期对应的基准存款利率作为无风险收益率的估计。而三年后，投资者可以申请赎回基金份额，因此本章选取央行一年期基准存款利率 1.50% 为折现利率。

表 6-6 养老目标日期基金其他参数取值

	参数名称(符号)	取 值
资产收益参数	股票收益率(μ_S)	6.31%
	债券收益率(μ_B)	3.46%
	股票波动率(σ_S)	28.75%
	债券波动率(σ_B)	3.98%
	相关系数(ρ)	−0.16
	无风险收益率(r_f)	1.50%
	三年期基准存款利率(r_{f3})	2.75%
投资者行为参数	起始投资年龄	25
	退休年龄(T)	65
	投资频率	年缴
	缴费比例(c_t)	10%
投资比例限制	股票资产最小投资比例 S_1	0
	股票资产最大投资比例 S_2	60%
模型自身参数	亏空惩罚系数(θ)	2
	偏差修正系数(α)	2

资料来源:Wind。

(2) 投资者行为参数:根据未来延迟退休的趋势,我们认为投资从25岁开始到65岁结束是比较合理的估计。从缴费额度来看,根据《企业年金办法》的规定,企业与个人联合投资比例最高不超过工资的12%,参考企业年金的缴费比例,本章取12%作为投资者的最高缴费标准,10%作为投资者的一般缴费标准。

(3) 投资比例法规限制:《指引》对特定资产品种的投资比例做出了限制。根据规定,目标日期基金产品的封闭期长短与股票资产的累计投资比例正相关,封闭期不低于3年的基金产品投资于股票、股票型基金、混合型基金和商品基金等高风险资产的比例累计不应超过60%。在此规定下,本章设定股票资产的最大比例为60%。

（4）模型参数限制：在初始模型中设定亏空惩罚系数与偏差修正系数取值均为2，后续本章将针对这两个参数的取值进行深入探究。

6.3.2 下滑轨道数值模拟

接下来，基于中国数据进行下滑轨道的数值模拟。根据表6-4的结果，取男女平均为目标人群，产品的预期覆盖率为80%，则投资目标应为8.91。我们以N的取值代表投资者的投资年限。N的最大值为40，表示投资者从25岁即购买基金产品进行投资直至65岁退休。将参数的取值带入模型的解析解式(6-23)中，并使用蒙特卡洛方法进行数值模拟，可以得到最优下滑轨道的设计结果（见图6-2和表6-6）。

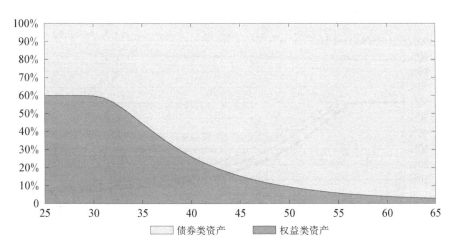

图6-2　基于"预期替代率80%，缴费比率10%"的下滑轨道数值模拟

资料来源：Wind。

结果显示，权益资产的配置比例呈现先保持不变后逐年下降的趋势，与前文的分析一致，符合下滑轨道的特征。分析权益资产配置比例的具体数据，我们发现，产品在存续的前5年一直保持激进的投资策略，权益资产的配置比例维持在规定区间的上限60%，以获得较快的财富积累。随着时间的推移，资产组合的投资重心逐渐向债权资产偏移，权益类资产的配置比例逐渐下降。在到期时，资产组合仅持有2.99%的股权资产。值得注意的是，权益类资产的配置比例并不是匀速下降的，而是以先增后减的速度持续减少（见表6-7）。

表 6-7 基于"预期替代率 80%,缴费比率 10%"数值模拟的权益配置情况

	平均权益资产配置	最终权益资产配置	初始下滑年龄
设计结果	23.88%	2.99%	30

资料来源:Wind。

6.3.3 关键参数的敏感性分析

6.3.3.1 投资者特征参数的敏感性分析

(1) 基于不同性别人群。前文已经分析了男女平均预期目标下基金产品的下滑轨道设计结果。实际上,通过修改投资目标的数值,上述方法可以研究不同性别人群对应下滑轨道的属性。基于表 6-5 的测算结果,可以分别给出男性及女性人群的最优下滑轨道(见图 6-3 和表 6-8)。

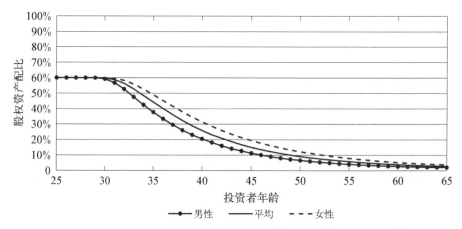

图 6-3 基于"预期替代率 80%,缴费比率 10%,不同性别"的下滑轨道数值模拟

资料来源:Wind。

表 6-8 基于"预期替代率 80%,缴费比率 10%,不同性别"
数值模拟的权益配置情况

人 群	男 性	平 均	女 性
平均权益资产比例	20.98%	23.88%	26.45%
最终权益资产比例	2.13%	2.99%	4.06%
初始下滑年龄	29	30	31

资料来源:Wind。

通过图 6-3 可以看到,由于男性、女性在预期寿命分布上有所区别,女性(9.53)所需要达到的投资目标会略微高于男性(8.28)。从下滑轨道上可以较为直观地看到,较高的投资目标使得女性人群的权益资产配置比例明显高于男性,且女性所对应的下滑时间也要晚于男性。

(2)基于不同预期替代率。预期替代率是模型的重要参数之一,反映投资者退休后生活水平的高低,不同的预期替代率会改变投资目标,对结果产生不同的影响。除去模型已有的80%的替代率,再考虑另外两个较为常见的替代率,分别为世界卫生组织估算的70%与全替代率100%,模型结果见图 6-4 和表 6-9。

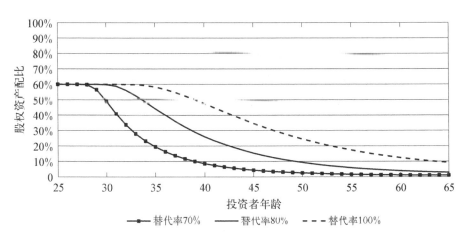

图 6-4 基于"相同性别,缴费比率 10%,不同替代率"的下滑轨道数值模拟
资料来源:Wind。

表 6-9 基于"相同性别,缴费比率 10%,不同替代率"数值模拟的权益配置情况

预期替代率	70%	80%	100%
平均权益资产比例	13.90%	23.88%	35.47%
最终权益资产比例	0.92%	2.99%	8.97%
初始下滑年龄	28	30	33

资料来源:Wind。

通过图 6-4 和表 6-9 可以看出,当产品的目标替代率取 70%时,基金管理者可适当降低股权资产的配比。权益资产轨道在维持 60%的投资比例一段时间后便较早地开始了下滑阶段,整体的下滑轨道曲线低于原始模型,股权资产在整个投资阶段的平均投资比例仅为 13.90%。而当目标替代

率为100%时,投资策略则较为激进,权益类资产配置曲线下滑较慢,权益类资产的平均配比为35.47%。

(3) 基于不同缴费比例。在前面的产品设计中,投入的缴费比例均为薪酬的10%,这一比例低于政策给出的12%的上限。而在实际情况中,投资者可能增加投资至缴费比例的上限12%,或者减少针对目标日期基金产品的资金投入,导致实际基金收到的缴费比例低于10%。针对这一点,本章对缴费比例进行修改,分别取8%、10%及12%三个数值,探究不同缴费比例的人群所对应的下滑轨道。

结果显示(见图6-5和表6-10),随着缴费比例的增加,基金的投资策略趋于保守,当投资目标一定时,投入金额的增加会使得目标的达到更为容易,基金管理者会减少股权资产的配置而选取收益更加稳健的债券产品。当缴费率降低到8%时,下滑轨道在投资者32岁时开始下滑,权益资产的平均配置比例为32.58%,投资策略较为积极。而当缴费率逐渐提高至12%时,投资策略相对保守,下滑轨道在投资者28岁时便开始下滑,平均权益占比仅为15.01%。

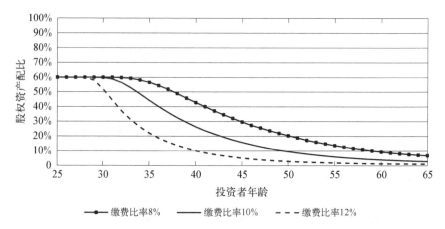

图 6-5 基于"相同性别,替代率80%,不同缴费比率"的下滑轨道数值模拟

数据来源:Wind。

表 6-10 基于"相同性别,替代率80%,不同缴费比率"数值模拟的权益配置情况

缴费比率	8%	10%	12%
平均权益资产比例	32.58%	23.88%	15.01%
最终权益资产比例	6.91%	2.99%	1.11%
初始下滑年龄	32	30	28

数据来源:Wind。

6.3.3.2 产品设计参数的敏感性分析

(1) 基于不同亏空惩罚系数。θ 为投资者对最后一期的惩罚函数赋予的权重,θ 越大,表示投资者对最后一期结果的重视度越高。θ 的取值会对递推参数 Q_T、S_T 及 C_T 的结果产生直接影响。基于序列 $\{Q_t\}$、$\{S_t\}$ 与 $\{C_t\}$ 的递推关系式(6-24)至(6-26),我们可以看出 θ 的取值会对这三个参数产生影响且与其正相关。而序列 $\{Q_t\}$、$\{S_t\}$ 的变化会进一步影响股票最优配置比例 $\omega^*_{S,t}$,但两者之间的具体关系难以判断。

我们对不同取值的亏空惩罚系数进行了研究,结果见图 6-6 和表 6-11。可以看到,随着亏空惩罚系数的升高,股票资产的投资比例在较早期便出现了下降趋势,但该变化相较于 θ 取值的变化来说并不明显。相反的是,最终权益资产配置的比例却随着亏空惩罚系数的增大而上升。

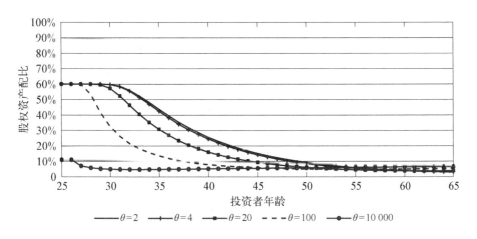

图 6-6 基于"替代率 80%,缴费比率 10%,不同亏空惩罚系数"的下滑轨道数值模拟

资料来源:Wind。

表 6-11 基于"替代率 80%,缴费比率 10%,不同亏空惩罚系数"数值模拟权益配置情况

亏空惩罚系数	2	4	20	100	10 000
平均权益资产比例	23.88%	23.06%	19.13%	13.12%	5.77%
最终权益资产比例	2.99%	3.14%	3.94%	5.34%	6.52%
初始下滑年龄	30	30	29	27	NA

资料来源:Wind。

(2) 基于偏差修正系数。式(6-12)说明，α 的取值与投资者的风险厌恶程度直接相关，α 的取值越小，投资者对风险越为厌恶，更加偏向于保守的投资策略。系数 α 对模型的影响也可以通过股票的最优配置比例 $\omega_{S,t}^*$ 的表达式看出。

考虑风险中性投资者（$\alpha \to \infty$）的投资行为，α 的取值导致股票投资比例 $\omega_{S,t}^*$ 在任一时期均无限趋近于法规限制的最高权益资产投资比例。即风险中性的投资者会将整个基金投资于高风险资产，而不会转向低风险资产。结果显示（见图 6-7 和表 6-12），随着偏差修正系数 α 的增加，下滑轨道会相应向上移动，提高了资产组合整体的风险水平，从而实现了调整产品风险等级的作用。

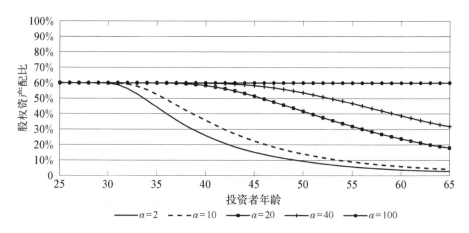

图 6-7 基于"替代率 80%，缴费比率 10%，不同偏差修正系数"的下滑轨道数值模拟
资料来源：Wind。

表 6-12 基于"替代率 80%，缴费比率 10%，不同偏差修正系数"数值模拟权益配置情况

偏差修正系数	2	4	20	40	10 000
平均权益资产比例	23.88%	28.57%	45.18%	52.58%	60.00%
最终权益资产比例	2.99%	4.46%	17.98%	31.80%	60.00%
初始下滑年龄	30	31	37	42	NA

资料来源：Wind。

6.3.4 基于我国数据的目标日期基金下滑轨道实证分析

目标日期基金的产品设计往往基于较长的时间维度。但实际上每个投

资区间的长短并不会对模型本身产生影响,因此日期日期基金下滑轨道的设计并不局限于产品的时间跨度。

由于我国金融市场发展历史较短,实际可用数据的数量有限,难以完整地回溯一个 40 年周期的生命周期产品管理流程。因此从这个角度出发,本章将每个投资区间的长度从年度改为季度,同时各类资产的风险收益估计、每期投入的资金及相关的参数均从年度向季度进行了调整,从而将一个 40 年跨度的多期优化模型转换为求解 10 年(40 个季度)下滑轨道的模型,用于回溯与观察基于中国市场的目标日期基金下滑轨道的实践情况。同理,通过修改时间周期的长短也可以将模型设定为其他不同的决策频率,设计出节点数量适当而时间长度不同的下滑轨道。

为了尽量充分运用已有的数据,在回测时,本章将产品时间设定为 2010 年 1 季度—2019 年 4 季度。同时为了避免使用未来信息,本章用 2002—2009 年的月度数据计算各类资产的风险收益情况。模型的参数设定及取值见表 6-13 和 6-14。

表 6-13 不同时间频率参数设定对比

模 型 参 数	40 年	10 年
决策节点数	40	40
股票投资比例限制	0—60%	0—60%
缴费频率	年度	季度
缴费额度	年度缴费比例	年度缴费比例/4
资产收益率	年化收益率	年化收益率/4
资产波动率	年化波动率	年化波动率/2
无风险收益率	年度无风险收益率	年度无风险收益率/4

资料来源:作者整理。

表 6-14 基于中国数据的生命周期产品参数设定

	参数名称(符号)	取 值
资产收益类	股票季度收益率(μ_S)	3.12%
	债券季度收益率(μ_B)	0.79%

续 表

参数名称(符号)		取 值
资产收益类	股票季度波动率(σ_S)	17.08%
	债券季度波动率(σ_B)	1.95%
	相关系数(ρ)	−0.18
	无风险收益率(r_f)	1.50%
	三年期基准存款利率(r_{f3})	2.75%
投资者行为参数	投资频率	季度
	缴费比例(c_t)	2.5%
投资比例法规限制	股票资产最小投资比例 S_1	0
	股票资产最大投资比例 S_2	60%
模型参数	亏空惩罚系数(θ)	2
	偏差修正系数(α)	1
	最终投资目标($F(T)$)	1.16

数据来源：Wind。

产品存续期的缩短使得最终的投资目标也相应降低。其一，投资期限的减少降低了收益；其二，投资期限的减少也会导致缴费期数变少，从而整体资产投入变少。在这里本章对最终目标替代率的设定进行了测算：假设基金将全部资产投资于3年期无风险产品，比例为13%，投资目标在40年期结束时可以达到原模型的预期替代率，因此我们设定投资目标为40年期产品的13%。根据上述数据，我们可以得到下滑轨道的设计结果。

结果显示(见图6-8和表6-15)，投资期限为10年、缴费频率为季度的目标日期基金产品在中国市场的运作中权益资产的配比呈现先保持不变、后逐年下降的趋势，符合下滑轨道的特征。分析权益资产配置比例的具体数据，我们发现，产品在存续的前11个季度内一直保持激进的投资策略，权益资产的配置比例维持在规定区间的上限60%，以获得较快的财富积累。随着时间的推移，资产组合的投资重心逐渐向债权资产偏移，权益类资产的配置比例逐渐下降，平均的权益资产配置比例为41.65%。在到期时，资产组合持有13.80%的股权资产，以维持基金账户的保值增值效果。

表 6-15　基于中国数据的养老目标基金权益资产配置情况

平均权益资产配置	最终权益资产配置	初始下滑时间
41.65%	13.80%	2012 年 4 季度

数据来源：Wind。

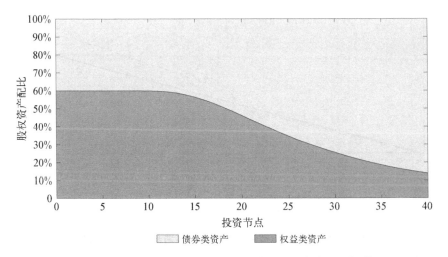

图 6-8　基于中国数据的养老目标基金权益资产下滑轨道

数据来源：Wind。

基于以上分析，本章分别选取沪深 300 及中证全债指数作为股权、债权类资产的代表，对该策略进行回测，得到基金的单位净值与投资者收益情况（见图 6-9 和表 6-16）。

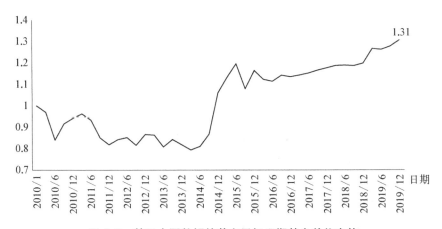

图 6-9　基于中国数据的养老目标日期基金单位净值

数据来源：Wind。

可以看到,受 2008 年金融危机影响,同期资本市场萧条,投资现抄底良机,大量股票的价值被严重低估。随着资本市场回暖、部分股票估值修正,整体资产价格上行。但是随着时间推移,股市逐渐疲软,部分估值被过度修正的股票开始下跌。而基金刚好于此时进入市场,产品处于建仓初期,股票配置比例维持高位,疲软的行情带来基金净值的较大回撤。

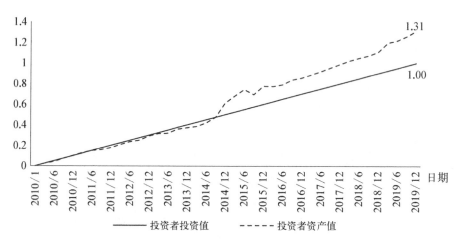

图 6-10　基于中国数据的养老目标日期基金投入与收益

数据来源:Wind。

表 6-16　基于中国数据的养老目标日期基金投资结果

单位净值	投资者累计投入	投资者资产净值	IRR(年化)
1.31	1.00	1.31	4.87%

数据来源:Wind。

总体来看,基金在 2010—2013 年表现不佳。但随后,基金在 2014—2015 年的牛市中取得了较为明显的收益,最后基金的总投入为 1(10 年每个季度 2.5%),总收益在 0.31 左右,整体投资流程的 IRR 为 4.87% 左右(见图 6-9、图 6-10 和表 6-16)。从投资结果来看,目标日期基金产品在中国市场的年化内部收益率并不高,整体表现情况仍有较大的改善空间。总体而言,这一现象受到了两个原因的影响。

一是基金运作时间段的选取对产品收益影响较大。2008 年金融危机后资本市场回暖。但是随着时间推移,股市逐渐疲软,部分估值被过度修正的股票开始下跌。而基金刚好于此时进入市场,产品处于建仓初期,股票配置比例维持高位,疲软的行情带来基金净值的较大回撤。同时,2015 年股灾也使得基金净值产生较大波动，资产组合表现不佳，但当期资产组合已相对减少对股票类资产的持仓，因此回撤情况尚可接受。这反映了传统的理论方法存在的一个核心问题——模型往往是假设资产收益符合某些较为稳定的常规分布情形，所以在遇到黑天鹅等非常规的状况时，模型会有失效的可能。同时，这个模型整体运作期较短，短期内资产收益的偏离对结果的影响较大。

二是资产风险收益模型估计的准确度不高，我国金融市场发展时间较短，资产历史数据匮乏，模型参数的估计难度较大，难以反映市场的真实情况。本章采用了2002—2009年月度数据作为各类资产收益模型参数估计的样本，数据量不足，参考性较差，并且其中2007年牛市的数据影响较大，导致对股票收益的预估明显偏高。随着中国股市时间长度逐渐拉长，各类资产收益波动估计的可靠性会随之增加。

6.3.5　人力资本参数对目标日期基金下滑轨道实证结果的影响

前文并未将人力资本参数引入模型，忽略了投资者每期薪酬及投入比例的可变化性。而目标日期基金产品的设计往往是从较长的时间维度出发的，投资者的投资行为也会随着时间的推移发生变化。固定的工资及投入金额不符合投资者的长期行为习惯。接下来，将人力资本参数引入模型，探究工资增长率及投入比例的变化对下滑轨道设计结果的影响，提高模型结果的适用性和合理性。

在本章中，假定投资者工作年限为40个时间区间，收入起薪为1个单位，不同区间收入增速不同，在1—15、16—30及31—40三个时间区间收入增速分别从3%到1%均速递减，对应投入比例分别为10%，12%和15%。在这里，我们将投入比例定义为投资者每期投入基金账户的金额占薪酬的比例。根据养老金替代率的定义，投资目标应为投资者退休前工资的一定比例，收入的增加不仅提高了投资金额，也导致了投资目标的变化。定义 g_j 为第 j 个时间区间的工资增长率，投资目标的测算结果见表6-17。

表6-17　考虑人力资本参数后不同替代率下的投资目标测算

总目标替代率	产品目标替代率	男性	女性	平均
70%	50%	20.07	23.10	21.58
80%	60%	24.08	27.72	25.90
100%	80%	32.10	36.96	34.53

数据来源：Wind。

消费者其他投资参数设定与前述相同。根据上述数据,我们可以得到下滑轨道的设计结果(见图6-11,表6-18和表6-19)。可以看出,人力资本参数的改变对下滑轨道的影响并不明显。虽然人力资本参数会改变投资者每期投入的资本,一定程度上增加了投入总金额,但工资增长率的存在也同样会拉高投资者的投资目标,投入总金额与投资目标的双增长使得投资策略并未发生较大的变化。

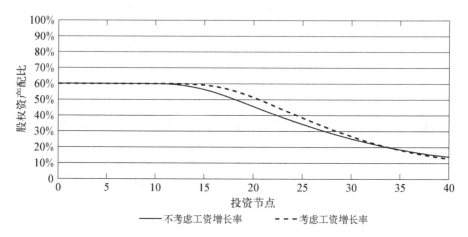

图 6-11 人力资本参数对权益投资比例的影响

数据来源:Wind。

表 6-18 考虑人力资本后养老目标日期基金权益配置比例比较

	平均权益资产配置	最终权益资产配置	初始下滑时间
不考虑工资增长率	41.65%	13.80%	2012 年 Q4
考虑工资增长率	43.30%	12.75%	2013 年 Q3

数据来源:Wind。

表 6-19 是否考虑人力资本情况下养老目标日期基金投资结果比较

	单位净值	投资者累计投入	投资者资产净值	IRR(年化)
不考虑人力资本参数	1.31	1.00	1.31	4.87%
考虑人力资本参数	1.32	2.12	2.67	5.56%

数据来源:Wind。

选用沪深300指数及中证全债指数对下滑轨道进行回测,我们得到可变工资及投入比例情况下的基金单位净值(见图6-12)与投资者收益情况(见图6-13)。

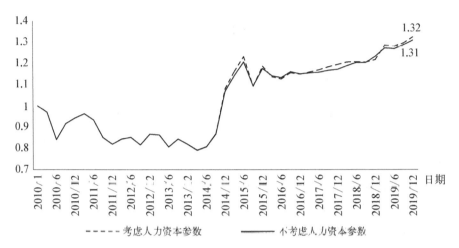

图6-12　引入人力资本参数后养老目标日期基金单位净值的比较

数据来源:Wind。

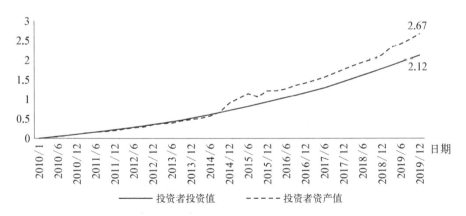

图6-13　工资持续增长情况下养老目标日期基金的投入与收益

数据来源:Wind。

分析可得,人力资本参数对下滑轨道的投资结果有一定的影响。在固定工资及投资比例时,基金净值为1.31,投资者累计投入为1,资产净值为1.31,年化的 IRR 为4.87%;在考虑变动的工资收入及投入比例时,基金净值为1.32,投资者的累计投入为2.12,资产净值为2.67,年化的 IRR 为5.56%。两者相比,基金单位净值的差距为0.01,而年化的内部收益率相差0.69个百分点。

造成两者之间差异的原因并不单一,多重因素的作用使得考虑人力资本参数的模型收益情况更为乐观。其一,在投资的较早阶段,财富较多的配置于高收益资产,递增的投入金额使得投资者总财富积累较快。其二,目标收益的测算结果与投资者退休前最后一期的薪酬相关,递增的薪酬水平不仅带来了增加的投入金额,也导致了目标收益的上升。因此,为达到设定的目标,基金经理会更多地投资于高风险资产,谋求更高的投资收益。

6.3.6 目标日期基金下滑轨道的动态调整

前文的回测结果说明,目标日期基金产品的投资操作往往并不能完全根据最初设计的下滑轨道进行,基金管理者需要根据实际情况动态地对资产配置进行调整,这是产品运作过程中的重中之重。当金融市场发展不够完善,资产收益模型的准确度有待提高时,下滑轨道的动态调整对提升基金产品的表现具有重要意义。

在生命周期产品的运作过程中,各类资产的收益实现会使得资产组合的净值发生演变,而这个过程会从两个角度影响到实际的生命周期最优路径(见图6-14)。

图6-14 定期动态调整流程图

数据来源:作者整理。

(1) 直接影响:各类资产的收益实现直接影响到产品的净值,从而影响到投资已实现的收益水平,而不同的收益水平会直接影响到接下来的最优路径——已实现的收益较高,则接下来的最优路径会偏向于保守;已实现收益较低,则接下来最优路径会变得更加激进。

(2) 间接影响:当期实际的资本市场情况也会影响各类资产风险收益的估计,进而对最优的下滑轨道产生影响。

根据上面的流程,本章建立了一个每年定期调整的动态模型。在每一年末,资产组合的净值都会发生变化,对历史收益的估计也会改变,从而下滑轨道也会有所变化。在不加入其他投资限制的情形下,下滑轨道的实际运作情况见图6-15。

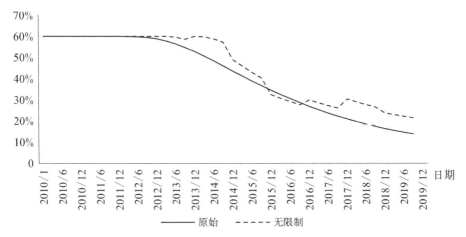

图 6-15　基于中国数据的养老目标日期基金下滑轨道动态调整结果

数据来源：Wind。

而实际上，为了使得投资比例与原始情况不会产生太大的偏差，产品设计过程中一般会假定原始的下滑轨道是一个锚，实际运作过程中的投资比例应在预先锚的区间内波动。因此本文在这里另行设定了一个更为实际的模型，在这个模型中，事先取一个阈值 π，并且设定资产的配置水平与预先设定的水平差距小于 π。在不同的 π 取值下得到的下滑轨道见图 6-16。

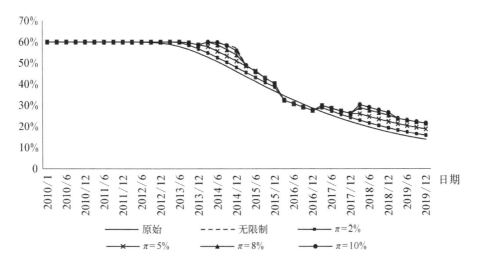

图 6-16　基于中国数据的养老目标日期基金下滑轨道动态调整结果（设定投资阈值）

数据来源：Wind。

可以看到，当经历了一段 2010 年金融危机后的疲软行情，投资组合的实际收益难达预期，动态调整会提高股权益资产的仓位，以谋求更高的收益。而在经历了较好的行情之后,产品会迅速下调权益资产的比例,以实现更低的风险。根据图 6-16 的下滑轨道,我们可以得到目标日期基金的投资结果(见图 6-17,图 6-18 和表 6-20)。

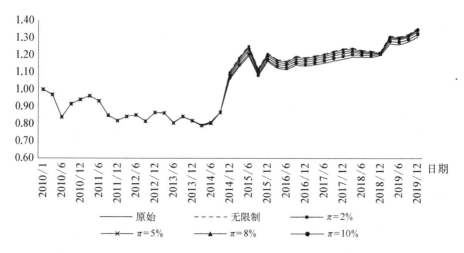

图 6-17　动态调整后养老目标日期基金的单位净值(设定投资阈值)

数据来源:Wind。

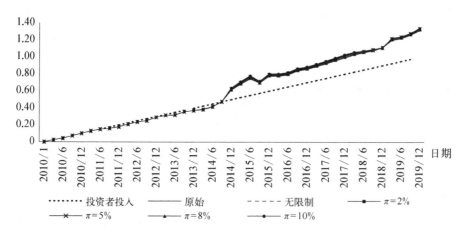

图 6-18　动态调整后养老目标日期基金的投入与收益(设定投资阈值)

数据来源:Wind。

表 6-20　动态调整后养老目标日期基金投资效果的弹性分析

	单位净值	投资者累计投入	投资者资产净值	IRR(年化)
原始	1.31	1.00	1.31	4.87%
无限制	1.36	1.00	1.34	5.30%

续　表

	单位净值	投资者累计投入	投资者资产净值	IRR（年化）
$\pi=2\%$	1.32	1.00	1.32	5.02%
$\pi=5\%$	1.34	1.00	1.33	5.17%
$\pi=8\%$	1.35	1.00	1.34	5.23%
$\pi=10\%$	1.35	1.00	1.34	5.24%

数据来源：Wind。

根据上述的结果，主要可以得到如下一些结论。

（1）动态调整可以明显改善目标日期基金的表现，提高基金的年化内部收益率。从回测结果可以看出，在对原始的下滑轨道进行动态调整之后，目标日期基金的收益情况明显得到了改善。同时，随着动态调整区间的扩大，基金的整体表现相应提升，无限制时表现最好，投资的年化内部收益率达到了5.30%，而限制较为严苛时收益情况改善幅度较小。这一情况说明，随着市场的改变，对于目标日期基金进行的动态调整是十分必要的。另外，这也说明根据初始的2002—2009年资产的收益与波动率表现确定的下滑轨道的确需要一定的改进，原始的数据大大高估了股票资产的收益，而一个合理的市场估计对于目标日期基金下滑轨道的设计是非常重要的。

（2）目标日期基金动态调整后表现改善的背后逻辑是资产收益的均值回归特性，所以这样的调整过程更适用于长周期的投资。目标日期基金的动态调整过程遵循如下规律——当前投资回报水平较高时，降低高收益资产配比；而当前投资回报较低时，增加高收益投资配比。基于此规律，动态调整的有效性就建立在资产的长期收益符合均值回归这一结论下，否则动态调整并不能改善目标日期基金的表现，从长期来看反而会增加资产组合的波动性。而股权及债券资产的收益率在长期都存在着均值回归的现象，随着投资期限的拉长，这一规律将更加明显。所以从这个角度出发，目标日期基金的动态调整在长周期的投资环境中更为有效。

6.4　本章小结

本章以养老第三支柱中的目标日期基金为研究对象，以国外相关资产配置模型为基础,针对中国市场目标日期基金的资产配置情况建立动态优化模型。本章采用权益类资产配置比重递减的思想,关注实际投资所得不达预期目标的亏空风险,以亏空惩罚系数、偏差修正系数等为核心参数,建立风险最小化的优化目标,对股票、债券两大类资产的配置比例进行分析研究,得到基于我国市场的最优资产配置曲线。针对我国养老目标日期策略的研究表示如下。

(1) 目标日期策略可以获得较为合理的收益情况,工资收入及储蓄率等人力资本参数对收益影响不大。本章基于中国金融市场的情况,探究投资组合从2010年到2019年40个季度内的资产配置情况及投资收益结果,对最优下滑轨道进行实证分析。本章以第三套生命表为基础,从养老金替代率的角度出发,利用精算平衡的方法测算出投资目标。结果显示,基金的总投入为1(10年每个季度2.5%),基金净值及投资者收益分别为1.31、0.31,整体投资流程的年化 IRR 为4.87%。同时,本章引入了人力资本参数,对比分析了工资增长率及投入比例的变化对最优下滑轨道的影响。结果显示,投入的增加提升了投资者的预期目标,并未导致投资策略的明显变化。

(2) 投资者特征及产品设计参数会对策略结果产生一定的影响。较高的投资目标使得女性人群的权益资产配置比例明显要高于男性,对应更为激进的投资策略;而在其他条件不变的情况下,较低的预期替代率或较高的缴费比例将会减少投资组合中股票资产的配置情况;亏空惩罚系数对最优下滑轨道的影响并不明显;偏差修正系数也会使得模型结果发生改变,较大的偏差修正系数代表更高的风险偏好,从而对应更为激进的投资策略。

(3) 目标日期策略并不是一蹴而就的,动态调整会在一定程度上改善基金的表现。考虑到投资策略的时变性,本章对股票资产投资比例的下滑轨道设计了上下浮动的区间,分析了不同区间宽度下策略的表现。结果显示,经过动态调整之后,投资组合的整体风险收益情况有明显改善。且随着可浮动空间的扩大,投资组合的年化内部收益率相应提高,基金净值和投资者收益也有不同程度的增加。而通过对动态调整的细节分析可以发现,下滑轨道动态调整的有效性主要建立在各大类资产的收益符合均值回归的基础上。由于收益均值回归的特点在长期更为显著,所以动态调整的方法更适用于生命周期产品的投资流程。

7　结论与政策建议

7.1　结　　论

本书首先分析了我国养老产品的发展现状,实证研究了海外养老型基金产品的影响因素。基于此,设计了调查问卷,通过问卷调查研究我国养老产品需求及其影响因素。然后,通过策略模型构建与实证数据回测,研究养老目标风险基金的风险控制策略、目标风险策略和风险平价策略,以及目标日期基金的最优下滑轨道策略在中国市场的有效性。通过以上研究,得到以下主要结论。

(1) 我国个人养老产品需求潜力巨大。我国老龄人口占比快速上升,老龄人口抚养比逐年上升,劳动力抚养负担加重,基本养老保险的收支压力逐年加大,建立个人养老金制度的重要性日益凸显。

我国养老保障体系经历了从无到有、从城镇到乡村、从基本养老保险到企业年金职业年金、从社会统筹到个人养老保险的发展过程。虽然我们已经建立第一支柱社会基本养老保险(含社会保障基金)、第二支柱企业年金和职业年金以及第三支柱个人养老金。但当前我国养老保障三支柱体系中,基本养老保障力度有限且保险替代率低,企业年金覆盖率低且发展速度缓慢,政府正大力发展个人养老保险制度,保险系、银行系、基金系和信托系养老产品如个人税收递延养老保险、养老目标基金、专属商业养老保险和养老理财产品等正在着力推广中,相关产品需求潜力巨大。

问卷调查研究表明,社会基本养老保险是最重要的养老收入来源,其次是银行存款、企业年金和职业年金,占比最低的是子女的支持。年薪10万元以下的相对低收入人群养老收入更依赖于社会基本养老保险,而年薪超过50万的高收入人群养老收入来源更多元化。随着居民收入的提高,购买养老目标基金的群体将不断壮大。

(2) 经济增长、证券市场收益的提高和税收优惠政策是养老型基金产品发展的宏观基础。本书分析了美英德法日等国家养老金相关法规政策，发现采用养老保障三支柱体系是全球的共识，越是严重依赖第一支柱基本养老保险的国家，如日本、德国、英国和法国这些国家，基本养老的财政压力就越大。通过发展第二、第三支柱补充养老保障体系，维持基本养老保障，以减轻本国的财政养老负担是这些国家养老保障制度改革的历史写照。而通过税收优惠鼓励第二、第三支柱产品发展是改革方向。

从欧美日养老资金投资的方向来看，股票等权益资产的配置比例不断提高，美国的共同基金配置比例超过50%，英国2020年共同基金配置比例达到43.27%。日本最近几年养老资金的权益资产投资比例快速增加，2020年GPIF的国内外股票市场的配置比例提高到50%。2019年，法国FRR绩效投资资产中的股票投资占比36%。因此，作为宏观经济晴雨表的证券市场收益率的高低直接影响养老资金投资收益，也影响养老型基金产品的发展。

本书分析了美英德法日的养老保障体系和养老金投资产品情况，实证分析了美国和英国养老型基金产品规模的影响因素，结果表明，宏观经济与证券市场收益水平对养老型基金规模有正面的促进效果，GDP越高、证券市场收益率越大，养老型基金规模越大。政策支持也对养老型基金规模有显著的正向影响。美国养老金的税收优惠政策改革对养老型基金规模有很强的促进效果。除了1982年第一次IRAs缴费上限改革以外，其余四次改革都与养老型基金规模的提升正相关，但2005年之后的改革效力逐步下降。而英国《2008年养老金法案》的颁布也对养老型基金规模的提升发挥了重要作用。

（3）给投资者提供相对较高回报的低风险产品是养老型基金产品的发展方向。问卷调查研究表明，33.98%的被调查者倾向于购买年化3.5%确定性收益保险产品。银行理财产品和"年化2.5%的保底＋浮动收益保险产品"分别被17.87%和25.00%的被调查者所选择。风险资产股票指数基金的需求总体占比不高。选择收益率较低的银行定期存款作为养老产品的被调查者较少。高收益养老产品的最大回撤不高于10%，女性对收益回撤的容忍度更低。同时我们观察到，年龄越大的被调查者养老产品投资越保守，高收入者投资组合相对激进，在养老产品投资方面女性比男性更保守。因此，养老产品供给方应该加强投资管理，构建收益稳健、回报较高的投资组合，以增加养老产品的吸引力。

通过研究欧美日养老金的投资管理实践，我们发现基本养老保险的投资相对保守，但近几年来，权益投资、共同基金的配置比重正不断增加。尤其以法国 FRR 的绩效投资、日本 GPIF 的投资为代表。美国 DB 计划、DC 计划和 IRAs 共同基金的配置比例在 44%—58%，英国养老金投资于共同基金的比重也超过 43%，而英国 NEST 基金投资于生命周期基金（即目标日期基金）的比重达到 99%。权益投资、共同基金的配置比重不断增加的目的就是提高养老金产品的收益率，以吸引更多投资者参与。

（4）提供丰富的养老型基金产品是基金公司长期制胜的法宝。从美国的经验来看，几乎所有的 401(k) 均可选择国内股票型基金、国际股票型基金和国内债券型基金。其中，雇主倾向于选择更多的国内股票基金（平均 10 只基金），而不是国内债券基金（3 只基金）或国际股票基金（3 种基金）。目标日期基金也是常见的投资选择，大约 80% 的 401(k) 平均提供 10 只目标日期基金供选择。此外，大约一半的 401(k) 平均提供一只货币基金，75% 提供一个保证投资合同（GIC）供选择。总的来说，401(k) 平均会为参与者提供 28 只基金供选择。美国代表性的目标日期、目标风险基金管理者包括 Vanguard、Fidelity、American Funds 和 Black Rock 等机构。以 Fidelity 推出的目标日期基金 freedom funds 为例，该产品覆盖 20—85 岁以上投资者。而 Vanguard 的 Life Strategy 基金产品有收益型、保守成长型、稳健成长型和成长型等四种目标风险类型，这四种基金的股债配比依次提升，并且 Vanguard 在资产配置比例中还标明了区分国内和国际资产的细分资产类型。丰富的养老产品线、低廉的管理费使 Vanguard 在美国养老基金管理规模上独领风骚。

为满足投资者的不同需求，英国 NEST 为投资者提供默认投资选择为生命周期基金（即目标日期基金），同时投资者还可以根据自己的需要选择其他备选基金，例如高风险基金，临近退休基金，以及符合部分宗教特殊需求的道德基金和伊斯兰基金。

因此，提供风险收益多样化的目标日期基金和目标风险基金产品以吸引更多投资风险偏好不同的养老投资者，是基金公司在养老产品市场制胜的法宝。

（5）目标风险基金的风险控制策略与目标风险策略在我国具有较好的风险控制效果。本书研究了国外养老目标风险基金产品资产配置的风险控制模型和目标风险模型，并结合中国资本市场环境和养老基金投资要求改进了母模型，在此基础上构建养老目标风险基金的交易策略，运用历史数据进行回测检验，从而分析交易策略的绩效。基于我国数据的实证研究表明：

在控制风险的效果上，基于 A 股市场历史数据，不论每日调仓、每周调仓还是每月调仓，风险控制策略均控制了以标准差衡量的风险；目标风险策略每周调仓能较好控制波动风险。结合实际情况来看,截至 2020 年 12 月 30 日,在已发行的目标风险基金中,一年持有期稳健型(权益比例不超过 30%)、三年持有期平衡型产品(权益比例不超过 60%)这两种产品在数量上占主导地位;从运行绩效看,目前各目标风险基金均取得累计正收益,并在 2020 年上半年极端市场条件下表现出良好的风险控制特征,回撤相对较少。

在衡量收益或风险收益特征上,本书通过绩效对比认为风险控制策略比目标风险策略有效。在风险控制策略中,每日风险控制策略的夏普比率更高、风险收益特征更好,这说明中国在运用这类策略时,再平衡频率应倾向于每日调整资产仓位,这与成熟资本市场更常用每日风险控制策略的做法一致。

在各类资产的仓位配置比例方面,首先,对风险控制策略而言,当再平衡频率相同且不设置杠杆融资时,目标风险波动率的差异不显著影响风险控制策略的仓位配置。结合 S&P 风险控制指数的编制方法分析得到,杠杆是策略再平衡的主要方式,可据此在风险目标范围内扩大收益,而目标风险波动率决定了杠杆的上限。其次,对目标风险策略而言,和成熟资本市场情况不同的是仓位配置比例并非恒定或小幅波动的,调仓指令下达较为频繁。

在长时间跨度中考虑择时的影响方面,不论是风险控制策略还是目标风险策略,当再平衡频率相同时,时机选择对风险控制策略有效性的影响很小。但相比之下,对风险控制策略而言,月中再平衡策略的风险收益特征略好于月末再平衡策略;对目标风险策略而言,参数预设表明低风险偏好时,月末再平衡更优;参数预设表明高风险偏好时,月中再平衡更优。

(6)目标风险基金的风险平价策略对于我国 FOF 投资来说是一种很好的策略选择。常规的风险平价模型重点在于控制风险,往往收益不高,而且用标准差衡量风险存在局限性。本书分析讨论了风险平价模型,构建了常规风险平价模型、加杠杆、引入相对动量、用下半方差表示风险的数学模型,在此基础上构建交易策略,并利用我国 2005 年 1 月—2019 年 3 月的数据进行回测,观察各种风险平价策略的绩效表现,研究结果表明:

在我国证券市场,风险平价策略是有效的。即使是最基本的常规风险平价策略(年化 4.47%)也可以获得高于债券 4.06% 的收益,并且有较小的回撤(3.52%)和较高的夏普比率(0.68)。

对债券加杠杆以及利用动量效应选股均可以增加风险平价策略的收益,同时策略的年化波动率、最大回撤风险加大,但是收益风险比变好,策略的夏普比率得到提高。另外,对动量指标的选择以及持仓期有一定的要求,如果以过去一个月收益率作为动量指标,那么持仓期不能过长。实证结果显示,一个季度的持仓期不能发挥动量效应来增厚收益,但是一个月的持仓期可以明显增加收益。

利用下半方差表示风险可以明显增加策略的收益,但是该策略需要配合更短的调仓周期。相较于常规风险平价,使用下半方差的风险平价策略年化收益率从5.72%提高到了8.05%。而夏普比率仅仅从0.87降到0.80。但是该策略也会带来较大的回撤,其最大回撤为11.28%,而标准差风险平价策略仅为5.25%。

利用更高频的数据以及更短时间窗口执行风险平价策略依然有效,能保持较高的收益和收益风险比。利用2015年10月9日—2019年3月14日的日度收益率数据,采用更密集的时间窗口,对"常规RP+杠杆+动量"策略和"下半方差RP+杠杆+动量"策略进行了稳健性检验,发现在更短周期内利用风险平价策略仍然是有效的,而且以下半方差衡量风险会给策略带来更高的收益。

风险平价策略对于FOF投资来说是一种很好的选择。如果更看重收益的稳健性,对回撤的容忍度低,可以选择"标准差衡量风险+加杠杆+引入动量"的策略组合。如果更看重在控制风险的基础上获得较高收益,可以选择"下半方差衡量风险+加杠杆+引入动量"的策略组合。

总之,风险平价策略凭借着良好的风险控制能力,与FOF投资相得益彰,两者相辅相成。而对于风险平价所忽视的收益方面,本书也进行了研究,结果表明加杠杆、引入动量以及使用下半方差均可以在增加收益的同时保持良好的风险收益特征。

(7) 目标日期基金最优下滑轨道在我国市场可以获得较好收益。本书采用权益类资产配置比重递减的思想,关注实际投资所得不达预期目标的亏空风险,以亏空惩罚系数、偏差修正系数等为核心参数,建立风险最小化的优化目标,对股票、债券两大类资产的配置比例进行分析研究,得到针对中国市场资产配置情况的目标日期基金最优下滑轨道动态优化模型。针对我国养老目标日期最优下滑轨道的研究表明:

目标日期策略可以获得较为合理的收益情况,工资收入及储蓄率等人力资本参数对收益影响不大。本书基于中国金融市场的情况,探究投资组合从2010—2019年40个季度内的资产配置情况及投资收益结果,对最优下滑轨道进行实证分析。同时,以第三套生命表为基础,从养老金替代率的角度出发,利用精算平衡的方法测算出投资目标。结果显示,基金的总投入为1(10年每个季度2.5%),基金净值及投资者收益分别为1.31、0.31,整体投资流程的年化 IRR 为 4.87%。同时，本书引入人力资本参数，对比分析了工资增长率及投入比例的变化对最优下滑轨道的影响。结果显示，投入的增加提升了投资者的预期目标，并未导致投资策略的明显变化。

投资者特征及产品设计参数会对策略结果产生一定的影响。较高的投资目标使得女性人群的权益资产配置比例明显要高于男性，对应更为激进的投资策略；而在其他条件不变的情况下，较低的预期替代率或较高的缴费比例将会减少投资组合中股票资产的配置情况；亏空惩罚系数对最优下滑轨道的影响并不明显；偏差修正系数也会使得模型结果发生改变，较大的偏差修正系数代表更高的风险偏好，从而对应更为激进的投资策略。

目标日期策略并不是一蹴而就的，动态调整会在一定程度上改善基金的表现。考虑到投资策略的时变性，本书对股票资产投资比例的下滑轨道设计了上下浮动的区间，分析了不同区间宽度下策略的表现。结果显示，经过动态调整之后，投资组合的整体风险收益情况有明显改善。且随着可浮动空间的扩大，投资组合的年化内部收益率相应提高，基金净值和投资者收益也有不同程度的增加。而通过对动态调整的细节分析可以发现，下滑轨道动态调整的有效性主要建立在各大类资产的收益符合均值回归的基础上。由于收益均值回归的特点在长期更为显著，所以动态调整的方法更适用于生命周期产品的投资流程。

7.2 政策建议

（1）构建完备的养老金法律体系。从海外经验可见，养老金制度的改革都需要以立法的形式予以保障。近年来，我国大力推动养老金改革，陆续出台相关文件：全国人大常委会于 2010 年颁布《社会保险法》，人社部、财政部于 2017 年 12 月公布《企业年金办法》，中国证券监督管理委员会于 2018 年 2 月颁布《养老目标证券投资基金指引（试行）》，中国银行保险监督管理委员会于 2018 年 6 月颁布《个人税收递延型商业养老保险资金运用管理暂行办法》，国务院办公厅于 2022 年 4 月 21 日颁布的《关于推动个人养老金发展的意见》等。但仍存在一些问题，如《社会保险法》主要针对基本养老金，内容上比较笼统，并未起到实质作用。对养老基金的投资，尚没有专门的法律法规予以规范，《养老目标证券投资基金指引（试行）》为中国证券监督管理委员会制定的，《个人税收递延型商业养老保险资金运用管理暂行办法》为中国银行保险监督管理委员会制定的，均属部门规范性文件，法律层级比较低。

为规范我国的养老金制度、推动我国养老金入市与规范运作、确保居民老有所依,建议制定针对三支柱养老体系的《养老金法》,明确各支柱的收支原则,基本养老保险的现收现付制与财政补贴相结合,第二、第三支柱养老保险的基金积累制与税收优惠相结合,明确企业、个人和相关组织的缴费比例、免税金额上限和动态调整机制,细化EET模式和TEE模式,规范各支柱养老金投资主体资格、投资范围、大类资产配置比例、风险防范措施和监管原则等。

但由于法律的出台需要相当的时间,短期内可采取如下措施:尽快出台与《社会保险法》相配套的实施细则,使该法更具有操作性;制定效力层级更高的有关第二、第三支柱养老资金投资、税收优惠的法律法规,完善产品设立、基金管理和风险控制等相关内容。

在养老基金投资监管方面,相关的规定散见于《保险法》《信托法》《证券法》《证券投资基金法》《商业银行法》《社会保险基金监督举报工作管理办法》《社会保险基金行政监督办法》《全国保障基金投资管理暂行办法》《企业年金试行办法》等法律法规中。对此,应制定单独的《养老金监管法》,对养老保险基金的征收、管理、支付、运营等行为作出规范化的监督与管理。对此,应整合现有规定,制定专门的养老基金投资监管法律或者法规。

(2)出台税收优惠政策大力发展第二、第三支柱养老保险。纵观全球主要发达国家的养老保险发展历史,建立健全养老保障三支柱体系是各国养老政策的一致目标。第一支柱基本养老保险基本采取现收现付制,一般基本养老保险的替代率较低,缴费和投资收益不够给付部分由财政补贴,因此基本养老金替代率越高的国家,养老的财政压力越大,如日本、德国、英国和法国。综观这些国家养老金改革的历史,基本都围绕如何通过发展第二、第三支柱养老保险,以减轻本国的财政养老负担。保障基本养老、发展第二、第三支柱补充养老、建立多层次的养老保障制度是减轻国家财政压力,确保雇员在退休后能够维持较为舒适生活的必然要求。

我国目前的情形与21世纪初的德国、日本和法国较为相似,尽管形式上形成了以基本养老保险、企业年金和职业年金、个人养老金为主要内容的三支柱养老保障体系,但是,目前我国养老资金来源仍然严重依赖第一支柱,第二支柱规模较小且发展空间有限,第三支柱规模更小,产品设计、制度安排才刚刚起步。面对日益严重的老龄化,在严重依赖第一支柱养老的国情下,现收现付制的基本养老保险面临越来越严重的财政负担,而延迟法定退休年龄面临困难重重。大力发展第二、第三支柱养老保险已到刻不容缓之际。

根据美国养老保障体系的发展经验,税收优惠政策是推动第二支柱 DC 中最重要的 401(k)和第三支柱 IRAs 快速发展的重要因素。日本、德国、英国和法国在发展第二、第三支柱养老保障产品时,均有税收优惠政策的支持。

为大力发展企业年金和职业年金,对雇员参与企业年金和职业年金采取 EET 模式,企事业缴费、个人缴费及投资收益部分采取递延缴纳所得税的办法。在第三支柱养老保障体系建设方面,我国在 2018 年 6 月开始试点推广个人税收递延型商业养老保险产品,但因为试点范围小、受众群体偏窄、税收优惠力度较小、个税抵扣流程较为复杂、投资收益上优势较小等原因,总体规模较小。2022 年 4 月 21 日,国务院办公厅发布《关于推动个人养老金发展的意见》,规定第三支柱个人养老金采取账户制运行模式,提供税收优惠政策,个人自愿参加,市场化运作。但具体税收优惠政策有待进一步细化,免税金额也较少(每月仅 1 000 元)。因此,建议进一步完善顶层制度设计,构建完备的 EET 模式和 TEE 模式,积极推进养老账户制度建设,加大养老金投资税收优惠力度,逐步提高免税金额,简化抵税申报流程,以促进第三支柱养老产品的发展。

(3) 大力发展养老型基金产品等第二、第三支柱养老产品。第二、第三支柱养老保障体系的发展,不仅需要有底层账户、税收优惠等制度建设,同时还需要给参与养老计划的人群提供丰富的养老产品供其选择。

近年来,我国先后推出了养老目标证券投资基金(2018)、个人税收递延型商业养老保险(2018)、专属商业养老保险(2021)、养老理财产品(2021)等第三支柱养老产品,但我国总体可供选择的养老产品还需不断丰富。尤其需要提供风险收益多样化的目标日期基金和目标风险基金等基金产品以吸引更多投资风险偏好不同的投资者。

(4) 适时引入自动加入与合格默认投资工具制度。美国 2006 年、英国 2008 年养老制度改革以及中国香港地区 2016 年强积金强制引入预设基金策略改革来看,其核心就是推行收入到达一定阈值后自动加入养老计划的机制,并提供合格默认投资工具如目标日期基金供投资者选择,限制收费上限,提高基金长期回报。其改革取得了良好的效果。我国在完善作为第二支柱的企业年金和职业年金以及第三支柱的个人养老金方面,可吸收其有益经验。

首先,尝试借鉴国外养老计划的自动加入机制,扩大养老金覆盖面。建议修改《企业年金办法》,对收入到达一定阈值的雇员推行自动加入养老计划的机制,对自动加入养老计划的雇员可适当降低社会基本养老保险的缴费比例,以支持自动加入机制的发展,提高企业积极性,减轻企业和雇员负担。其次,强化个人投资选择权,引入合格默认投资工具。明确要求合格养老资金管理机构应为自动加入计划参与人提供丰富的合格默认投资工具,以满足不同风险偏好、不同年龄结构、不同市场看法的计划参与人的需求。从英美的经验来看,合格养老资金管理机构至少需要为养老计划参与人提供三个以上不同风险养老产品以供选择。此外,由于我国养老计划参与人相关知识匮乏,所以应当借鉴美国、中国香港地区等监管部门的经验,强化养老基金产品的信息披露,并且加强对计划参与人的投资者教育。最后,将目标日期基金设为合格默认投资工具,推动个人投资选择权,引入以目标日期基金 FOF 为默认投资模式。养老目标基金可较好地解决我国目前个人养老基金投资存在的问题。在引入目标日期 FOF 基金时,首先应当修订企业年金的相关规定,开放企业年金、职业年金的个人选择权,并且将目标日期 FOF 基金设为合格默认基金选项,同时也列入受托人直投的范围,以降低整体费用。

（5）进一步完善养老保险资金的投资监管。纵观欧美日养老金的投资管理经验,基本养老保险的投资相对保守,以债券为主,例如美国第一支柱的社保资金委托 OASDI 信托基金进行投资,美国法律规定社会保障基金主要购买美国政府发行的特殊债券。德国基本养老保险基金 75% 的投资对象为债券。法国的养老储备基金 FRR 负责法国基本养老金的投资管理,其将投资资金分为套期保值投资和绩效投资的资金,基本各占一半。FRR 全球配置资产,套期保值投资资产投资优质债券的比例接近 90%。日本设立"养老基金管理运营独立行政法人"(GPIF)负责公共养老金的投资运作,主要投资于国内的债券。但最近几年,GPIF 不断降低债券配置比例,不断增加国内外权益配置比重。2020 年 3 月,GPIF 对本国债券、海外债券、本国股权和外国股权的配置目标均为 25%。

根据《基本养老保险基金投资管理办法》规定,我国养老基金资金投资仅限于境内投资,股票权益投资不高于 30%。作为国家社保储备基金的全国社保基金积累了丰富的市场化、多元化养老金投资管理经验,取得了良好的投资收益率。但目前全国社保基金管理资金不到基本养老基金的 50%,建议逐步扩大全国社保基金管理规模,同时逐步放宽基本养老保险权益投资的上限比例,以及逐步探索将资金进行全球配置。

2012 年英国推出自动加入的职业养老金计划之后,NEST 的资产规模急速上升,成为推动英国企业年金普及的重要支撑,其运行由专门的 NEST

公司完成。建议吸收英国职业养老金 NEST 的有益经验,成立市场化的独立机构,配合自动加入机制的改革。

(6) 加强养老基金产品的投资者教育。加强公众关于养老基金产品方面的教育。我国公众长期以银行储蓄等稳健理财为主要投资方式,金融专业基础薄弱,缺乏基金投资方面的相关知识。如果从数量限制规则向审慎人规则转变,对养老基金产品不做限制,则投资者在选择产品时将面临较大困难,也可能出现因投资者无识别能力而招致账户亏损的后果。对此,需要对养老计划参加人进行投资教育,帮助投资者识别产品收益风险情况,以及自己的风险承受能力,从而做出与其风险偏好及生命周期特征相匹配的养老型基金产品。我国在制定相关法律法规时,应根据投资人年龄、退休日期、风险收益偏好、收入水平等推介合适的养老型基金产品,引导投资人开展长期养老投资。在养老型基金产品营销推介的过程中,应当编写详尽的介绍材料,进行充分的风险提示,使投资者充分了解投资策略、权益类资产配置比例、基金风险特征和费率结构等产品特征,将合适的产品传递给投资者。

附录1　我国养老金产品需求调查问卷

1. 您的性别[单选题]*
   ○ 男　　　　　　　　　　　○ 女
2. 您的年龄[单选题]*
   ○ 30 岁以下　　　　　　　　○ 31—40 岁
   ○ 41—45 岁　　　　　　　　○ 46—50 岁
   ○ 51—55 岁　　　　　　　　○ 56—60 岁
3. 您的学历[单选题]*
   ○ 初中及以下　　　　　　　　○ 高中/中专
   ○ 大专　　　　　　　　　　　○ 本科
   ○ 硕士　　　　　　　　　　　○ 博士
4. 您的职业[单选题]*
   ○ 在校学生　　　　　　　　　○ 政府/机关干部/公务员
   ○ 企业管理者　　　　　　　　○ 普通职员
   ○ 专业人员　　　　　　　　　○ 普通工人
   ○ 商业服务业职工　　　　　　○ 个体经营者/承包商
   ○ 自由职业者　　　　　　　　○ 农林牧渔劳动者
   ○ 退休　　　　　　　　　　　○ 暂无职业
   ○ 其他
5. 您的年薪[单选题]*
   ○ 10 万元以下　　　　　　　○ 11 万—20 万元
   ○ 21 万—30 万元　　　　　　○ 31 万—40 万元
   ○ 41 万—50 万元　　　　　　○ 50 万元以上
6. 您工作生活所在城市[单选题]*
   ○ 北上广深　　　　　　　　　○ 长三角地区(上海除外)
   ○ 珠三角地区(广州、深圳除外)　○ 京津冀地区(北京除外)
   ○ 川渝地区　　　　　　　　　○ 其他地区

7. 您认为年薪多少会考虑购买养老产品[单选题]*
   ○ 10万元以下　　　　　○ 10万—20万元
   ○ 21万—30万元　　　　○ 31万—40万元
   ○ 41万—50万元　　　　○ 50万元以上

8. 你认为自己养老收入主要来源是[多选题]*
   □ 社会基本养老保险　　□ 企业年金或职业年金
   □ 房租　　　　　　　　□ 银行存款
   □ 股票期货等投资收益　□ 保险产品
   □ 退休后兼职　　　　　□ 子女支持

9. 您预计购买养老产品不超过当期收入的百分比是多少[单选题]*
   ○ 5%　　○ 10%　　○ 15%　　○ 20%
   ○ 25%　　○ 30%

10. 您认为需要多少资金退休后生活水平才不至于下降？[单选题]*
    ○ 50万—100万元　　　○ 101万—150万元
    ○ 151万—200万元　　 ○ 201万—250万元
    ○ 251万—300万元　　 ○ 301万—350万元
    ○ 350万元以上

11. 您更倾向于购买下面哪款产品养老[单选题]*
    ○ 年化3.5%确定性收益保险产品
    ○ 年化2.5%的保底+浮动收益保险产品
    ○ 股票指数基金
    ○ 货币基金
    ○ 银行定期存款
    ○ 银行理财产品
    ○ 信托产品

12. 高风险高收益，您能接受相对高收益养老产品的最大回撤（短期最大下跌幅度）是多少？[单选题]*
    ○ 5%　　○ 10%　　○ 20%　　○ 30%

13. 您认为最可靠的养老资产是[单选题]*
    ○ 养老保险产品　　　　○ 银行存款
    ○ 股票　　　　　　　　○ 房产
    ○ 养老目标基金　　　　○ 其他

14. 您愿意购买个税递延型商业养老保险产品吗[单选题]*
    ○ 愿意　　○ 不愿意　　○ 不了解该产品

15. 您愿意购头养老目标基金产品吗[单选题]*
    ○ 愿意   ○ 不愿意   ○ 不了解该产品
16. 您愿意每月花多少钱购买个税递延型商业养老保险产品、养老目标基金产品等个人养老第三支柱产品[单选题]*
    ○ 500 元以内   ○ 501—1 000 元
    ○ 1 001—1 500 元   ○ 1 501—2 000 元
    ○ 2 001—2 500 元   ○ 2 500 元以上
17. 您获取养老产品信息的主要渠道是[单选题]*
    ○ 自主学习判断   ○ 亲朋好友推荐
    ○ 网络信息   ○ 保险公司推销
    ○ 银行网点广告   ○ 基金公司营销
    ○ 其他
18. 如果您尚未购买相关养老产品,没有购买养老产品的主要原因是[多选题]*
    □ 缺钱   □ 缺乏相关投资知识
    □ 养老产品缺少税收优惠 □ 未来政府养老金够用
    □ 养儿防老

附录2 问卷信效度分析

1. 问卷信度分析

利用 SPSS 将问卷数据进行统计分析,可以得出问卷的可靠性数据。本书根据问卷题目的逻辑按照收入及养老产品预算选出 6 个项目进行可靠性分析,结果如表 1 所示。信度系数越大,表明测量的可信程度越大。学者 DeVellis(1991)认为,Cronbach 的 α 在 0.65 以上即可以接受该问卷。本问卷的 α 为 0.666,大于 0.65 临界值,问卷可靠。

表 1 可靠性统计资料

收入及养老产品预算	
Cronbach 的 α	检测项目个数
0.666	6

2. 问卷效度分析

利用 SPSS 将问卷数据进行统计分析,可以得出问卷的效度分析数据。

效度即有效性,是衡量问卷调查综合评价体系能否准确反映评价要求和目的的指标。效度较高,表明问卷调查结果能显示其所需调查的特征,低于临界值则效果较差。

本书利用结构效度进行测量分析。结构效度是指问卷调查的测量结果体现出来的测量值与某种结构之间的关系。结构效度分析方法主要采用因子分析法,通过因子分析可以考察问卷能否测量出问卷假设的某种结构。若巴特利特(Bartlett)球形检验中显著性小于 0.05,且 KMO 值大于 0.7,则说明问卷的结构效度良好。

分析结果如表 2 所示。本问卷的结构效度为 0.766,大于 0.7。且巴特利特球形检验中显著性小于 0.05,数据呈球形分布。问卷的结构效度良好。

表 2　KMO 与 Bartlett 检定

KMO 测量取样适当性		0.766
巴特利特的球形检定	大约卡方	4 347.094
	DF	406
	显著性	0.000

附录3 养老目标风险基金资产配置策略代码

```r
######1st risk control######
fn <- function(beta, y, X) {
  -sum(beta * X)+abs(sum(beta)-1)+abs(y - sum(beta^2))
}

## define two-yaxis-plot
ggplot2.two_y_axis <- function(g1, g2) {
  g1 <- ggplotGrob(g1)
  g2 <- ggplotGrob(g2)

  pp <- c(subset(g1 $ layout, name == 'panel', se = t:r))

  g1 <- gtable_add_grob(g1, g2 $ grobs[[which(g2 $ layout $ name == 'panel')]],
pp $ t, pp $ l, pp $ b, pp $ l)

  hinvert_title_grob <- function(grob){

    # Swap the widths
    widths <- grob $ widths
    grob $ widths[1] <- widths[3]
    grob $ widths[3] <- widths[1]
    grob $ vp[[1]] $ layout $ widths[1] <- widths[3]
    grob $ vp[[1]] $ layout $ widths[3] <- widths[1]

    # Fix the justification
    grob $ children[[1]] $ hjust <- 1 - grob $ children[[1]] $ hjust
    grob $ children[[1]] $ vjust <- 1 - grob $ children[[1]] $ vjust
```

```r
  grob$children[[1]]$x <- unit(1, 'npc') - grob$children[[1]]$x
  grob
}


# Get the y axis title from g2
index <- which(g2$layout$name == 'ylab-l')  # Which grob contains the y axis title?
ylab <- g2$grobs[[index]]                    # Extract that grob
ylab <- hinvert_title_grob(ylab)             # Swap margins and fix justifications

# Put the transformed label on the right side of g1
g1 <- gtable_add_cols(g1, g2$widths[g2$layout[index, ]$l], pp$r)
g1 <- gtable_add_grob(g1, ylab, pp$t, pp$r + 1, pp$b, pp$r + 1, clip = 'off', name = 'ylab-r')

# Get the y axis from g2 (axis line, tick marks, and tick mark labels)
index <- which(g2$layout$name == 'axis-l')   # Which grob
yaxis <- g2$grobs[[index]]                    # Extract the grob

# yaxis is a complex of grobs containing the axis line, the tick marks, and the tick mark labels.
#   The relevant grobs are contained in axis$children:
#     axis$children[[1]] contains the axis line;
#     axis$children[[2]] contains the tick marks and tick mark labels.

# First, move the axis line to the left
yaxis$children[[1]]$x <- unit.c(unit(0, 'npc'), unit(0, 'npc'))

# Second, swap tick marks and tick mark labels
ticks <- yaxis$children[[2]]
ticks$widths <- rev(ticks$widths)
ticks$grobs <- rev(ticks$grobs)

# Third, move the tick marks
ticks$grobs[[1]]$x <- ticks$grobs[[1]]$x - unit(1, 'npc') + unit(3, 'pt')

# Fourth, swap margins and fix justifications for the tick mark labels
ticks$grobs[[2]] <- hinvert_title_grob(ticks$grobs[[2]])
```

```r
# Fifth, put ticks back into yaxis
yaxis$children[[2]] <- ticks

# Put the transformed yaxis on the right side of g1
g1 <- gtable_add_cols(g1, g2$widths[g2$layout[index, ]$l], pp$r)
g1 <- gtable_add_grob(g1, yaxis, pp$t, pp$r + 1, pp$b, pp$r + 1, clip = 'off', name = 'axis-r')
grid.newpage()
grid.draw(g1)
}

#1st combine function

dtt <- function(mu){
    optim_get <- data.frame()
    for (p in 1:nrow(dataget)){
        optim_get <- rbind(optim_get, data.frame(time=dataget[p,1], t(optim(rep(0,5), fn, X = dataget[1:p,2:6], y = mu, lower = 0, method = "L-BFGS-B")$par)))
    }
    optim_get[,2:6] <- lapply(optim_get[,2:6], function(x) ifelse(x<0,0,x))
    colnames(optim_get) <- colnames(dataget)[1:6]
    optim_get$netvalue <- unlist(sapply(1:nrow(optim_get), function(x) ifelse(sum(optim_get[x,2:6] * dataget[x,2:6])<0,0,sum(optim_get[x,2:6] * dataget[x,2:6]))))
    optim_get <- data.frame(optim_get, mktport=dataget[,7])
    write.xlsx(optim_get, paste0("D:\\_TRF strategy\\output_1st\\", paste(sqrt(mu), collapse=","), ".xlsx"))
    g1 <- ggplot(data = melt(optim_get, id=c("time","netvalue","mrkport")), aes(x=time, y=value, colour = variable, fill = variable)) + geom_bar(stat = "identity", position = "fill") + scale_x_date("%y-%m") + theme_bw() + theme(panel.grid.major=element_line(colour=NA)) + theme(panel.grid.major = element_blank(), panel.grid.minor = element_blank())
    g2 <- ggplot(data = melt(optim_get[, colnames(optim_get) %in% c("time", "netvalue", "mktport")], id=c("time")), aes(x = time, y = value, group = variable, colour = variable)) + geom_smooth(se = F) + theme_bw() %+replace% theme(panel.background = element_rect(fill = NA)) + theme(panel.grid.major=element_line(colour=NA)) + theme(panel.grid.major = element_blank(), panel.grid.minor = element_blank())
```

```r
  return(ggplot2.two_y_axis(g1, g2))
}


######2nd target risk######

fn2 <- function(beta, y, X){
  Xget <- c()
  for (q in 2:6){
    Xget[q-1] <- cov(dataget[1:y,q],dataget[1:y,7])/var(dataget[1:y,7])
  }
  fi <- rnorm(n=y-1,mean=0,sd=sd(dataget[1:y,7]))
  -sum(beta*Xget)+abs(sum(beta)-1)+abs(X[1] - sum(fi*X[2]))
}

#2nd combine function
dtt1 <- function(X){
  optim_get <- data.frame()
  for (p in 2:nrow(dataget)){
    optim_get <- rbind(optim_get,data.frame(time=dataget[p,1],t(optim(rep(0,5),fn=fn2,y=p,X=X,lower = 0, method = "L-BFGS-B")$par)))
  }
  optim_get[,2:6] <- lapply(optim_get[,2:6],function(x) ifelse(x<0,0,x))
  colnames(optim_get) <- colnames(dataget)[1:6]
  optim_get$netvalue <- unlist(sapply(1:nrow(optim_get),function(x) ifelse(sum(optim_get[x,2:6]*dataget[x,2:6])<0,0,sum(optim_get[x,2:6]*dataget[x,2:6]))))
  optim_get <- data.frame(optim_get,mrkport=dataget[-1,7])
  write.xlsx(optim_get,paste0("D:\\_TRF strategy\\output_2nd\\",paste("P=",X[1],"R=",X[2],collapse=","),".xlsx"))
  g1 <- ggplot(data=melt(optim_get,id=c("time","netvalue","mktport")),aes(x=time,y=value,colour=variable,fill=variable))+geom_bar(stat="identity",position = "fill")+scale_x_date("%y-%m")+ theme_bw()+theme(panel.grid.major=element_line(colour=NA))+theme(panel.grid.major = element_blank(),panel.grid.minor = element_blank())
  g2 <- ggplot(data=melt(optim_get[,colnames(optim_get)%in%c("time","netvalue","mktport")],id=c("time")),aes(x=time,y=value,group=variable,colour=variable))+geom_smooth(se=F)+ theme_bw()%+replace% theme
```

(panel.background = element_rect(fill = NA))+theme(panel.grid.major=element_line(colour=NA))+theme(panel.grid.major = element_blank(),panel.grid.minor = element_blank())

return(ggplot2.two_y_axis(g1,g2))

}

附录4　养老目标风险基金风险平价策略代码

```matlab
%"常规RP+杠杆+动量"策略的实现代码
%常规风险平价　标准差代表风险
%1.4倍杠杆
%引入动量效应
clc;
clear;
data = xlsread('Historyreturn1.xlsx');
%获得2006W1 — 2019/3/8 的数据 共688个
data_return = data(52:end,:);
[m,n] = size(data_return);
%因为688/13余12
remain = rem(m,13);
rounds = floor(m/13) + 1;
global L;
L = 1.4;
NV = [1];
W_B = [];
W_S = [];
W_C = [];
NV_B = [];
NV_S = [];
NV_C = [];
R_B_all = data(:,1);
R_S_all = data(:,2);
R_C_all = data(:,3);
R_B = data_return(:,1);
R_S = data_return(:,2);
```

```
R_C = data_return(:,3);
g = [];
Pick_num = [];
Exitflag = [];
for i = 1:rounds
    %用来计算标准差、相关系数
    R_b = R_B_all(1+13*(i-1):51+13*(i-1));
    R_s = R_S_all(1+13*(i-1):51+13*(i-1));
    R_c = R_C_all(1+13*(i-1):51+13*(i-1));
    %用来计算动量
    %计算过去一个月的收益率
    for j = 1:5
        g(j) = growth(data(48+13*(i-1):51+13*(i-1),j+3));
    end
    [g_s,p] = sort(g);
    p = fliplr(p);
    pick_num = p(1) + 3;
    Pick_num = [Pick_num;pick_num];
    %被选择股票组合在过去一年内的收益率,用于计算标准差及协方差
    R_s_p = data(1+13*(i-1):51+13*(i-1),pick_num);
    global std_b std_s std_c ;
    std_b = std(R_b);
    std_s = std(R_s_p);
    std_c = std(R_c);
    m1 = corrcoef(R_b,R_s_p);
    m2 = corrcoef(R_b,R_c);
    m3 = corrcoef(R_s_p,R_c);
    global coefbs coefbc coefsc;
    coefbs = m1(1,2);
    coefbc = m2(1,2);
    coefsc = m3(1,2);
    [w,fval,exitflag,output] = fmincon('goalfun',[1 0 0],[],[],[1 1 1],1,[0 0 0]',[1 1 1]');
    Exitflag = [Exitflag exitflag];
    w_b = w(1);
    w_s = w(2);
    w_c = w(3);
    W_B = [W_B;w_b];
```

```
        W_S = [W_S;w_s];
        W_C = [W_C;w_c];
        if i < rounds
            R_S_P = data_return(1+13*(i−1):13+13*(i−1),pick_num);
        end
        if i == rounds
            R_S_P = data_return(1+13*(i−1):remain+13*(i−1),pick_num);
        end
        %假设交易费用率0.1%,买方单边征收
        if i == 1
            NV_B(1+13*(i−1)) = (NV(end)*w_b − 0.001 * max(0,W_B(end))) *
(1+R_B(1+13*(i−1)));
            NV_S(1+13*(i−1)) = (NV(end)*w_s − 0.001 * max(0,W_S(end))) *
(1+R_S(1+13*(i−1)));
            NV_C(1+13*(i−1)) = (NV(end)*w_c − 0.001 * max(0,W_C(end))) *
(1+R_C(1+13*(i−1)));
        else
            NV_B(1+13*(i−1)) = (NV(end)*w_b − 0.001 * max(0,W_B(end)−
NV_B(13*(i−1))/NV(13*(i−1)))) * (1+R_B(1+13*(i−1)));
            NV_S(1+13*(i−1)) = (NV(end)*w_s − 0.001 * max(0,W_S(end)−
NV_S(13*(i−1))/NV(13*(i−1)))) * (1+R_S(1+13*(i−1)));
            NV_C(1+13*(i−1)) = (NV(end)*w_c − 0.001 * max(0,W_C(end)−
NV_C(13*(i−1))/NV(13*(i−1)))) * (1+R_C(1+13*(i−1)));
        end
        if i < rounds
            for j = 2:13
                NV_B = [NV_B;NV_B(end) * (1+(1−0.035*(1−1/L))*L*R_B
(j+13*(i−1)))];%融资成本为3.5%
                NV_S = [NV_S;NV_S(end) * (1+R_S_P(j))];
                NV_C = [NV_C;NV_C(end) * (1+R_C(j+13*(i−1)))];
            end
        else
            for j = 2:remain
                NV_B = [NV_B;NV_B(end) * (1+(1−0.035*(1−1/L))*L*R_B
(j+13*(i−1)))];%融资成本为3.5%
                NV_S = [NV_S;NV_S(end) * (1+R_S_P(j))];
                NV_C = [NV_C;NV_C(end) * (1+R_C(j+13*(i−1)))];
```

```
            end
        end
        NV = NV_B + NV_S + NV_C;
end
NV = [1;NV];
R = get_return(NV);
plot(1:689,NV);
%计算夏普比率,年化收益率
R_year = NV(end)^(52/688) - 1
std_year = sqrt(52)*std(R)
Sharpe = (R_year - 0.0255)/(std_year)


%"下半方差RP+杠杆+动量"策略的实现代码
%风险平价 下半方差代表风险 引入动量
%1.4倍杠杆
%一个月(4周)调仓一次
clc;
clear;
data = xlsread('Historyreturn1.xlsx');
%获得2006W1 - 2019/3/8的数据 共688个
data_return = data(52:end,:);
global L;
L = 1.4;
NV = [1];
W_B = [];
W_S = [];
W_C = [];
NV_B = [];
NV_S = [];
NV_C = [];
R_B_all = data(:,1);
R_S_all = data(:,2);
R_C_all = data(:,3);
R_B = data_return(:,1);
R_S = data_return(:,2);
R_C = data_return(:,3);
g = [];
```

```
Pick_num = [];
Exitflag = [];
for i = 1:172
    %用来计算标准差、相关系数
    R_b = R_B_all(1+4*(i-1):51+4*(i-1));
    R_s = R_S_all(1+4*(i-1):51+4*(i-1));
    R_c = R_C_all(1+4*(i-1):51+4*(i-1));
    %用来计算动量
    %计算过去一个月的收益率
    for j = 1:5
        g(j) = growth(data(48+4*(i-1):51+4*(i-1),j+3));
    end
    [g_s,p] = sort(g);
    p = fliplr(p);
    pick_num = p(1)+3;
    Pick_num = [Pick_num;pick_num];
    %被选择股票组合在过去一年内的收益率,用于计算标准差及协方差
    R_s_p =data(1+4*(i-1):51+4*(i-1),pick_num);
    global SV_b SV_s SV_c ;
    SV_b = SemiVariance(R_b);
    SV_s = SemiVariance(R_s_p);
    SV_c = SemiVariance(R_c);
    m1 = corrcoef(R_b,R_s_p);
    m2 = corrcoef(R_b,R_c);
    m3 = corrcoef(R_s_p,R_c);
    global coefbs coefbc coefsc;
    coefbs = m1(1,2);
    coefbc = m2(1,2);
    coefsc = m3(1,2);
    [w,fval,exitflag,output] = fmincon('goalfun_sv',[1 0 0],[],[],[1 1 1],1,[0 0 0]',[1 1 1]');
    Exitflag = [Exitflag exitflag];
    w_b = w(1);
    w_s = w(2);
    w_c = w(3);
    W_B = [W_B;w_b];
    W_S = [W_S;w_s];
```

```
            W_C = [W_C;w_c];
            R_S_P = data_return(1+4*(i-1):4+4*(i-1),pick_num);
            %假设交易费用率0.1%,买方单边征收
            if i == 1
                NV_B(1+4*(i-1)) = (NV(end)*w_b - 0.001 * max(0,W_B(end))) *
    (1+R_B(1+4*(i-1)));
                NV_S(1+4*(i-1)) = (NV(end)*w_s - 0.001 * max(0,W_S(end))) *
    (1+R_S(1+4*(i-1)));
                NV_C(1+4*(i-1)) = (NV(end)*w_c - 0.001 * max(0,W_C(end))) *
    (1+R_C(1+4*(i-1)));
            else
                NV_B(1+4*(i-1)) = (NV(end)*w_b - 0.001 * max(0,W_B(end)-
    NV_B(4*(i-1))/NV(4*(i-1)))) * (1+R_B(1+4*(i-1)));
                NV_S(1+4*(i-1)) = (NV(end)*w_s - 0.001 * max(0,W_S(end)-
    NV_S(4*(i-1))/NV(4*(i-1)))) * (1+R_S(1+4*(i-1)));
                NV_C(1+4*(i-1)) = (NV(end)*w_c - 0.001 * max(0,W_C(end)-
    NV_C(4*(i-1))/NV(4*(i-1)))) * (1+R_C(1+4*(i-1)));
            end
            for j = 2:4
                NV_B = [NV_B;NV_B(end) * (1+(1-0.035*(1-1/L))*L*R_B(j+4
    *(i-1)))];
                NV_S = [NV_S;NV_S(end) * (1+R_S_P(j))];
                NV_C = [NV_C;NV_C(end) * (1+R_C(j+4*(i-1)))];
            end
            NV = NV_B + NV_S + NV_C;
end
NV = [1;NV];
R = get_return(NV);
plot(1:689,NV);
%计算夏普比率,年化收益率
R_year = NV(end)^(52/688) - 1
std_year = sqrt(52)*std(R)
Sharpe = (R_year - 0.0255) / (std_year)
```

附录 5　养老目标日期基金最优下滑轨道代码

```
clc;clear;close;
%40年最优下滑轨道构建
%%% parameter
n=40;
y=[];% 比例
my=[];% 所有的比例
data = load('data.txt')
%获得沪深300及中债综合指数的月度收益率
R_S= data(:,1);
R_B= data(:,2);
us=mean(R_S);
ub=mean(R_B);
del_s= std(R_S);
del_b= std(R_S);
rf=2.75%;%获得无风险收益率
%计算股票、债券大类资产收益率的平均值、标准差
ER1=exp(us+0.5*del_s^2); % E(R1)
ER2= exp(ub+0.5*del_b^2); % E(R2)
ER12=power(ER1,2)+power(del_s,2); %E(W1)^2
ER22=power(ER2,2)+power(del_b,2); %E(W2)^2
ER1R2=ER1*ER2+p*del_s*del_b; %E(R1R2)
EDR2=ER12+ER22-2ER1R2; % E[(R1-R2)^2]
EDR1R2=power(ER1-ER2,2);%(E(R1-R2))^2
%获得模型参数
Theta=2;%惩罚修正系数
Alpha=2;%过程中偏差惩罚修正系数
Beta=exp(-rf);
```

```
wage=load('wage,txt');
ct=wage(:,1);%每期投入
%%% 计算递推参数
r=(ER12*ER22-EDW2)/EDR1R2;
S=(ER12*ER2-ER1*ER22-ER1R2*(ER1+ER2))/EDR2;
t=EDR1R2/EDR2
%计算 X,Y,Z 序列
For m=n-1:-1:0
    X(n)=theta;
    F(n)=11.295;
    Y(n)=theta*(F(n)+0.5*alpha);
    R(n)=theta*power(F(n),2)+alpha*F(n);
    X(m)=1+beta*X(m+1)*r;
    F(m)=F(m+1)*beta-ct;
    Y(m)=F(m)+0.5*alpha+beta*(Y(m+1)*s-ct*X(m+1)^r);
    Z(m)=F(m)+alpha*F(m)+beta*(power(ct,2)*X(m+1)*r-2ct+Y(m+1)+power(Y(m+1),2)*t/X(m+1)+Z(m+1))
end


%%% calculate

for k=1:1:10000 %次数
rs_t=normrnd(us,del_s,1,N);%标准差
rb_t=normrnd(ub,del_b,1,N);%N 表示年数
%%
f=[];
f(1)=0;%第一年初始为 0
for i=1:1:N
w(i)=Qt(i+1)*(ER1-ER2)/(Xt(i+1)*(f(i)+ct(i))*EDW2)-(EW12-EW22)/(EDW2);
if(w(i)>0.8)
    w(i)=0.8;
end
if(w(i)<0)
    w(i)=0;
end
f(i+1)=(f(i)+ct(i))*(exp(rs_t(i))*w(i)+exp(rb_t(i))*(1-w(i)));
```

```
end
mw=[mw;w];
end
mean_mw=mean(mw);

%画图
figure
t=0:1:N;
% plot(t,[mean_mw(1),mean_mw]);
fill([t,N,0,0],[mean_mw(1),mean_mw,1,1,mean_mw(1)],'b');
hold on;
fill([t,N,0,0],[mean_mw(1),mean_mw,0,0,mean_mw(1)],'r');
hold off;
% ylabel
ylabel=[];
k=1;
set(gca,'YTick',0:0.1:1);
ylim([0 1])
for i=0:10:100
    y_label{k}=strcat(num2str(i),'%');
    k=k+1;
end
set(gca,'YTicklabel',y_label);
%xlabel
xlabel=[];
k=1;
set(gca,'XTick',0:5:40);
xlim([0 N])
for i=0:5:40
    x_label{k}=num2str(i);
    k=k+1;
end
set(gca,'XTicklabel',x_label);
% legend
legend_handle=legend({'债券类资产','权益类资产'},'FontSize',12,'Location','EastOutside');
set(legend_handle,'Box','off')
```

```
set(legend_handle,'Color','none')
set(findobj('FontSize',10),'FontSize',14,'fontweight','bold');
%%
```

%敏感性分析:以性别为例
```
function yt=calculate_yt(filename)
N=40;
y=[]; % 比例
my=[]; % 所有的比例
data = load('data.txt')
```
%获得沪深300及中债综合指数的月度收益率
```
R_S= data(:,1);
R_B = data(:,2);
us=mean(R_S);
ub=mean(R_B);
del_s= std(R_S);
del_b= std(R_S);
rf=2.75%;%获得无风险收益率
```
%计算股票、债券大类资产收益率的平均值、标准差
```
ER1=exp(us+0.5*del_s^2); % E(R1)
ER2= exp(ub+0.5*del_b^2); % E(R2)
ER12=power(ER1,2)+power(del_s,2); %E(W1)^2
ER22=power(ER2,2)+power(del_b,2); %E(W2)^2
ER1R2=ER1*ER2+p*del_s*del_b; %E(R1R2)
EDR2=ER12+ER22-2ER1R2; % E[(R1-R2)^2]
EDR1R2=power(ER1-ER2,2);%(E(R1-R2))^2
```
%获得模型参数
```
Theta=2;%惩罚修正系数
Alpha=2;%过程中偏差惩罚修正系数
Beta=exp(-rf);
wage=load('wage.txt');
ct=wage(:,1);%每期投入
%%% 计算递推参数
r=(ER12*ER22-EDW2)/EDR1R2;
S=(ER12*ER2-ER1*ER22-ER1R2*(ER1+ER2))/EDR2;
t=EDR1R2/EDR2
```
%计算X,Y,Z序列

```
For m=n-1:-1:0
    X(n)=theta;
    F(n)=11.295;
    Y(n)=theta*(F(n)+0.5*alpha);
    R(n)=theta*power(F(n),2)+alpha*F(n);
    X(m)=1+beta*X(m+1)*r;
    F(m)=F(m+1)*beta-ct;
    Y(m)=F(m)+0.5*alpha+beta*(Y(m+1)*s-ct*X(m+1)^r);
    Z(m)=F(m)+alpha*F(m)+beta*(power(ct,2)*X(m+1)*r-2ct+Y(m+1)+power(Y(m+1),2)*t/X(m+1)+Z(m+1))
end

%%% calculate

for k=1:1:10000 %次数
rs_t=normrnd(us,del_s,1,N);%标准差
rb_t=normrnd(ub,del_b,1,N);%N 表示年数
%%%
f=[];
f(1)=0;%第一年初始为 0
for i=1:1:N
y(i)=Qt(i+1)*(EW1-EW2)/(Pt(i+1)*(f(i)+ct(i))*EDW2)-(EW12-EW22)/(EDW2);
if(y(i)>0.8)
    y(i)=0.8;
end
if(y(i)<0)
    y(i)=0;
end
f(i+1)=(f(i)+ct(i))*(exp(rs_t(i))*y(i)+exp(rb_t(i))*(1-y(i)));
end
my=[my;y];
end
mean_my=mean(my);
yt=mean_my;
clc;clear;close;
N=40;
```

```
yt_female=calculate_yt('datafemale80.txt');
yt_male=calculate_yt('datamale80.txt');
yt_mean=calculate_yt('data.txt');

%% 三性别对比图片
figure()
t=0:1:N;
plot(t,[yt_male(1),yt_male],'LineWidth',2);hold on;
plot(t,[yt_mean(1),yt_mean],'LineWidth',2);
plot(t,[yt_female(1),yt_female],'LineWidth',2);hold off;
% ylabel
ylabel=[];
k=1;
set(gca,'YTick',0:0.1:1);
ylim([0 1])
for i=0:10:100
    y_label{k}=strcat(num2str(i),'%');
    k=k+1;
end
set(gca,'YTicklabel',y_label);
%xlabel
xlabel=[];
k=1;
set(gca,'XTick',0:5:40);
xlim([0 N])
for i=25:5:65
    x_label{k}=num2str(i);
    k=k+1;
end
set(gca,'XTicklabel',x_label);
set(gca,'ygrid','on')
%legend
legend_handle=legend({'男性','平均','女性'},'FontSize',12,'Location','SouthOutside');
% 对应顺序修改
set(legend_handle,'Box','off')
set(legend_handle,'Color','none')
set(legend_handle,'Orientation','horizon')
```

附录5 养老目标日期基金最优下滑轨道代码

```
set(findobj('FontSize',10),'FontSize',14,'fontweight','bold');


clc;clear;close;
%无限制动态优化下滑轨道构建
%% parameter
y=[]; % 比例
my=[]; % 所有的比例
f(1)=0;%定义第一年初始投资为0
data = load('data.txt');
%获得沪深300及中债综合指数的月度收益率
For d=78:12:186
    m=(d-78)/12+1;%投资年份计算
    R_S= data(1:d,1);
    R_B= data(1:d,2);
    Us=mean(R_S);
    Ub=mean(R_B);
    del_s= std(R_S);
    del_b= std(R_S);
    n=40 (d-78);%投资区间个数
%计算股票、债券大类资产收益率的平均值、标准差
    ER1=exp(us+0.5*del_s^2); % E(R1)
    ER2= exp(ub+0.5*del_b^2); % E(R2)
    ER12=power(ER1,2)+power(del_s,2); %E(W1)^2
    ER22=power(ER2,2)+power(del_b,2); %E(W2)^2
    ER1R2=ER1*ER2+p*del_s*del_b; %E(R1R2)
    EDR2=ER12+ER22-2ER1R2; % E[(R1-R2)^2]
    EDR1R2=power(ER1-ER2,2);%(E(R1-R2))^2
    %获得模型参数
    Theta=2;%惩罚修正系数
    Alpha=1;%过程中偏差惩罚修正系数
    rf=1.75%;%获得无风险收益率
    Beta=exp(-rf);
    wage=load('wage.txt');
    ct=wage(:,1);%每期投入
    %% 计算递推参数
    r=(ER12*ER22-EDW2)/EDR1R2;
```

```
S=(ER12*ER2−ER1*ER22−ER1R2*(ER1+ER2))/EDR2;
t=EDR1R2/EDR2
%计算 X,Y,Z 序列
For m=n−1:−1:0
    X(n)=theta;
    F(n)=11.295;
    Y(n)=theta*(F(n)+0.5*alpha);
    R(n)=theta*power(F(n),2)+alpha*F(n);
    X(m)=1+beta*X(m+1)*r;
    F(m)=F(m+1)*beta−ct;
    Y(m)=F(m)+0.5*alpha+beta*(Y(m+1)*s−ct*X(m+1)^r);
    Z(m)=F(m)+alpha*F(m)+beta*(power(ct,2)*X(m+1)*r−2ct+Y(m+1)+power(Y(m+1),2)*t/X(m+1)+Z(m+1));
end


%% calculate

for k=1:1:10000 %次数
rs_t=normrnd(us,del_s,1,N);%标准差
rb_t=normrnd(ub,del_b,1,N);%N 表示年数
%%
f=[];
for i=1:1:n
    w(i)=Qt(i+1)*(ER1−ER2)/( Xt(i+1)*(f(i)+ct(i))*EDW2)−(EW12−EW22)/(EDW2);
        if(w(i)>0.8)
            w(i)=0.8;
        end
        if(w(i)<0)
            w(i)=0;
        end
        f(i+1)=(f(i)+ct(i))*(exp(rs_t(i))*w(i)+exp(rb_t(i))*(1−w(i)));
    end
    mw=[mw;w];
end
f(1)=f(5)
mean_mw=mean(mw);
```

```
mean_mw=mean_mw(1:4)%当期投资比例
    a=[];%定义空矢量
    a=[a mean_mw];%计算结果每次都加到a的末端
end
a%得到优化后投资比例
```

附录6 图表索引

图 0-1　本书的逻辑结构　3
图 1-1　2003—2022 年我国老龄化人口占比逐年上升　8
图 1-2　我国劳动人口数量及占比逐年下滑　9
图 1-3　我国老年人口抚养比逐年上升　9
图 1-4　我国出生率及人口自然增长率逐年下降　10
图 1-5　我国人口平均寿命逐年上升　10
图 1-6　我国养老保障体系　11
图 1-7　我国养老金规模（单位：亿元）　12
图 1-8　我国基本养老保险累计结余巨额资金　14
图 1-9　我国基本养老保险覆盖大部分人口　14
图 1-10　我国基本养老保险支出高于收入　15
图 1-11　我国基本养老保险替代率逐年下降　15
图 1-12　2003 年以来我国社保基金直接投资和委托投资规模　16
图 1-13　2008 年以来我国社保基金投资收益率　17
图 1-14　2013 年以来我国企业年金规模　18
图 1-15　2012 年以来我国企业年金收益率　19
图 1-16　2018—2021 年我国养老目标基金每年发行数量与规模　32
图 1-17　2018—2021 年我国养老目标基金规模　32
图 1-18　我国养老目标基金成立以来超越业绩基准收益率区间　33
图 1-19　2018—2021 年我国金融资产的结构　34
图 2-1　美国养老保障体系　49
图 2-2　1974 年以来美国养老保障第二支柱结构演变　50
图 2-3　1974 年以来美国养老保障第二支柱 DB 结构演变　51
图 2-4　1994 年以来美国养老保障第二支柱 DC 结构演变　51
图 2-5　1974 年以来美国养老金体系三支柱规模演变　56
图 2-6　1995 年以来美国 IRAs 和 DC 计划规模　57

图 2-7　1990 年以来美国 OASDI 投资收益率　57
图 2-8　2000 年以来 DC 计划投资于共同基金的金额　58
图 2-9　不同类型基金在 401(k)计划中出现的概率　59
图 2-10　1995 年以来 IRAs 资产各种投资渠道占比情况　60
图 2-11　2001 年以来共同基金在 DC 和 IRAs 资金配置中的占比　60
图 2-12　2005 年以来美国目标日期基金的投资者结构　63
图 2-13　2005 年以来美国目标风险基金的投资者结构　63
图 2-14　2005 年以来美国目标日期、目标风险及指数基金在共同基金中的占比　64
图 2-15　2021 年 OECD 主要国家养老金资产占 GDP 比重(%)　66
图 2-16　2010—2020 年英国养老金资产配置变化　71
图 2-17　2020 年英国养老金资产投资构成(单位：%)　71
图 2-18　2010—2020 年英国养老金资产投资构成变化　72
图 2-19　2002—2020 年英国养老金总资产规模及投资于共同基金占比　72
图 2-20　德国里斯特合约大类资产配置　82
图 2-22　2004—2019 年法国 FRR 投资回报率　86
图 2-23　2006 年以来日本 GPIF 投资回报率　90
图 3-1　养老资产储备规模预期　93
图 3-2　当前年薪对预期养老资产储备规模的影响　93
图 3-3　每月愿意购买第三支柱个人养老产品的金额　93
图 3-4　预期养老资产储备规模与当期愿意购买第三支柱个人养老产品的金额　94
图 3-5　没有购买养老产品的主要原因　94
图 3-6　倾向于购买的养老产品　96
图 3-7　不同年龄段倾向于购买的养老产品　96
图 3-8　不同收入段倾向于购买的养老产品　97
图 3-9　不同收入段倾向于购买的投资产品　97
图 3-10　不同性别倾向于购买的养老产品　98
图 3-11　认为最可靠的养老资产　98
图 3-12　最可靠养老资产的学历差异　99
图 3-13　高收益养老产品最大回撤的容忍度　99
图 3-14　高收益养老产品最大回撤容忍度的性别差异　99
图 3-15　高收益养老产品最大回撤容忍度的学历差异　100
图 3-16　养老收入主要来源　101

图 3-17　不同年薪人群养老收入主要来源的差异　101
图 3-18　不同年龄人群养老收入主要来源的差异　102
图 3-19　购买个人税收递延型商业养老保险产品的意愿　103
图 3-20　是否愿意购买养老目标基金产品　103
图 3-21　养老产品信息获取的主要渠道　104
图 3-22　学历影响养老产品信息获取渠道　104
图 4-1　计算指数波动率的权重示意图　117
图 4-2　标普 500 每日风险控制(15%)指数的实际杠杆率　118
图 4-3　国外股票资产对组合波动率的影响　124
图 4-4　每日风险控制策略仓位变动情况　136
图 4-5　目标风险波动率为 5% 的每日风险控制策略净值走势　136
图 4-6　每周风险控制策略仓位变动情况　139
图 4-7　目标风险波动率为 5% 的每周风险控制策略净值走势　139
图 4-8　每月风险控制策略(月末再平衡)仓位变动情况　142
图 4-9　目标风险波动率为 5% 的每月风险控制策略(月末再平衡)净值走势　143
图 4-10　每日调整的目标风险策略仓位变动情况　147
图 4-11　每日调整的目标风险策略净值走势　148
图 4-12　每周调整的目标风险策略仓位变动情况　150
图 4-13　每周调整的目标风险策略净值走势　151
图 4-14　每月调整的目标风险策略(月末再平衡)净值走势　152
图 4-15　每月调整的目标风险策略(月末再平衡)仓位变动情况　153
图 5-1　经济周期各阶段各类资产表现　167
图 5-2　在险价值图解　172
图 5-3　预期损失图解　173
图 5-4　等权重策略回测净值走势　179
图 5-5　常规 RP 回测净值走势　180
图 5-6　常规 RP 策略回测期内仓位变化情况　181
图 5-7　常规 RP＋杠杆策略回测净值走势　182
图 5-8　常规 RP＋杠杆策略回测期内仓位变化情况　182
图 5-9　常规 RP＋杠杆＋动量策略回测净值走势　183
图 5-10　常规 RP＋杠杆＋动量策略回测期内仓位变化情况　184
图 5-11　下半方差 RP＋杠杆策略回测净值走势　186
图 5-12　下半方差 RP＋杠杆策略回测期内仓位变化情况　187

图 5-13	下半方差 RP＋杠杆＋动量策略回测净值走势　188
图 5-14	下半方差 RP＋杠杆＋动量策略回测期内仓位变化情况　188
图 5-15	高频常规（下半方差）RP＋杠杆＋动量策略回测净值走势　195
图 6-1	最优下滑轨道模拟流程　214
图 6-2	基于"预期替代率80％，缴费比率10％"的下滑轨道数值模拟　219
图 6-3	基于"预期替代率80％，缴费比率10％，不同性别"的下滑轨道数值模拟　220
图 6-4	基于"相同性别，缴费比率10％，不同替代率"的下滑轨道数值模拟　221
图 6-5	基于"相同性别，替代率80％，不同缴费比率"的下滑轨道数值模拟　222
图 6-6	基于"替代率80％，缴费比率10％，不同亏空惩罚系数"的下滑轨道数值模拟　223
图 6-7	基于"替代率80％，缴费比率10％，不同偏差修正系数"的下滑轨道数值模拟　224
图 6-8	基于中国数据的养老目标基金权益资产下滑轨道　227
图 6-9	基于中国数据的养老目标日期基金单位净值　227
图 6-10	基于中国数据的养老目标日期基金投入与收益　228
图 6-11	人力资本参数对权益投资比例的影响　230
图 6-12	引入人力资本参数后养老目标日期基金单位净值的比较　231
图 6-13	工资持续增长情况下养老目标日期基金的投入与收益　231
图 6-14	定期动态调整流程图　232
图 6-15	基于中国数据的养老目标日期基金下滑轨道动态调整结果　233
图 6-16	基于中国数据的养老目标日期基金下滑轨道动态调整结果（设定投资阈值）　233
图 6-17	动态调整后养老目标日期基金的单位净值（设定投资阈值）　234
图 6-18	动态调整后养老目标日期基金的投入与收益（设定投资阈值）　234
表 1-1	我国城镇职工基本养老保险与城乡居民基本养老保险对比　12
表 1-2	我国企业年金与职业年金对比分析　17
表 1-3	我国个人养老金相关规定　20
表 1-4	我国不同主体养老理财产品对比　21
表 1-5	我国不同主体养老型产品优缺点分析　22
表 1-6	我国部分养老保险机构养老产品情况　23

表 1-7	我国个人税收递延型商业养老保险试点政策梳理 25
表 1-8	我国个人税收递延型商业养老保险产品类型 26
表 1-9	我国前三获批经营个人税收递延养老保险业务的保险公司名单 26
表 1-10	截至 2021 年底我国保险公司推出的个人税收递延型养老保险 27
表 1-11	我国专属商业养老保险基本要素 28
表 1-12	我国养老目标基金政策主要内容 30
表 1-13	我国首批 14 只养老目标基金概况 31
表 1-14	我国最先推出的四款养老理财产品比较 34
表 1-15	安愉信托基本情况 37
表 1-16	我国企业年金和职业年金主要制度演变 40
表 1-17	我国养老保险第三支柱相关政策 41
表 1-18	我国养老基金投资管理主要参与者及其职责 43
表 1-19	截至 2021 年底我国基本养老保险基金证券投资管理机构 43
表 1-20	我国企业年金基金基本运作模式 44
表 1-21	截至 2021 年底我国"三大养老基金"管理资格梳理 45
表 1-22	我国基本养老基金投资比例规定 46
表 1-23	我国企业年金基金投资范围及数量规定 47
表 1-24	我国基本养老保险基金投资管理费用收取情况 48
表 1-25	我国企业年金基金管理机构管理费用收取情况 48
表 2-1	规模前 10 的美国公募 FOF 管理机构(2021 年 11 月) 61
表 2-2	美国目标风险基金和目标日期基金年化收益率中位数(2021 年 11 月) 62
表 2-3	2007 年以来英国不同部门职业养老金参保率 65
表 2-4	部分 OECD 国家养老金规模及十年年化增长率 66
表 2-5	部分 OECD 国家养老金市场资产配置情况(%) 70
表 2-6	美国 IRAs 缴费上限 74
表 2-7	美国数据回归结果 75
表 2-8	英国数据回归结果 76
表 2-9	养老金收入来源的国际比较 78
表 2-10	德国养老金替代率 78
表 2-11	德国私人储蓄性养老产品 82
表 3-1	被调查者的基本信息分布 91
表 4-1	DeltaShares ETF 产品对应的标普标的 119
表 4-2	不同风险水平的目标风险指数参数设定(2011—2012) 120

表 4-3	不同风险水平的目标风险指数参数设定(2015)	121
表 4-4	2015 年 1 月 1 日之后目标风险指数编制变动变更表	121
表 4-5	iShares ETF 产品对应的标普标的	122
表 4-6	先锋 Life Strategy 系列风险衡量	123
表 4-7	先锋 Life Strategy 系列子基金权重	124
表 4-8	本章策略的核心变量摘要	127
表 4-9	策略选取的资产及描述	129
表 4-10	策略选取的资产日收益率样本统计描述	129
表 4-11	策略选取的资产日收益率相关系数矩阵	130
表 4-12	本章运用的基金绩效评价指标	132
表 4-13	每日风险控制策略绩效评价	134
表 4-14	每周风险控制策略绩效评价	137
表 4-15	每月风险控制策略(月末再平衡)绩效评价	140
表 4-16	每月风险控制策略(月中再平衡)绩效评价	143
表 4-17	风险控制策略绩效评价小结	144
表 4-18	每日调整的目标风险策略绩效评价	146
表 4-19	每周调整的目标风险策略绩效评价	149
表 4-20	每月调整的目标风险策略(月末再平衡)绩效评价	151
表 4-21	每月调整的目标风险策略(月中再平衡)绩效评价	154
表 4-22	目标风险策略绩效评价小结	155
表 4-23	本章策略绩效评价汇总	157
表 5-1	美林投资时钟的最优资产配置	166
表 5-2	模型资产选择	174
表 5-3	2005 年 1 月 7 日—2019 年 3 月 8 日各指数周度收益率统计性描述	175
表 5-4	指数之间的相关系数矩阵	176
表 5-5	策略评价指标	178
表 5-6	每个持仓期选择的股票指数	184
表 5-7	每个持仓期选择的股票指数	189
表 5-8	各策略及指数的绩效对比	191
表 5-9	各策略每年度收益情况	193
表 5-10	策略高频数据实证结果	195
表 6-1	投资者特征参数	205
表 6-2	模型参数取值	206

表 6-3　模型参数符号及含义　212
表 6-4　基于经验生命表的投资者退休后支出　217
表 6-5　基于经验生命表法的投资目标　217
表 6-6　养老目标日期基金其他参数取值　218
表 6-7　基于"预期替代率80%,缴费比率10%"数值模拟的权益配置情况　220
表 6-8　基于"预期替代率80%,缴费比率10%,不同性别"数值模拟的权益配置情况　220
表 6-9　基于"相同性别,缴费比率10%,不同替代率"数值模拟的权益配置情况　221
表 6-10　基于"相同性别,替代率80%,不同缴费比率"数值模拟的权益配置情况　222
表 6-11　基于"替代率80%,缴费比率10%,不同亏空惩罚系数"数值模拟权益配置情况　223
表 6-12　基于"替代率80%,缴费比率10%,不同偏差修正系数"数值模拟权益配置情况　224
表 6-13　不同时间频率参数设定对比　225
表 6-14　基于中国数据的生命周期产品参数设定　225
表 6-15　基于中国数据的养老目标基金权益资产配置情况　227
表 6-16　基于中国数据的养老目标日期基金投资结果　228
表 6-17　考虑人力资本参数后不同替代率下的投资目标测算　229
表 6-18　考虑人力资本后养老目标日期基金权益配置比例比较　230
表 6-19　是否考虑人力资本情况下养老目标日期基金投资结果比较　230
表 6-20　动态调整后养老目标日期基金投资效果的弹性分析　234

参 考 文 献

[1] Ackermann H, Fochmann M, Mihm B. Biased Effects of Taxes and Subsidies on Portfolio Choices[J]. *Economics Letters*, 2013, 120(1): 23-26.

[2] Anderson R M, Bianchi S W, Goldberg L R. Will My Risk Parity Strategy Outperform? [J]. *Financial Analysts Journal*, 2012, 68(6): 75-93.

[3] Asness C S, Frazzini A, Pedersen L H. Leverage Aversion and Risk Parity[J]. *Financial Analysts Journal*, 2012, 68(1): 47-59.

[4] Black F, Litterman R. Global Portfolio Optimization[J]. *Financial Analysts Journal*, 1992, 10(9): 28-43.

[5] Banerjee A, Srivastava V, Cheng T. Limiting Risk Exposure With S&P Risk Control Indices[J]. *S&P Dow Jones Indices*, 2016.

[6] Basu A K, Drew M E. Portfolio Size Effect In Retirement Accounts: What Does it Imply for Lifecycle Asset Allocation Funds? [J]. *The Journal of Portfolio Management*, 2009, 35: 61-72.

[7] Battocchio P, Menoncin F. Optimal Pension Management in a Stochastic Framework[J]. *Insurance Mathematics & Economics*, 2004, 34(1): 79-95.

[8] Battocchio P. Optimal Portfolio Strategies with Stochastic Wage Income: The Case of a Defined Contribution Pension Plan[J]. *Discussion Papers (IRES — Institutde Recherches Economiques et Sociales)*, 2002, (19).

[9] Battocchio P, Menoncin F. Optimal Pension Management in a Stochastic Framework[J]. *Insurance Mathematics and Economics*, 2004, 34(1): 79-95.

[10] Battocchio P, Francesco M. Optimal Pension Management in a

Stochastic Framework[J]. *Insurance: Mathematics and Economics*, 2004, 34(1): 79-95.

[11] Bernard T S. Target-date Funds: Seven Questions to Ask before Jumping. *New York Times*. Retrieved July 31, 2009, from http://tinyurl.com/m9lqdr.

[12] Black F, Litterman R B. Asset Allocation: Combining Investor Views with Market Equilibrium[J]. *The Journal of Fixed Income*, 1991, 1(2): 7-18.

[13] Blake D, Cairns A J G, Dowd K. Pensionmetrics: Stochastic Pension Plan Design and Value-At-Risk During the Accumulation Phase[J]. *Insurance: Mathematics and Economics*, 2001, 29(2): 187-215.

[14] Blake D, *Pension Schemes and Pension Funds in the UK*. Oxford University Press, 2003: 123-145.

[15] Blanchett D M. Dynamic Allocation Strategies for Distribution Portfolios: Determining the Optimal Distribution Glide Path[J]. *Journal of Financial Planning*, 2007, 20(12): 68-81.

[16] Bodie Z, Merton R C, Samuelson W F. Labor Supply Flexibility and Portfolio Choice in a Life Cycle Model[J]. *Journal of Economic Dynamics & Control*, 1992, 16(3-4): 427-449.

[17] Bodie Z. Pension as Retirement Income Insurance[J]. *Journal of Economic Literature*, 1990(3): 30-38.

[18] Boscaljon B. Determining the "Glide Path" for Target-date Funds[J]. *Financial Services Review*, 2011, 20(2): 113.

[19] Boulier J F, Huang S J, Taillard G. Optimal Management Under Stochastic Interest Rates: The Case of a Protected Defined Contribution Pension Fund[J]. *Insurance: Mathematics and Economics*, 2001, 28(2): 173-189.

[20] Brison G P, Gilbert B, Hood L R. Determinants of Portfolio Performance[J]. *Financial Analysts Journal*, 1986, 42: 39-48.

[21] Brown J R, Kling J R, Mullainathan S, et al. Why Don't People Insure Late-Life Consumption? A Framing Explanation of the Under-annuitization Puzzle[J]. *American Economic Review*, 2008, 98(2): 304-309.

[22] Bruder B, Roncalli T. Managing Risk Exposures Using the Risk

Budgeting Approach[J]. Available at SSRN 2009778, 2012.

[23] Cairns A J G, Blake D, Dowd K. Stochastic Lifestyling: Optimal Dynamic Asset Allocation for Defined Contribution Pension Plans [J]. *Journal of Economic Dynamics & Control*, 2006, 30(5): 843-877.

[24] Campbell J Y, Viceira L M. *Oxford Handbook of Pensions and Retirement Income Strategic Asset Allocation for Pension Plans*. Oxford University Press, 2005.

[25] Chang S C, Tzeng L Y, Miao J C Y. Pension Funding Incorporating Downside Risks[J]. *Insurance: Mathematics and Economics*, 2003, 32(2): 217-228.

[26] Charles S. *Finance and Occupational Pensions* [M]. Palgrave Macmillan, 2016.

[27] Charupat N, Milevsky M A. Optimal Asset Allocation in Life Annuities: A Note[J]. *Insurance Mathematics & Economics*, 2002, 30(2): 199-209.

[28] Chaves D, Hsu J, Li F. Efficient Algorithms for Computing Risk Portfolio Weights[J]. *The Journal of Investing*, 2012, 21(3): 150-163.

[29] Chew L. Target Volatility Asset Allocation Strategy[J]. *International News Issue*, 2011, 53: 10-13.

[30] Christian H. *Asset Allocation Considerations for Pension Insurance Funds*.[M]. Springer Gabler, 2013.

[31] Clark J M, Hood M. Policy Implications for Modeling Next Generation of Target Date Funds[J]. *Journal of Investing*, 2009, 18(3): 53-61.

[32] Cocco J F, Gomes F J, Maenhout P J. Consumption and Portfolio Choice over the Life Cycle[J]. *The Review of Financial Studies*, 2005, 18(2): 491-533.

[33] Christopher C. *Automated Trading with R: Quantitative Research and Platform Development*[M]. Apress, 2016.

[34] David B. *Pension Schemes and Pension Funds in the United Kingdom*[M]. Clarendon press Oxford, 2011.

[35] Deelstra G, Grasselli M, Koehl P F. Optimal Design of the

Guarantee for Defined Contribution Funds[J]. *Journal of Economic Dynamics & Control*, 2004, 28(11): 2239-2260.

[36] Devolder P, Princep M B, Fabian I D. Stochastic Optimal Control of Annuity Contracts[J]. *Insurance Mathematics and Economics*, 2003, 33(2): 227-238.

[37] Eckel C C, Grossman P J. Men, Women and Risk Aversion: Experimental Evidence[J]. *Handbook of Experimental Economics Results*, 2008, 7(1): 1061-1073.

[38] Elton E J, Gruber M J, Souza A. *Target Risk Funds*[R]. New York University Working Paper, 2014.

[39] Eric J R. *Essentials of Retirement Planning*[M]. Business Expert Press, 2014.

[40] Fan J, Zhang J, Yu K. Asset Allocation and Risk Assessment with Gross Exposure Constraints for Vast Portfolios[J]. *Ssrn Electronic Journal*, 2008, 25(812.2604): 5.DOI: 10.2139/ssrn.1307423.

[41] Forsyth P, Vetzal K R, Westmacott G. Target Wealth: The Evolution of Target Date Funds[J]. *SSRN Electronic Journal*, 2017.DOI: 10.2139/ssrn.2980952.

[42] French K R, Baily M N, Campbell J Y. The Squam Lake Report: Fixing the Financial System[EB/OL]. http://ebookcentral.proquest.com.

[43] Gao J W. Optimal Portfolios for DC Pension Plans Under a CEV Model[J]. *Insurance Mathematics & Economics*, 2009, 44(3): 479-490.

[44] Gao J W. Stochastic Optimal Control of DC Pension Funds[J]. *Insurance: Mathematics and Economics*, 2008, 42(3): 1159-1164.

[45] Goldman D, Maestas N. Medical Expenditure Risk and Household Portfolio Choice[J]. *Journal of Applied Econometrics*, 2013, 28(4): 527-550.

[46] Gollier C, Pratt J W. Risk Vulnerability and the Tempering Effect of Background Risk[J]. *Econometrica*, 1996, 64(5): 1109-1123.

[47] Haberman S, Vigna E. Optimal Investment Strategy Defined Contribution Scheme[J]. *Insurance: Mathematics Economics*, 2001(28): 233-262.

[48] Haberman S, Vigna E. Applied Mathematics Working Paper Seriesoptimal

Investment Strategies and Risk Measures In Defined Contribution Pension Schemes[J]. *General Information*, 2002, 31(1): 35-69(35).

[49] Huisman R, Koedijk K G, Pownall R A J. Asset Allocation in a Value-at-Risk Framework. Erasmus University Rotterdam, Faculty of Business Administration Working Paper. *Social Science Electronic Publishing*, 1999 April, DOI: 10.2139/ssrn.163970.

[50] Thomas I. A Step-by-step Guide to the Black-Litterman Model[J]. *Forecasting Expected Returns in the Financial Markets*, 2007: 17-38.

[51] Investment Company Institute. Americans Trust their 401 (k) s. https://www.ici.org/retirement/access/ret _ workers/18 _ news _ american_views, 2018-2-1.

[52] Jacob A Bikker. Pension Fund Economics and Finance [M]. *Routledge*, 2018.

[53] Jacobsen B, Lee J B, Marquering W, et al. Gender Differences in Optimism and Asset Allocation [J]. *Journal of Economic Behavior & Organization*, 2014, 107: 630-651.

[54] Topoleski J J. Traditional and Roth Individual Retirement Accounts (IRAs): A Primer[J]. *Library of Congress. Congressional Research Service*, 2012.

[55] Ji R, Lejeune M A. Risk-budgeting Multi-portfolio Optimization with Portfolio and Marginal Risk Constraints [J]. *Annals of Operations Research*, 2018, 262: 547-578.

[56] Joao F C, Francisco J G, Pascal J M, et al. Consumption and Portfolio Choice Over the Life Cycle[J]. *Review of Financial Studies*, 1998, 18(2): 491-533.

[57] Jonathan M, Martin J R, Andrew C S. Target Date Funds: Can One Just Glide into Retirement? [J]. *The Journal of International Business & Law*, 2011, 10(2): Article 7.

[58] Koo H K. Consumption and Portfolio Selection with Labor Income: A Discrete-Time Approach [J]. *Mathematical Methods of Operations Research (ZOR)*, 1999, 50(2): 219-243.

[59] Leavens H D. Diversification of Investments[J]. *Trust and Estates*, 1945, 80(5): 469-473.

[60] Lewis N D. Assessing Shortfall Risk in Life-cycle Investment Funds [J]. *Journal of Wealth Management*, 2008, 11(1): 15-19.

[61] Lintner J. Security Price, Risk, and Maximal Gains from Diversification[J]. *Journal of Finance*, 1965, 20(4): 587-615.

[62] Lohre H, Neugebauer U, Zimmer C. Diversified Risk Parity Strategies for Equity Portfolio Selection[J]. *The Journal of Investing*, 2012, 21(3): 111-128.

[63] Macminn R, Brockett P, Blake D. Longevity Risk and Capital Markets[J]. *The Journal of Risk and Insurance*, 2006, 73(4): 551-557.

[64] Maillard S, Roncalli T, Teiletche J. On the Properties of Equally Weighted Risk Contribution Portfolios[J]. *The Journal of Portfolio Management*, 2010, 36(4): 60-70.

[65] Markowitz H. Portfolio Selection[J]. *Journal of Finance*, 1952, 7(1): 77-91.

[66] Martin F. *Privatizing Social Security*[M]. The University of Chicago Press, 1998.

[67] Maurer R, Mitchell O S, Rogalla R. Managing Contribution and Capital Market Risk In A Funded Public Defined Benefit Plan: Impact of CVaR Cost Constraints[J]. *Insurance Mathematics & Economics*, 2009, 45(1): 25-34.

[68] Menoncin F. Optimal Portfolio and Background Risk: An Exact and an Approximated Solution[J]. *Insurance: Mathematics and Economics*, 2002, 31(2): 249-265.

[69] NEST Corporation. *NEST Quarterly Investment Report*[R], 2018.

[70] Ngwira B, Gerrard R. Stochastic Pension Fund Control In The Presence Of Poisson Jumps[J]. *Insurance Mathematics & Economics*, 2007, 40(2): 283-292.

[71] Owadally I M. The Dynamics and Control of Pension Funding[J]. *City University*, 1998.

[72] Pfau W D. An Optimizing Framework for The Glide Paths of Life Cycle Asset Allocation Funds[J]. *Applied Economics Letters*, 2009, 18(1): 55-58.

[73] Pfau W D, Kitces M. Reducing Retirement Risk with a Rising

Equity Glide-Path[J]. *Social Science Electronic Publishing*, 2014, 27(1): 38-45.

[74] Pratt J W. Risk Aversion in the Small and in the Large [J]. *Uncertainty in Economics*, 1976, 44(2): 420-420.

[75] Qian E E. On the Financial Interpretation of Risk Contribution: Risk Budgets Do Add Up[J]. *Social Science Electronic Publishing*, 2006, 4(4): 3.

[76] Randolph H L. Determinants of Portfolio Performance[J]. *Financial Analysts Journal*, 2005, 42(4): 6-9.

[77] Rauh J. Risk Shifting Versus Risk Management: Investment Policy in Corporate Pension Plans[J]. NBER Working Paper, 2007(7), DOI: 10.2139/SSRN.931237.

[78] Roberto R, Dimitri V, Heinz P. *Rudolph Annuities and Other Retirement Products*[M]. The World Bank, 2011.

[79] Roncalli T, Weisang G. Risk Parity Portfolios with Risk Factors[J]. *Quantitative Finance*, 2016, 16(3): 377-388.

[80] Ross S A. The Arbitrage Theory of Capital Asset Pricing [J]. *Journal of Economic Theory*, 1976, 13(3): 341-360.

[81] S&P Dow Jones Indices. Index Mathematics Methodology. Standard & Poor's, 2018.

[82] SA Ross. The Arbitrage Theory of Capital Asset Pricing [J]. *Journal of Economic Theory*, 1976, 13(13): 341-360.

[83] Samuelson P A. Lifetime Portfolio Selection by Dynamic Stochastic Programming[J]. *The Review of Economics and Statistics*, 1969, 51(3): 239-246.

[84] SChleef H J, Eisinger R M. Hitting or Missing the Retirement Target: Comparing Contribution and Asset Allocation Schemes of Simulated Portfolios[J]. *Financial Services Review*, 2007, 16: 229-243.

[85] Sharpe W F. Capital Asset Prices: A Theory of Market Equilibrium Under Conditions of Risk[J]. *The Journal of Finance*, 1964, 19(3): 425-442.

[86] Special Committee on Aging United States Senate. Target Date Retirement Funds: Lack of Clarity Among Structures and Fees

Raises Concerns. U.S. Government Printing Office, 2009.

[87] Special Committee on Aging United States Senate. Title II: Federal Old-Age, Survivors, and Disability Insurance Benefits, Compilation of the Social Security Laws. U.S. Government Printing Office, 2009.

[88] Spitzer J J, Singh S. Shortfall Risk of Target-date Funds During Retirement[J]. *Financial Services Review*, 2008, 17: 143-153.

[89] Stallard E. Demographic Issues in Longevity Risk Analysis[J]. *The Journal of Risk and Insurance*, 2006, 73(4): 575-609.

[90] Sundaresan S, Zapatero F. Valuation, Optimal Asset Allocation and Retirement Incentives of Pension Plans. *The Review of Financial Studies*, 1997, 10(3): 631-660.

[91] Surz R J, Israelsen C L. Evaluating Target Date Lifecycle Funds[J]. *The Journal of Performance Measurement*, 2007, (12): 62-70.

[92] Thomas L H, Jane G G. *Individual Retirement Accounts (IRAs): Issues and Proposed Expansion*[R]. CRS REPORT for Congress, 2010.

[93] Thomson R J. The Use of Utility Functions for Investment Channel Choice in Defined Contribution Retirement Funds [J]. *British Actuarial Journal*, 2003.

[94] Tina H. *Financial Literacy and the Limits of Financial Decision-Making*[M]. Palgrave Macmillan, 2016.

[95] Turvey P. The Impact of Taxes on Optimal Portfolio Choice: An Australian Study[EB/OL]. http://eprintsquteduau/46825/, 2011.

[96] Twila S, John C S. *IRAs, 401(k)s & Other Retirement Plans: Taking Your Money Out*[M]. Nolo Press, 2011.

[97] Viceira L M. Optimal Portfolio Choice for Long-Horizon Investors with Nontradable Labor Income[J]. *NBER Working Papers*, 1999, 56(2): 433-470.

[98] Vigna E, Haberman S. Optimal Investment Strategy for Defined Contribution Pension Schemes[J]. *Insurance: Mathematics and Economics*, 2001, 28(2): 233-262.

[99] Westmacott G. Are Glide Path Portfolios Better Than Constant Equity Portfolios? [EB/OL]. https://wwwpwlcapitalcom/en/The-Firm/White-Papers, 2016, November.

[100] Xiao J, Hong Z, Qin C. The Constant Elasticity Of Variance (CEV) Model and The Legendre Transform-Dual Solution For Annuity Contracts[J]. *Insurance Mathematics & Economics*, 2007, 40(2): 302-310.

[101] Zhu S. *Investing in Global Exchange-traded Funds: A Risk Parity Application*[D]. SFU Graduating Paper, 2016.

[102] 曹乘瑜、银华何海云.智能投顾是基金组合投资急先锋[N].中国证券报,2016-09-02.

[103] 陈婷,赵杨,熊军.中国养老基金战略资产配置实证分析[J].宏观经济研究,2011(10):47-50,85.

[104] 陈一勤.我国基金品种创新研究[J].中央财经大学学报,2000(6):36-40.

[105] 邓璎函.美国共同基金FOF数据解析:公募FOF正蓄势,解析美国看未[R].西南证券,2017.

[106] 邓大松,张怡.国资划转对企业职工基本养老保险降费空间影响的研究[J].保险研究,2020(3):89-104.

[107] 董克用,甘犁,等.中国养老金融调查报告[R].西南财经大学中国家庭金融调查与研究中心,2017.

[108] 房连泉,闫化海.从2013年以来"养老金产品"引入绩效看年金投资改革趋势[J].保险研究,2020(7):4-15.

[109] 冯丽英.养老金大类资产配置管理的策略[R].中国银行业,2019(4):3.

[110] 高宝霖.日本养老保险年金制度研究[J].山东社会科学,2010(7):104-109.

[111] 高道德,倪韵婷,薛涵.养老目标基金横空出世,助力第三支柱建设[R].海通证券,2018.

[112] 高见,尹小兵.风险平价策略及其在投资管理中的运用[J].证券市场导报,2016(12):46-51,56.

[113] 管清友.资产配置理论的演进与应用[J].中国外汇,2017(20):12.

[114] 郭炳利.企业年金基金管理运营模式研究[J].经济纵横,2011(6):106-109.

[115] 郭磊,陈方正.退休后企业年金最优投资决策[J].系统工程,2006,24(2):78-82.

[116] 郭磊,陈方正.基于CRRA效用函数的企业年金最优个体投资策略[J].同济大学学报(自然科学版),2008(3):424-426.

[117] 韩冰洁.基本养老保险对居民家庭金融资产配置的作用研究[D].对外经济贸易大学硕士学位论文,2018.

[118] 韩立岩,王梅,尹力博.养老基金战略性资产配置研究[J].中国软科学,2013(9):151-158.

[119] 何林.DC 型企业年金最优资产配置和给付方案问题研究[J].中国管理科学,2015,23(8):39-45.

[120] 胡川宁.德国养老保险筹资机制的历史与反思:现收现付制与基金制之比较[J].德国研究,2018,33(2):53-65.

[121] 胡立峰,王阳.先锋集团旗下目标退休基金带来的启示——中国银河证券基金宝 FOF 专题研究之二[R].中国银河证券,2012.

[122] 李红艳,唐莉霞.缴费年限对养老保险基金支付风险的影响研究[J].保险研究,2019(9):113-127.

[123] 李心愉,段志明.DC 型商业养老基金的最优投资策略研究——基于递延型个人所得税的考虑[J].金融研究,2016(11):128-141.

[124] 李心愉,段志明.税收递延、养老保障与社会福利[J].保险研究,2017(7):87-100.

[125] 李真.广义视角下商业养老理财市场解析:百家争鸣,群雄逐雄[R].华宝证券,2017.

[126] 李志生,吕勇斌,刘恒甲.长寿风险的识别与量化研究:来自中国的数据[J].统计与决策,2011(16):72-74.

[127] 刘桂莲.《2006 年养老金保护法案》后美国 401(k)计划持续创新与发展前沿[J].开发研究,2017(5):20-26.

[128] 刘富兵,刘海龙,周颖.养老基金最低收益保证制度下的最优资产配置——来自中国 1998—2008 年数据的模拟分析[J].财经研究,2008,34(9):112-121.

[129] 刘富兵,刘海龙.下边风险测度下养老基金的最优资产配置[J].系统工程学报,2010,25(5):597-602.

[130] 刘海龙,吴冲锋,仲黎明.开放式基金的最优变现策略[J].管理工程学报,2003(2):106-108.

[131] 刘海龙.养老基金动态资产配置研究评述[J].系统管理学报,2011,20(1):1-9.

[132] 刘涛.德国养老保险制度的改革:重构福利国家的边界[J].公共行政评论,2014(6):7-27.

[133] 刘万.延迟退休对城镇职工养老保险收支影响的净效应估计——基

于 2025 年起渐进式延迟退休年龄的假设[J].保险研究,2020(3):105-127.

[134] 罗忠洲,王硕.我国养老目标风险基金风险平价策略研究[R].工作论文,2021.

[135] 罗忠洲,颜蕾.我国目标日期基金最优下滑轨道研究[R].工作论文,2022.

[136] 罗忠洲,朱亦宁.养老目标风险基金资产配置策略研究[J].保险研究,2021(3):66-83.

[137] 马春明.养老金基金与数理基础[M].北京大学出版社,2015.

[138] 马普凡.低风险基金优中选优[R].广发证券,2017.

[139] 马普凡.目标日期基金和下滑轨道开发探讨[R].广发证券,2017.

[140] 马普凡.详解不同目标下的 FOF 资产配置方案[R].广发证券,2017.

[141] 尼雪.德国社会法体系及其养老保险法律制度评述[J].辽宁大学学报(哲学社会科学版),2017,45(6):116-122.

[142] 彭姝祎.法国养老金改革:走向三支柱?[J].社会保障评论,2017(3):135-147.

[143] 彭姝祎.法国养老金改革的选择:参数改革及效果分析[J].欧洲研究,2017,35(5):46-59.

[144] 沈心怡.风险平价方法在中国市场的实证研究[J].金融经济,2018(7):84-88.

[145] 石寄华.目标日期基金应以主动基金为主要底层资产[J].清华金融评论,2018(9):93-94.

[146] 史鹏,柏满迎.贝叶斯方法在养老基金资产负债管理中的应用[J].数理统计与管理,2005,24(4):46-52.

[147] 孙博.养老型基金:从储蓄养老到投资养老的新途径.中国养老金融50人论坛.中国养老金融发展报告[C].北京:社会科学文献出版社,2017.

[148] 孙洁.个税递延型养老保险试点[J].中国金融,2019(13):58-60.

[149] 谭华清,赵学军,黄一黎.资产配置模型的选择:回报、风险抑或二者兼具[J].统计研究,2018,35(7):62-76.

[150] 唐英凯,赵宏宇.风险厌恶水平约束下的资产配置决策[J].统计与决策,2006(18):45-46.

[151] 田向阳,张磊.401(k)计划的前世今生以及对我国的启示[R].中国证监会研究中心,2012a.

[152] 田向阳,张磊.养老金制度改革促进英国资本市场大发展[R].中国证监会研究中心,2012b.

[153] 田向阳,张磊.美国养老金体系与资本市场[R].中国证监会研究中心,2013.

[154] 王春峰,张驰,房振明.中国股市收益率与异质波动性关系研究[J].运筹与管理,2015,24(5):222-227.

[155] 王国军,李慧.我国个税递延型养老保险试点的发展态势与制度优化[J].中国保险,2019(8):15-19.

[156] 王晓芳,翟永会,闫海峰.企业年金制度的经济效应——基于一般均衡模型的研究[J].南开经济研究,2010(5):46-55.

[157] 王晓军,姜增明.长寿风险对企业年金缴费率和资产配置的影响[J].金融经济学研究,2017,32(2):106-117.

[158] 王新梅.公共养老金"系统改革"的国际实践与反思[J].社会保障评论,2018,2(2):119-133.

[159] 王鑫涛.个人所得税,养老金收益对中国家庭资产组合的影响[D].湖南大学硕士学位论文,2017.

[160] 王秀国,张秦波,刘涛.基于风险因子的风险平价投资策略及实证研究[J].投资研究,2016,35(12):65-78.

[161] 王玉国.基于风险平价策略的高净值客户资产配置研究[J].北京社会科学,2018(6):119-128.

[162] 王云多.整合工作,退休与一生收益决策的最优投资组合研究[J].中国管理科学,2014,22(6):27-33.

[163] 魏先华,张越艳,吴卫星,等.我国居民家庭金融资产配置影响因素研究[J].管理评论,2014,26(7):20-28.

[164] 吴卫星,沈涛,蒋涛.房产挤出了家庭配置的风险金融资产吗?——基于微观调查数据的实证分析[J].科学决策,2014(11):52-69.

[165] 肖建武,尹少华,秦成林.养老基金投资组合的常方差弹性(CEV)模型和解析决策[J].应用数学和力学,2006(11):1312-1318.

[166] 徐济东,叶春明,夏梦雨.含风险价值约束资产配置模型的分析与应用[J].上海理工大学学报,2007,29(3):231-236.

[167] 徐美萍,王力.基于风险平价方法的几种风险组合实证分析[J].财会通讯,2017(7):106-109.

[168] 许林丰.美国的养老金合格默认投资选择QDIA介绍[R].中国证券投资基金业协会理财及服务机构部,2018.

[169] 杨东.美国、日本和瑞典的公共养老金一体化改革比较研究——基于不同福利因素综合作用的分析[J].中国行政管理,2017(7):148-152.

[170] 杨建海.转型国家养老金改革的历史制度主义分析——以智利、波兰为例[J].兰州学刊,2016(7):157-165.

[171] 杨秀玲,邸达.国外养老金融业发展的经验及借鉴[J].经济研究参考,2014(52):30-34.

[172] 杨燕绥,李学芳.中国养老金政策存在的问题与立法对策[J].河北学刊,2010,30(2):11-16.

[173] 叶燕程,高随祥.缴费确定型企业年金最优投资策略研究[J].中国科学院研究生院学报,2007,24(2):149-153.

[174] 殷俊,李媛媛.基于随机利率和通货膨胀的缴费确定型养老金计划最优资产配置策略[J].当代经济科学,2013,35(2):11-20+124.

[175] 于秀伟.从"三支柱模式"到"三层次模式"——解析德国养老保险体制改革[J].德国研究,2012,27(2):70-79.

[176] 余显财.税收递延型养老储蓄将如何影响常规储蓄,消费和投资——来自问卷调查的证据[J].金融研究,2012(11):74-88.

[177] 张初兵,荣喜民.均值-方差模型下 DC 型养老金的随机最优控制[J].系统工程理论与实践,2012,32(6):1314-1323.

[178] 张春丽.我国养老基金投资的审慎投资人规则[J].中国法学,2016(5):239-259.

[179] 张丽.风险平价策略在我国资本市场中的实证研究[J].会计之友,2018(18):22-26.

[180] 张士斌,黎源.欧洲债务危机与中国社会养老保险制度改革[J].浙江社会科学,2011(11):83-90.

[181] 张伊丽.日本公共养老基金的投资运营研究[J].现代日本经济,2017,36(4):10-20.

[182] 赵建林.基于 VaR 的风险平价模型及实证研究[J].时代金融,2018(8):258-260.

[183] 赵瑞.企业社会资本,投资机会与投资效率[J].宏观经济研究,2013(1):65-72.

[184] 郑秉文.第三支柱商业养老保险顶层设计:税收的作用及其深远意义[J].中国人民大学学报,2016,30(1):2-11.

[185] 程杰,王新梅."养老金改革:国际动态与中国实践"国际研讨会综述[J].劳动经济研究,2017,5(5):141-144.

[186] 中国银行业协会养老金业务专业委员会.养老金业务理论与实务[M].中国金融出版社,2017.

[187] 中国证券投资基金业协会.个人养老金：理论基础,国际经验与中国探索[M].中国金融出版社,2018.

[188] 周晋,虞斌.社会保障影响下的居民未来预期与家庭资产配置——基于上海居民调查的实证分析[J].财经论丛,2015(9)：27-33.

[189] 周亮.风险平价策略在大类资产配置中的应用：基于不同风险测度方法的比较[J].金融理论与实践.2018(12)：33-38.

[190] 周亮,万磊.风险平价策略在我国资本市场中的应用研究[J].金融教育研究,2018,31(2)：3-9.

[191] 宗庆庆,刘冲,周亚虹.社会养老保险与我国居民家庭风险金融资产投资——来自中国家庭金融调查(CHFS)的证据[J].金融研究,2015(10)：99-114.

图书在版编目(CIP)数据

养老目标基金研究/罗忠洲著. —上海：复旦大学出版社，2023.8
ISBN 978-7-309-16529-6

Ⅰ.①养… Ⅱ.①罗… Ⅲ.①养老保险基金-研究-中国 Ⅳ.①F832.21

中国版本图书馆 CIP 数据核字(2022)第 195232 号

养老目标基金研究
YANGLAO MUBIAO JIJIN YANJIU
罗忠洲 著
责任编辑/姜作达

复旦大学出版社有限公司出版发行
上海市国权路 579 号　邮编：200433
网址：fupnet@fudanpress.com　http://www.fudanpress.com
门市零售：86-21-65102580　团体订购：86-21-65104505
出版部电话：86-21-65642845
苏州市古得堡数码印刷有限公司

开本 787×1092　1/16　印张 19　字数 331 千
2023 年 8 月第 1 版第 1 次印刷

ISBN 978-7-309-16529-6/F·2931
定价：56.00 元

如有印装质量问题，请向复旦大学出版社有限公司出版部调换。
版权所有　侵权必究